失地農民の陳情代表達

（湖南省醴陵市烈士村にて：2003年9月）

　陳情文書：「親愛なる毛沢東主席・胡錦濤主席・温家宝総理へ　湖南省株州・醴陵市の各級政府は同じ穴の狢で真相を隠蔽。我々には訴え出る所も無い。どうか救いに来て下さい。4千人余りの庶民が土下座してお願いします」。4人とも寡黙で多くを語らない。

　生活の糧であった133ヘクタールの耕地が接収され数億元の補償金も行方不明。陳情5年で成果無く、集まった農民カンパ20余万元も使い果し、無駄になった。長年の苦難と無力感から国の法制度に対する信任も喪失。遺影（妻）は当局による最初の村包囲後に憤りのあまり自殺した。

　醴陵市は直線距離で省都長沙の南東75キロ、江西省の井岡山の北西130キロに位置する。

包公像に跪いて陳情文を読み上げる女性
（河南省開封市の開封府「包待制智勘灰闌記」にて：2004年2月）

　包公（包拯：999年〜1062年）は宋代の地方長官。歴史上、清廉潔白な役人の代表として有名。地方長官は裁判も担当し、彼は正義感と英知に長けた公正な判決で名を馳せ、「包青天」カリスマとして今でも陳情者達から崇められている。

　包公が晩年に赴任した開封府は今では観光スポット。元代の雑劇「包待制智勘灰闌記」の中で、包公は「生母である」と主張する2人の女性に幼児の腕を両側から引っ張らせ、先に手を放した方を実母と判定した。当局は「灰闌記」中の包公像に陳情することを嫌い、2010年夏に銅像群を全て撤去して部屋を狭くし、劇自体をアニメに作り替えてしまった。

陳 情
中国社会の底辺から

毛里和子・松戸庸子　編著

東方書店

地方政治の腐敗を訴え続ける"亡命"村長夫妻
(北京陳情村にある仮住まいにて:2005年11月)

　夫は選挙で村主任に選出されたが村の幹部(党書記)や地方役人の妨害で主任業務を果たせない。妻は農民1200人を代表し、村の幹部らによる村の財産流用などの汚職を告発する。陳情6年にしていまだ真相の解明は実現せず、当局からの報復を恐れて村へも帰れない。妻のビラには「憲法を擁護せよ　人権を返せ:権利を擁護する自分の訴えはいつかなうのか」とある。
　2人は「党や政府を攻撃、国家安全への威嚇」「公秩序の攪乱」「公印の私的携帯」等の罪で労働矯正所に数回送致されている。陳情開始から13年目の今も解決のめどは立たない。「"三農"問題の告発に中央は冷淡」というこの図式は農村の各地に存在している。

(説明文責:松戸庸子)
(写真:杜斌[2007]より)

伸冤状

青天大人：

　　我名叫李███，女，汉族，身份证号：███████████425，系山西省███████████村人。

　　现将███县公安局局长孙███使副局长李███、███镇派出所所长李███等无理殴打致残上访人的犯罪事实控告如下：

　　2003年1月28日上午，控告人被范███、范███、范███等人结伙在县保险公司营业厅抢劫13612元，并将控告人之女张███当即殴打致伤，案报███公安局，至今无人管。

　　2011年3月21日省巡视组赴███，并住███宾馆，公开接待上访人员，点名接待控告人。25日上午当控告人走到███宾馆大门外时，就被李███和李███带经八九名干警为阻拦上访上告，当即将控告人殴打致残，并拖入███派出所警车背靠箱内，并有两名干警骑在控告人身上；其夫闻讯当即向110报警，无人管。后经县人民医院和省二院治疗诊断，结论为"（1）L4-5椎间盘突出（中央型）；（2）腰椎退行性改变"。至今无人管。

　　迄今，治伤无钱，告状无门，你们管不管？

　　　　　　此致

　　　　　　　　　　　　　　　　　控告人：李███
　　　　　　　　　　　　　　　　　电话：███████3
　　　　　　　　　　　　　　　　　2011年6月12日

あて先のない陳情訴状

　この訴状のあて先になっている「青天大人」とは、民の訴える問題を一気に解決してくれるカリスマ的パワーを持つ幹部のこと（本書序章、第8章など参照）。訴えの発端は、2003年、保険会社で受領した保険金13,612元をその場で3人の男に強奪される。だが、主犯は中央官庁幹部との縁故をほのめかし、県の公安局も検察院も立件を拒否したため、陳情を開始。しかし、8年にわたる陳情はまったく功を奏さない。それどころか、陳情阻止のための暴行を受ける。本状は、正式書類に付されたものだが、行き場のない苦渋が、あて先の「青天大人」に表われている。

まえがき

(1)

　21世紀に入って中国の成長と変化はめざましい。2010年、GDPで日本を追い越し世界第二位の大国に躍り出た。また一人当たり国内総生産が5000ドルを超え、一部で「中所得国の陥穽」が心配されるまでになった。

　いま中国ではすべてが成長し、変わったように見える。だが、本書が焦点を当てるのは「変わらない中国」である。2004～2005年、沢山の陳情者が住み着いた北京の「陳情村」が日本のマスコミをにぎわした。21世紀の中国に、高層ビルが林立する北京で、江戸時代の目安箱のような陳情がまだ残っていることに驚いたのはいうまでもない。なぜ人々は遠くの村から北京へと陳情に押しかけるのか、いい結果が得られることはほとんどないのに、なぜ人々は5年も10年も陳情し続けるのか。こうした興味をもつようになったのは、2005、2006年ころのことだろうか。ちょうど中国では、陳情を廃止するどころか、制度の強化を図る改正陳情条例が公布され、賛成、反対の大論争が起こっていた。

　2人の編者が中心になって、2009年1月、「総合研究　陳情」というタイトルで研究会を立ち上げた。政治学・社会学・法学の若い研究者に集まっていただいた。それからほぼ3年間、研究会に加えて、本書に加わっていただいた于建嶸氏（社会科学院農村発展研究所）や応星氏（中国政法大学）をお呼びして東京でワークショップも開いた。この研究会にはさまざまな分野の若い人が加わっていたため、議論はいつも活気があり、興味深かった。于建嶸氏・応星氏は中国でも大変著名で、この問題の文字通りの権威なので、教えられるところも多かった。本書には執筆されなかったが、法学者の立場で陳情を研究し、制度改革を提言している季衛東氏（当時、神戸大学。現在、上海交通大学）や李宏勃氏（外交学院）とのワークショップでの議論も大いに役

立った。私たちのおもな関心は、なぜこのような古風な、実効的ではないように思える政治行為がいまも盛んに行われるのか、そのメカニズムとその背後にある政治文化、法文化である。

(2)

　本書の構成を簡単に紹介しておきたい。まず、口絵の写真をごらんいただきたい。土地を失ってしまった農民、古代の名裁判官像の前で陳情書を読み上げる女性、地元役人の不正を訴え続ける元村長、「冤」をすすごうと書かれた陳情書。陳情にかける人々の思いが伝わってくる。

　陳情は通り一遍では理解しにくい複雑なシステムになっている。出てくる現象もさまざまで、とても分かりにくい。具体的事例を示した方が読者諸賢には便利ではなかろうかと考え、プロローグでは、陳情村の様子、警備会社による陳情者の不法監禁、労使紛争を陳情にもちこむケース、など、実際のケースを中国の新聞、雑誌記事から抜粋して紹介した。陳情制度に即した陳情手続きの概略の流れを示したチャートも参照していただきたい。

　<u>序章「陳情政治」(毛里和子)</u>は、陳情への研究アプローチがいくつもあり得ることを示しながら、省から県へ、県から郷鎮へと下に行けば行くほど圧力が強くかかる「圧力政治体系」が陳情を生かし続けているメカニズムだと分析したものである。

　<u>第1章「陳情制度改革と憲政の建設」(于建嶸)</u>は、陳情についての中国の代表的論著で、国内の陳情論議がクリアに整理されるとともに、陳情村に住み込んで、時には彼らの陳情行為を助けた于建嶸氏らしい制度改革への熱い思いや提言も綴られている。最新の成果ではないが、大衆に寄り添ったリベラルな研究者による評判の論考を邦訳した。

　<u>第2章「中国陳情制度の運用メカニズムとその変容」(応星)</u>は氏が最近加筆した論文で、三権分立体制が存在しない中国で、大衆の要求を満たす政治的ツールとされてきた陳情制度が特異な社会現象を生んできたとしながら、経済発展に伴い、制度自体の矛盾が突出してきたと指摘している。応氏

はダム移民の調査・分析で有名になった社会学者である。

第3章「政治的権利論から見た陳情」(石塚迅)は、政治参加と権利の救済という陳情に付与された2つの機能のうち権利に注目し、憲法学から「陳情権」に迫る。その結果、中国の政府や学界では、政治的権利に対する警戒と期待が交錯しているという。

第4章「陳情への法的視点」(但見亮)は、専制王朝期の直訴制度と似た陳情制度が昨今「法治化」されてはいるが、末端行政府の能力評価とリンクしているために、末端の暴力化、陳情の過激化など悪循環を生んでいるとして、行政処理制度への変更を提案する。

第5章「労使紛争からみた陳情」(御手洗大輔)も法学から接近したものである。陳情制度はリスク管理の手段として位置づけられる制度なのか、労使紛争の減少に寄与できるのかという問いを発し、労使紛争からみた陳情の実態を解明しようとしている。

第6章「陳情制度をめぐる権利擁護と安定維持の力学」(呉茂松)は陳情者・政府双方の視点から、ある労働争議にかかわる陳情事例を分析し、権利擁護と安定維持のジレンマが生じている実態を描く。上級部門からの授権で成り立っている地方政府の権限のあり方に、陳情政治が生まれる原因があるとする。

第7章「退役軍人による陳情」(弓野正宏)は深刻になる退役軍人の陳情を取り上げ、市場化で軍人への福祉負担が地方末端に転嫁され削減されたのが背景にあるとする。軍人の異議申し立てと安定維持を求める政府の抑圧がぶつかり悪循環となっている、と指摘する。

第8章「陳情制度のパラドックスと政治社会学的意味（松戸庸子）は、陳情の制度設計と実際の運用に、権利救済機能に偏り、解決率がきわめて低く、陳情者が処罰される、などのずれが生じている。それでも陳情制度がなくならないのは、行政処理の便利な窓口、お上に頼る伝統的法文化、党支配の正当性確認などの機能があるためだ、とする。

（3）

　本書を編む過程で難問だったのは、きわめて中国的現象である陳情をめぐるさまざまな中国語タームがほとんど日本語に訳せないということだった。まずは、タイトルからして問題になる。「陳情」の原語は「信訪」で、それは「来信（書信を送る）」と「来訪（窓口を訪れる）」の合成語である。ただしこの「信訪」は実に厄介なタームで、中国人研究者の文献でも「信訪」「上訪」のほか「走訪」「来訪」「去信」「来信」などが混在し、学術タームとして定着していない。本書の一部の執筆者は、「信訪」は日本語の「陳情」「請願」「直訴」を広く含意しているから、「陳情」と訳すより、原語のままの方がよいという意見を出した。さらには、制度レベルでは「信訪」をそのまま使い、現実の行為レベルで多用される「上訪」は「陳情」と訳し分けようという意見もあった。

　議論の末に、信訪、上訪では日本人読者にはとても分かっていただけないから、100％対応しなくても、大まかに対応するのであれば、「陳情」という訳語に統一しよう、と衆議一決した。ちなみに『大辞泉』は陳情を、「中央や地方の公的機関、または政治家などに、実情を訴えて、善処してくれるよう要請すること」と説明している。また陳情という言葉が中国語にないわけではないが、万全の訳ではないことを承知しながら、「陳情」という訳語を採用した事情をご賢察いただきたい。

　また信訪・上訪については、集体上訪、越級上訪、重複上訪、進京上訪、進京走訪、人民来訪などいくつもの熟語が派生してきている。本書ではほとんどの場合、「陳情」と表現しているのでご了解いただきたい。

　また次のような用語も日本語にする時にとてもやっかいである。同じ漢字なのだから中国語のまま使った方が無難、という考えもある。しかし編者は、啓蒙書でも、研究書でも、最大限日本語にする、というのが日本の研究者の仕事だと考えている。これも議論の末、次のように邦訳することにした。

　なお、次の用語は簡単な日本語に訳せないため、原語をそのまま使った。

【主要用語の訳語リスト】

	邦訳	原語
【陳情関連】	出張陳情受付	下訪
	訴訟関連の陳情	渉法渉訴信訪
	陳情狩り、陳情阻止	截訪
	理不尽で執拗な陳情	無理纏訪
	上京陳情、北京陳情	進京上訪／進京走訪
	不正常陳情	非正常信訪
【法律関連】	訴訟類型	案由
	告訴、訴える	控告
	申立て	申訴
	再審理	復核
	再審査	復査
【一般用語】	権利擁護	維権
	安定維持	維穏
	異議申し立て	抗争政治
	集団騒擾事件	群体性事件
	身上調書	档案
	名誉回復	平反
	警備会社	保安公司
	労働矯正	労働教養
	調和	和諧

ここで簡単な説明を加えておきたい。

①青天／包青天：青天とは「雲の間から突然日がさして青空が顔を出す」ことを意味する。中国の陳情者にとっては、長期にわたり未解決の案件が、党や政府の幹部の一声によって一気に解決に向かうことを表し、転用されてそうした幹部その人も「青天」と呼ばれる。口絵の「伸冤状」の宛名にある「青天大人」は「青天様」の意味で、陳情が何年たっても奏功せず途方に暮れる心情が吐露されている。また、包青天とは包拯と青天の合成語である。包拯は宋代の地方長官で公正な裁判をしたことで有名である（口絵参照）。

②逐級陳情／越級陳情：陳情条例では、陳情は三審性を採っている（プロローグ「陳情フローチャート」参照）が、できるだけ基層で解決することが求められている。下位の陳情窓口から始め、不服があれば一級上の窓口へ再審査請求をし、その次も一級上へ再審理請求を行う。このように段階を踏んで再審査、再審理へと進むのが逐級陳情で、反対にこうした段階を踏まず数段上級の陳情窓口へ申請をすることを越級陳情と呼ぶ。越級陳情は条例の規定から逸脱した不正常行為と見なされる（第2章、第8章参照）。

③一票否決制：役人や部署の業務査定方式の1つ。上級から命じられた業務や任務・指標のうちの1つでも達成できなければ、その年のすべての成績がゼロと判定される制度。この制度のために役人や下部組織は上からの指標を達成することに汲々とせざるを得ない。陳情件数、北京陳情を減らすことが地方政府の重要な任務となり、陳情狩り（地方政府による暴力的な陳情阻止）も頻出するわけである（序章参照）。

(4)

本研究会は、人間文化研究機構NIHUの現代中国地域研究拠点である早稲田大学アジア研究機構現代中国研究所の研究事業として進めてきた。NIHUと早稲田大学アジア研究機構には厚く感謝したい。また、中国の研究者を招聘したワークショップなどでは、科研費基盤研究（A）「中国共産党に関する政治社会学的実証研究」（菱田雅晴法政大学教授主査）プロジェクト、東洋文庫超域アジア現代中国研究プロジェクトからの支援を得た。改めてお礼を申し述べたい。

また、本研究会発足時から、東方書店の川崎道雄コンテンツ事業部部長は熱心に参加して下さった。その上で編集・出版の労をとって下さった東方書店に心からお礼を申し上げたい。本書がスタート台となって、陳情を含む中国政治社会の研究が活発になれば望外の喜びである。

編者
2012年6月

プロローグ：陳情をめぐって①

北京の「陳情村」

> 　北京市南郊外の永定門に「陳情村」と呼ばれる地区があった。地方から中央政府機関に陳情に訪れる人々が滞在して集落を形成したことからこうに呼ばれた。「陳情村」こと東庄地区は数百平方メートル以内に党中央・政府国務院や議会に相当する全国人民代表大会、最高裁判所にあたる最高人民法院の陳情受付窓口（人民来訪接待室）が集中しており、ここに全国から陳情者が訪れ、住みつくようになった。北京南駅近くに位置し、交通の便が良かったこともあり、地方から訪れる人々のメッカとなった。以下ではこの「陳情村」を紹介する。

　于建嶸（中国社会科学院農村発展研究所社会問題研究センター）は2007年4月に再び東庄を訪れた。陳情条例施行から2年が経ったため条例を検証する目的があった。于は研究チームを引き連れ、2006年12月からわずか4平米の「小屋」に越してきて陳情者たちと寝食を共にした。4ヶ月後、560名分のインタビュー報告書が完成した。調査の結果は于らを失望させるものだった。条例施行から2年経過したが、一部の地方政府は陳情する市民を弾圧し、攻撃、報復対象として扱うケースもあった。

「陳情村」の出現と独特の「陳情文化」

　陳情者には70歳を超える高齢者もいた。山東省済南市からやって来た商学珍もその一人だ。陳情を始めてから3年が経っていた。殴られて怪我を負い、失禁や頭痛といった後遺症に悩んでいた。彼は当初警察署に通報し、法医学鑑定を受けたが、刑事事件とみなされず、鑑定費60元を徴収されて追い払われた。商は警察署のでっち上げと疑い、鑑定書請求も拒否されたため、陳情を開始した。商と同様に東庄に住み着く人は少なくない。社会科学

院の調査では「陳情村」には常時2000名程度の陳情者がおり、これが国の重大な政治イベントが開かれる際には1万人にも達するという。住民の生活は劣悪で、収入がないために物乞いやゴミ集めを生業としており、野外生活も例外でなかった。「陳情村」路肩の屋台の上には各種法規がべたべた貼ってあった。「憲法」から「陳情条例」や各地で出された法規、規章もあった。中でも目を引くのは替え歌「陳情歌」だった。地方の民謡を替え歌にした「陳情歌」は聴く者の涙を誘う悲しい調べだ。こうした住民たちによって一種独特の文化が形成されつつあった。

民衆の「告訴状」が地方政府へのプレッシャーに

2005年5月1日に改定版「陳情条例」が施行された。「問題の解決は基層で」という原則によって、各地では「お上への陳情を下におりて陳情を受けよう」とか「陳情応対大活動」といった活動が行われ、一時的に北京への陳情が減った。しかし、多くの陳情者は回答への不満や地方指導者への不信から再度、陳情のために北京に向かった。一部の陳情者は中央指導者の注意を引けば自分の問題は解決されると固く信じていた。6割以上の人が北京への陳情が中央指導者の注意をひいて問題が解決されることを望んでいた。たしかに解決された問題もあった。2004年末に張麗（農民）は一時的に住んでいた家屋が強制撤去にあったが、全く補償を受けられなかった。告発プロセスで村幹部や郷幹部の「退耕還林（農地を元に戻して林にする）」政策実施を巡る補償問題もさらけ出された。陳情が妨害に遭ったため、北京に出稼ぎに出ていた同郷者の助けを借りてどうにか訴え状を送り、国家陳情局指導者の注意を引くことができた。県陳情事務局は彼女が住む郷政府に問題解決を求めたが、その前提条件は彼女が2度と北京を訪れて陳情しないと約束することだった。彼女は200元渡され故郷に戻るよう求められ、賠償問題は円満に解決された。

　大多数の陳情者たちは陳情を通じた問題解決の可能性はそれほどないと分かっていたが、少なくとも陳情することで手続きが促されることを望んでい

た。6割超の人が北京訪問の目的は問題を中央まで届けて状況を知らせることだと答え、59％超の人が地方政府にプレッシャーをかけることと回答した。于建嶸によると、陳情プロセスで不公正な待遇を受けたことで訴えの内容が変わることが多々あった。陳情のプロセスで発生する問題が、もともとの問題よりも深刻になることもあった。

　58歳の黄進安はもともと請負建設業者だった。彼は1999年6月に河南省駐馬店市の劇団宿舎建設プロジェクトを入札したが60万元の費用が支払われなかったため裁判を起こした。黄は勝訴したが、執行されなかったため、一銭も受け取れなかった。300名の労働者への給与も支払えず、彼は陳情を始めた。3年が経過しても解決されず「コールドケース」になってしまった。黄は陳情の過程で不公正な扱いを受けた。彼は言う。「俺のケースは決して重要ではないけど、少なくとも陳情する民衆の実際生活を報道してほしい」と。

〔王健「北京"上訪村"調査」『民主与法制』2007年第5期、10-12頁〕

（抄訳：弓野正宏）

プロローグ：陳情をめぐって②

陳情狩りを代行する民間警備会社
── 北京の警備会社安元鼎を例として

> 中国の各地方から上京して中央政府の上層部へ陳情しようとする人は増加の一途をたどっている。このような「上京陳情者」の増加は、その地元の地方政府の行政の業績評価の低下につながるため、陳情者を減らしたいと考える。そうしたニーズに応えるようにして、北京では、地方政府の委託を受け、陳情の阻止、陳情者の確保・収容、地元への送還などの業務を代行する民間警備会社が登場した。その代表例として、北京市安元鼎安全防犯技術服務有限公司（以下、安元鼎と略称）を取り上げ、民間企業によるいわゆる「陳情狩り」代行の実態を見てみよう。

　安元鼎は2004年6月に北京市海淀区に設立された（資本金約600万円）。設立当初は、服装や靴、セキュリティ設備などを取り扱っていたが、2005年8月に警備関連の設備やコンサルティング事業にも乗り出した。安元鼎は地方政府から安定維持の名目で委託を受け、その地方から北京にやって来る陳情者を施設に収容して、故郷に送還する業務の代行サービスを開始した。

　このような地方政府と民間警備会社の間で、陳情者を収容、送還する業務の代行サービスが事業として成り立つ背景には、中央政府の安定維持を重視する施政方針のもと、地方政府の行政業績評価と所轄地域での上京陳情の有無とが直結しているため、地方政府は陳情者を妨害してでも、地元から北京を訪れる陳情数を減らしたいという欲求がある。

　安元鼎は創業からわずか数年で急成長を遂げ、2007年には中国における警備業界の「影響力を持つブランド」トップテン入りした。同社の業務は、陳情者が北京の陳情窓口へ陳情書を提出することを妨げ、収容所に連行し、そこから地元に送還することであった。同社には2008年5月に「護送部」

が設けられたが、その職責は「陳情人員を拘禁・護送して地方政府の悩みの解消」と謳っている。護送部は、あたかも軍隊のような組織からなっており、政治委員、大隊長、中隊長、班長と位分けされ、それぞれの班には7、8人の人員が配置され、運転手も合わせて合計200名程度が所属していた。同部は地方政府の北京駐在事務所の求めに応じて、「援助サービスセンター」から陳情者を受け入れ、食事と宿泊を提供する一方で、収容所に陳情者を押し込めることも行っていた。この収容所は、陳情者から「闇監獄」と呼ばれるほど悪名高く、その待遇は酷いとされている。安元鼎は陳情者を収容所に宿泊させ、地方政府から送還指示があり次第、陳情者を送還する。

　同社の代行サービスの料金は、以下のとおり。陳情者を収容する費用は1人当たり200元、強制執行費200～400元、護送費は列車では1日あたり500元、車での送還は1キロあたり12元となっている。送還に同行する要員や運転手の費用は1人当たり300元／日である。

　収容に際しては、陳情者に対して所持品検査を行い、「（陳情）業務への協力を求める際には、身分証明証と携帯電話を預かって保管する」と説明し、タバコ、ナイフなどの刃物類、携帯電話、身分証の提出を求められるが、拒否する者には強制的に取り上げ、その際には暴力沙汰になった場合もある。

　同社の顧客は当初、北京に駐在する地方政府の出先事務所だったが、業務拡大に伴って、営業活動先を海南省の三亜市や雲南省にまで広げている。同社の営業収益は2007年度の約1億円から翌年には、2億5千万円に倍増した。

　このように陳情者たちの食事や宿泊、そして拘束や監視、最後に送還という陳情を巡る公式・非公式な「産業」が形成された。最近は陳情妨害がビジネス化、市場化して、数社になった警備会社同士で、利益を取り合っている状況さえある。ところが行きすぎた業務に対して2010年9月に「違法な拘留」と「違法経営」容疑で安元鼎は警察の強制捜査を受けた。なお、福建省上杭県は、安元鼎と送還契約を結んだことを認めた全国唯一の地方政府である（2010年9月24日段階では、インターネット上で記事になったがその後削除され

ている)。

　安定維持の名の下で、地方政府が警備会社を使った陳情狩りを行っているなか、国務院は2010年1月に地方政府の北京駐在事務所の管理を強め、規範化を求める通達を出し（国弁発［2010］8号）、436箇所にまで増えた県レベルの行政府北京駐在事務所を半年以内に全部廃止することを決めた。

（呉茂松著、弓野正宏編集）

■　参考資料

・龍志「安元鼎：北京截訪『黒監獄』」『南方都市報』2010年9月24日付記事。
　（同記事は広東省の地方紙『南方都市報』の2010年度報道大賞を受賞）
・「国新弁：信訪総量連続五年下降」『南方週末』2010年9月27日付記事。
・何三畏「『安元鼎』是対政治和社会的挑戦」『南方人物週刊』2010年10月19日付記事。
・「『安元鼎』們為依然猖獗」『新京報』2011年8月4日付社説。

プロローグ：陳情をめぐって③

西安市の工場従業員による陳情のケース
―西安整流変圧器工場の従業員の権利要求―

> 陝西省西安市にある30数人規模の集団所有制企業の西安整流変圧器工場では、従業員と工場長の間で社会基本保障と失業問題をめぐる労働争議が発生し、それが発端となり権利擁護運動にまで発展した。従業員たちは、工場長との直接交渉から始め、地方の陳情部門から国務院陳情局まで、5年以上にわたって陳情を続けた。その間、定年退職者の孫礼静（女、1943年生まれ）の引率の下で、2度の従業員代表大会を開催し、関連法律に基づいて工場長を罷免し、新たに経営陣を選出し、企業の経営権を求めていたが、親会社と主管部門に認めらなかった。この労働争議は、政府の腐敗を訴え、労働者の選挙の権利、集団所有制企業の所有権を求める権利擁護運動にまで発展した。

60年代に設立された西安整流変圧器工場（以下、A工場）は、西安電力整流器工場（以下、B工場）の家族たちが建設した集団所有制企業で、西安電力機械製造労働服務公司（以下、C公司）を主管部門に持つ。3社とも国務院が直轄する西安電力機械製造グループ会社（以下、D会社）の傘下にある。

集団所有制企業の建設に力を入れていた時代背景から、A工場の設立以来B工場は、技術者と管理者を派遣しており、1994年には張平安という人物が工場長に就任した。就任後、経営悪化を理由に、工場側は従業員たちの社会保険基本金（医療、失業、年金）の支払いをせず、経営上の理由として、レイオフした従業員に失業証明書も発行しなかった。そのため、一部の従業員たちは正規の医療保険と年金、失業後の生活保障金を受け取れなかった。2002年頃から主管部門、親会社、地元政府に陳情し、問題解決を求める従業員が個別に見られるようになった。2002月8月、彼らは工場長との直接交渉に臨み、社会保障金問題解決の書面公約（条件付き）を取り付けたもの

の、工場長が約束を果たさず、その後、裁判所の提案で臨んだ労働仲裁も実現せず、最後には工場長の汚職（公的財産である黄金を横領）を検察に告発した。2度の捜査の結果、検察は「汚職容疑の主管的な犯罪意識が充分に証明できない」と判断し、その後は「処理済み」という理由で、受理することはなかった。

　裁判所、労働仲裁、検察の間を駆け回る一方、従業員たちはB工場に「張平安の罷免と、新工場長の派遣」を求めた。これに対して、B工場は「西安整流変圧器工場の問題についての西安電力機械製造労働服務総公司宛の函」を通知し、「…企業再編（2001年9月）により、B工場とA工場の両者の管理・被管理の関係は無効となり、…今後はA工場に管理幹部の委任・派遣を行わない」とし、『都市部の集団所有制企業条例』に基づき、集団所有制企業の権力機構である従業員（代表）大会で管理者の選挙と罷免、経営管理に関する重大事項を決定することができる」と提示した。

　提示を受けて従業員たちは、2004年11月に従業員代表大会を開き、張平安を罷免し、新たに工場長を選出したが、無効とされた。その翌年の3月には、公証部門の監視の下で、再度従業員代表大会を開き、工場長を罷免し、新工場長を選出した。これで問題は決着したと思われたが、張平安は工場長交代を拒み、監督官庁も介入しなかったため、従業員たちは、合法的な選挙を通じて得られた権利を守るために、4月7日から工場を占領した。この事件は『人民日報』の内部情報誌である『信息専報』（2005年6月2日）によって報告されたことで、省の党書記と省長が知ることとなった。省委書記は、同省国資委に調査を命じ、混乱した治安を回復するように指示した。国資委は合同会議を開き、双方の意見聴取を行い、報告書をまとめた。報告書は、①労働契約の解除は工場の正常な業務範囲であること、②工場長の汚職容疑は主管的な犯罪意識を証明するのは不十分であること、③孫礼静らの退職者とレイオフされた従業員たちによる選挙は、企業内規定に合致せず、不正常な行為であり、認定不可であること、と結論づけたため、従業員たちは反発した。別途にまとめられた「孫礼静の陳情問題に関する報告資料」について

も、従業員たちはその内容が事実に合わないと異議を申し立て、05年7月に公聴会を開くことになったが、省の国資委は、関連会社に監督管理権を持つD会社が中央国資委直属の企業であるため、省には問題解決の権限がないという最終結論に出した。これに憤慨した従業員たちは05年10月にD会社を包囲し、抗議デモを行った。従業員たちは、11月に、B工場の経営陣、張平安と再度交渉するが、決裂に終わり、小規模の衝突も発生した。A工場は配電屋を解体され、生産活動も中止された。その間、従業員たちは、北京の中央政府、温家宝総理への陳情活動を繰り返すことになる。
(詳しくは、本書第6章とその中の「西安整流変圧器工場従業員たちの権利擁護活動の全体像」【表1】を参照)

(呉茂松著、弓野正宏編集)

■ 参考資料と説明

西安整流変圧器工場従業員たちが、自らまとめて于建嶸(中国社会科学院農村発展研究所)に送った資料と、事件の当事者孫礼静の口述を中心に編集した本(孫礼静『工人之路―西安整流変圧器場職工的護場闘争』中国文化伝播出版社、2009年)を参考。事実に関する論述、分析、解釈には、当事者の主管的な判断が入っている部分もあるが、国有土地使用証、労働管理部門の通知状、政府調査報告書、会社側の通達文、従業員たちの拇印入りの公開状、陳情局の紹介状、公正書などのコピーなどの資料が如実に整理されている。

プロローグ：陳情をめぐって④

土地収用を巡る陳情から労働矯正まで

> 　山東省竜口市に位置する村の村民が、土地使用権の侵害とその損害賠償を求めて陳情を行うが、その過程で拘束される。その措置を不服として、政府に対して訴訟を起こした。村民はいわれのない労働矯正だとして竜口市政府やその上級政府機関である煙台市の労働矯正管理委員会、煙台市公安局を相手に一連の訴訟を起こした。本ケースは、土地を強制的に収用された者が、陳情を行う過程で政府に犯罪者扱いされ、ついには拘束されて処罰されるという不合理な労働矯正制度問題の典型例である。

　鄒学通（女、1954年生まれ）は、1992年7月に竜口市竜鎮鄒竜村の村民委員会と150アールの土地を借り受けて農作業行う契約を結んだ。その後、鄒は自分で20万元を投資して養豚場とビニールハウスに改造して事業を行い、ある程度の収入を確保できるようになった。ところが、契約期限を3年残した1999年8月に、竜口市政府が鉄道関連施設の建設を理由に、強制的に土地を収用した（実際には、この時はまだ山東省政府の鉄道建設計画は確定しておらず、最終的に土地収用とその補償を批准したのは2002年3月だった）。しかも、同時期に省の物価局と財政庁が算定した土地の評価基準に比べて、鄒の土地の評価額が低かったため、賠償額がかなり低くなった。これを不服として鄒は各レベルの政府関連部門に陳情を始めた。ところが政府当局は鄒の行為を不当な陳情であるとして2002月8月に鄒を8日間拘束した。彼女の陳情要求にたいして煙台市陳情局は2004年5月になって書面回答したが、鄒は納得せず陳情を続けた。2006年9月に煙台市の労働矯正管理委員会は、鄒の陳情行為が違法であり、彼女の行為が犯罪であるとの裁決を下し、彼女に対して1年間の「労働矯正」の処罰を決定した（下記の「労働矯正決定書」参照）。

　鄒の刑期は実際には1年ではなく短縮されたが、9日間にわたって拘禁さ

れた。上記の決定と拘禁に鄒は承服できなかったため、11月に山東省の労働矯正管理委員会に、再審査を求めたが決定が覆されることはなかった。このため2007年2月、鄒は、契約未完了の土地使用権の侵害と、個人に対する違法拘禁と労働矯正決定への経済的、精神的損失として36万元の賠償を求め、もう一方で責任者が党の規律に違反したとして官僚たちの処罰と刑事責任追及を求めて竜口の政府に訴えた。同時に2007年6月には煙台市の労働矯正管理委員会と公安局にも労働矯正と違法拘禁への異議申し立てを行い、「決定書」の撤回と、いわれのない拘留への約750元（約1万円）の賠償と5000元（約6万円）の精神面での損害賠償を請求した。鄒の陳情を巡る問題が解決されたという報道は今のところない。

煙台市労働矯正管理委員会　労働矯正決定書

煙教字［2006］第465号

　鄒学通、女、1954年5月15日生まれ。民族：漢族。身分証明証番号：370623195405151426。学歴：中学。職業：農民。工作単位：無。戸籍所在地：山東省竜口市。現住所：竜口市竜口経済開発区鄒流村。

　違法犯罪経歴：2005年8月、公共秩序を乱したため、5日間の行政拘留。

　違法犯罪の事実と証拠：陳情で訴えた土地補償が解決されたにもかかわらず、陳情活動を止めず2006年8月7日と19日に、竜口市竜港管理区事務室で理由なく人に喧嘩をしかけ騒ぎたて、従業員を侮辱し、正常な業務実施を乱し、阻止勧告も受け入れなかった。この事実は本人の供述、証人証言等から、事実として明白である。

　「労働矯正問題に関する国務院の決定」第1条第4項と「労働矯正試行弁法」第11条、第13条などの規定に基づき、鄒学通に対する1年間の労働矯正を決定する。労働矯正の決定前に、被労働矯正人員鄒学通は拘留されていないため、労働矯正期間は、2006年9月22日から2007年9月21日までとする。

　本決定に不服がある場合、本決定書を受け取った日から60日以内に、煙

台人民政府あるいは山東省労働矯正管理委員会（住所：済南市経二緯一路185号）に行政再審議を申請できる。または本決定書を受け取った日から3カ月以内に、人民法院に直接行政訴訟できる。　　　2006年9月22日（公章）

(呉茂松抄訳、弓野正宏編集)

■**参考資料**

于建嶸『中国労働教養制度批判―基於100例陳情労教案的分析』（中国文化出版社、2009年、36―40頁）より抄訳した。

プロローグ：陳情をめぐって⑤

陳情フローチャート

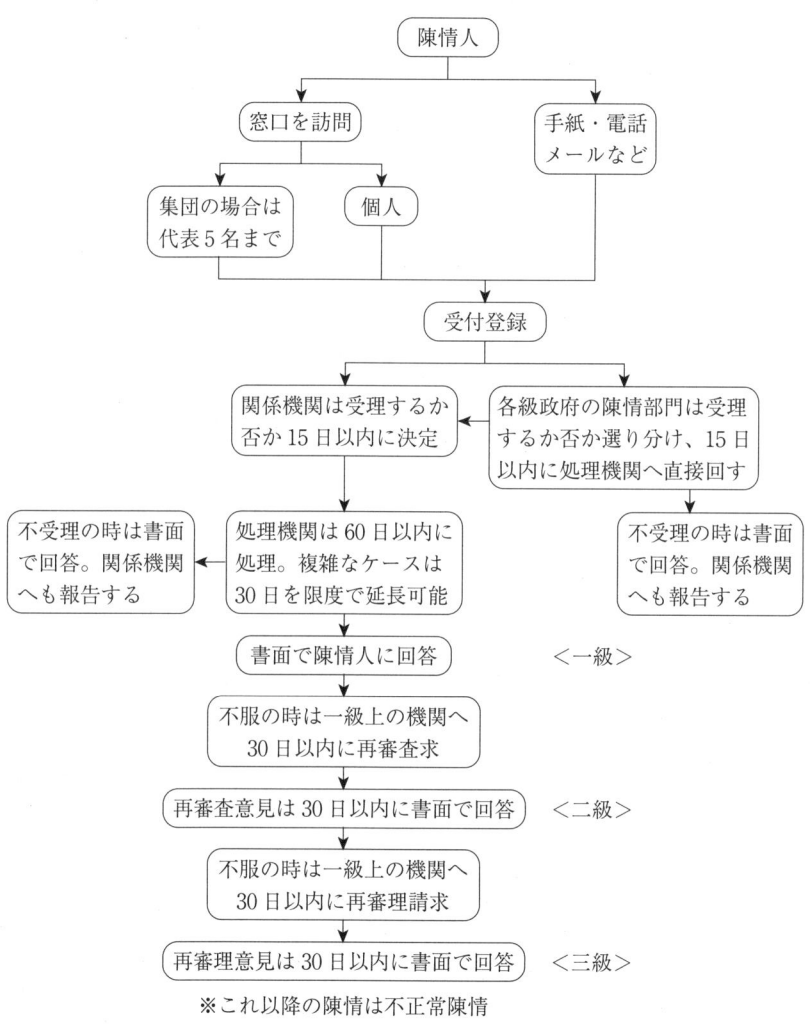

（備考：本書の第8章を参照のこと）

目　次

口絵 …………………………………………………………………… i
　①失地農民の陳情代表達　②包公像に跪いて陳情文を読み上げる女性　③地方政治の腐敗を訴え続ける"亡命"村長夫妻　④あて先のない陳情訴状

まえがき ……………………………………………………… 編者 v

プロローグ：陳情をめぐって ………………………………………… xi
　①北京の「陳情村」②陳情狩りを代行する民間警備会社　③西安市の工場従業員による陳情のケース　④土地収用を巡る陳情から労働矯正まで　⑤陳情フローチャート

序章　陳情政治──圧力型政治体系論から ……………… 毛里和子 1
はじめに ……………………………………………………………… 1
1. 陳情の問題性 …………………………………………………… 4
　（1）陳情などの定義　（2）陳情の特徴　（3）陳情のコスト
2. 陳情研究の6つのアングル ……………………………………… 8
　（1）政治体系から──その1（縦の体系）（2）政治体系から──その2（横の体系──三権の関係）（3）政治社会構造から──三元構造の仮説検証のために　（4）政治的権利論から　（5）中国における「司法」の範囲　（6）政治文化から──清官論、青天願望論
3. 陳情──圧力型体系論からの接近 …………………………… 12
　（1）圧力型体系とは　（2）一票否決制をめぐって　（3）末端への増圧──権と責の非対称

おわりに ……………………………………………………………… 18

第1章　陳情制度改革と憲政の建設
　　　　――「陳情条例」改正をめぐる論争 ……… 于建嶸（松戸庸子訳）23

はじめに ……………………………………………………………… 23
1. 陳情申請ピーク下の改革 ………………………………………… 24
2. 改革のいくつかの方向 …………………………………………… 27
3. 論争の焦点 ………………………………………………………… 31
4. 新しい問題 ………………………………………………………… 35
おわりに ……………………………………………………………… 38

第2章　中国陳情制度の運用メカニズムとその変容
　　　　……………………………………… 応星（松戸庸子訳）41

はじめに ……………………………………………………………… 41
1. 陳情制度の歴史的推移 …………………………………………… 42
　（1）大衆動員型陳情　（2）世直し型陳情　（3）安定団結型陳情　（4）安定維持型陳情
2. 陳情制度の運用メカニズム ……………………………………… 45
　（1）書面陳情と訪問陳情　（2）一時陳情と反復陳情　（3）逐級陳情と越級陳情
　（4）個人陳情と集団陳情　（5）正常陳情と不正常陳情
3. 安定団結型陳情から安定維持型陳情への変化 ………………… 56
　（1）陳情者の行動メカニズムの変化　（2）陳情統治メカニズムの変化
おわりに ……………………………………………………………… 60

第3章　政治的権利論からみた陳情 ……………… 石塚迅 65

はじめに ……………………………………………………………… 65
1. 中国憲法における陳情の位置づけ ……………………………… 68
　（1）陳情の権利　（2）監督権と請願権

2. 政治的権利をめぐる法的議論——言論の自由を中心に——……………75
3. 政治的権利に対する警戒と期待……………………………………………81
　　（1）日本における立憲主義をめぐる一論争　（2）言論の自由と民意の形成
おわりに……………………………………………………………………………87

第4章　陳情への法的視点
　　　　　——制度の沿革及び規定上の問題点………………但見亮 95
はじめに……………………………………………………………………………95
1. 陳情制度の概観…………………………………………………………………97
　　（1）陳情の定義　（2）旧中国—伝統中国の直訴制度と近代中国の請願権　（3）新中国の陳情制度の形成
2. 現行規定の様相………………………………………………………………115
　　（1）陳情条例　（2）改正後の傾向　（3）規定及び現状の問題点
3. 陳情と正統性——暫定的展望として………………………………………130
おわりに…………………………………………………………………………133

第5章　労使紛争からみた陳情……………………御手洗大輔 137
はじめに…………………………………………………………………………137
1. 陳情のもつ意味………………………………………………………………139
　　（1）時効制度から考える　（2）時効制度と現代中国法　（3）ある労働紛争案件の概要　（4）陳情の概要
2. 陳情にたいする別の視点……………………………………………………149
　　（1）陳情論争の原因と分析視点について　（2）法治国家とは何か、「三権未分」が問題なのか　（3）陳情の因果関係の基本枠組み
3. 制度変遷の分析………………………………………………………………156
　　（1）これまでの陳情制度——窓口の細分化　（2）変革期の陳情制度——不信の解消のため　（3）これからの陳情制度——陳情範囲の再定義
おわりに…………………………………………………………………………163

第6章　陳情制度をめぐる権利擁護と安定維持の力学
　　　　　　　　　　　　　　　　　　　　　　　　　呉茂松　165
はじめに……………………………………………………………………165
1. 利用者にとっての陳情制度……………………………………………169
　　(1) 出発点、権利擁護活動の全体像　(2) 陳情行為の変化
2. 運用者にとっての陳情制度……………………………………………176
　　(1) 運用側の対応　(2) 制度運用の特徴
3. 陳情政治………………………………………………………………179
　　(1) 権利擁護要求の台頭、権利救済メカニズムの機能不全　(2) 陳情行政の実態　(3) 民と官の相克
おわりに……………………………………………………………………190

第7章　退役軍人による陳情　……………………弓野正宏　195
はじめに……………………………………………………………………195
1. 退役軍人による陳情の増加……………………………………………196
　　(1) 退役軍人の大量創出　(2) 陳情と集団騒擾事件の深刻化　(3) 困難を増す再就職、定住先の斡旋　(4) 国有企業の減少による受入れ先の縮小
2. 政府による退役・復員軍人への再斡旋政策…………………………203
　　(1) 軍からの「転職幹部」の「幹部」たるゆえん　(2) 退役軍人の自力更生という「切り捨て」　(3) 斡旋政策の失敗と不満の高まり
3. 社会安定における退役軍人要素………………………………………211
　　(1) 陳情の増加と集団騒擾事件　(2) 集団騒擾事件の注意対象としての退役軍人　(3) 軍民一体の創出と後手に回る対策　(4) 治安維持への強制措置と問題の封じ込め
おわりに……………………………………………………………………217

第 8 章　陳情制度のパラドクスと政治社会学的意味
　　………………………………………………………………松戸庸子 225
はじめに ………………………………………………………………………… 225
1. 陳情制度の設計と運用の乖離 ……………………………………………… 226
　（1）陳情の制度目標とその法的根拠　（2）陳情行為にまつわる 3 つのパラドクス
2. 不正常陳情とは何か ………………………………………………………… 234
　（1）「陳情申請フロー」に見る正常陳情　（2）不正常陳情と陳情狩り
3. 陳情阻止から行政拘禁へ——労働矯正所送致を中心として ……………… 241
　（1）労働矯正制度の歴史　（2）労働矯正施設における人権侵害の 2 つのケース
4. 陳情制度の潜在機能——支配の正当性根拠の再生産 …………………… 249
　（1）「找政府(チャオチョンフ)」——陳情制度をめぐる共同幻想　（2）司法よりも陳情を選好させる背景としての法文化　（3）陳情制度が涵養するピエテート意識とカリスマ願望
おわりに ………………………………………………………………………… 258

　2005 年制定「陳情条例」日本語訳（御手洗大輔訳）　267
　索引　283

序章　陳情政治
――圧力型政治体系論から

毛里和子

要旨：本序章では、陳情という中国社会のあらゆる領域にかかわる「政治行為」にアプローチする方法を整理し、より適切なアプローチを提案する。縦の政治（圧力型体系）、横の政治（三権の関係）、三元構造、政治的権利、司法―行政関係、伝統政治文化という6つのアングルがあり得ることを提示し、圧力型体系論を援用しながら陳情現象を分析した。その結果、①中央・地方・末端に対する人々の期待度の違いが陳情ラッシュを生む、②陳情から接近すると、中国政治、中央・地方関係は典型的な「圧力型体系」であり、しかも圧力は上→下→上→へとみごとに循環している、という結論を得た。陳情制度が今も続いているのは、他の代替メカニズムがない、陳情が社会の全領域に浸透している、官に依存する伝統的政治文化の残存などのためだ、という認識も得られた。

はじめに

(1) 陳情　データと概況

　まず、昨今の中国で信訪・上訪、つまり陳情が一体量的にどの程度のものになっているのか、いくつかのデータを紹介しておきたい。筆者が注目し始めたのは、中国的政治事象たる陳情、しかも直接北京に押しかける集団陳情が激しくなり、大きな社会問題となって、中国でも論争になった2003～04年のことである。陳情件数の激増をまえに、中央に「陳情問題、群衆性問題処理のための合同会議」を作ったり（2004年8月）、95年陳情条例の改正を審議するため于建嶸（社会科学院）ら重要専門家の意見を聴取したりした。[1]

陳情については全体を俯瞰できる権威あるデータがない。だがイメージを得るためにまずいくつかの局部的データを紹介しておこう。

①2003年7月1日〜8月20日、北京市の陳情
　国務院の国家陳情局の責任者が明らかにしたところでは、2003年夏、40日間だけで、次のような陳情ラッシュとなった。
　○北京市党委員会門前での陳情　　　1万9千万人次、集団陳情は347回
　○中央紀律検査委員会門前での陳情　　1万余人次、集団陳情453回
　1日平均100人余、最大で152人。改革開放以来の最高を記録。陳情の内容は、40％が公安・検察・法機関の問題を取り上げ、33％は政府行政業務と関わりがあるものだという（彭大鵬［2006］）。
　②次は国家陳情局のデータで、2003年1月から11月に受理した陳情である。
　○全国人民代表大会常務委員会弁公庁の陳情局が受理した陳情書状
　　　　　　　　　　　　　　52,852件
　　このうち2回目以上の書状　　19,483件
　○同応対室が受付けた陳情件数　　17,063件
　国家陳情局の局長周占順は、2003年のインタヴューで初めて陳情が激増していることを認め、とくに重複陳情、集団での北京陳情が大変多いことを明らかにした。それによれば、2003年1月〜11月までで国家陳情局は合計70,165件の北京陳情を受け付け、河南省、遼寧省からの陳情がもっとも多かったという（「2003年河南・遼寧群衆信訪総量最多」『領導決策信息』2003年50期）。
　③次が2005年から何回か、上京陳情者が集まっている集落（陳情村）に住みこんで調査とインタビューをしてきた于建嶸のデータである（于建嶸［2005a］、［2005b］、［2007］）。
　＊ある省会の陳情件数
　　1996年600、2002年2,900、2004年4,626、2005年5,447件次

【表1】2002年～2007年 北京天安門地区の陳情件数

	2002年	2003年	2004年	2005年	2006年	2007年
陳情人数	4,786	6,483	9,497	20,244	25,844	27,358人
集団陳情件数	47	92	229	352	283	696件
集団陳情人数	1,070	2,836	4,872	5,864	5,378	9,394人

(出所：武順発「試論天安門地区上訪滋事的深層原因及執法対策」2009年2月、現代中国地域研究第2回国際シンポジウム（早稲田大学）における于建嶸の報告ペーパーから)

＊各級陳情部門が1年間に受理している陳情案件 1,000万件次
＊上記案件中はっきり結論が出たもの 0.2%
＊北京永定門東庄陳情村 ピーク時住民3万人
＊560名の陳情者中、平均陳情回数は14.6回、平均北京滞在日数は292日。

④于建嶸が紹介した、2002～07年、公安部門が調査した北京天安門地区の陳情者と陳情件数を示しておこう（表1）。人数も件数も激増しているのに驚かされる。

なお、国家行政管理学会がまとめた『集団的突発事件調査書』は、2000年代に入ってからの陳情の顕著な特徴を次のように整理している。

①大規模な集団陳情が激増している。
1995年～2000年陳情全体に占める集団陳情の比率は56.5%、1998年は59.8%、1999年66.3%、2000年71.2%、2001年75.6%
②農村からの陳情よりも、都市部でのそれが増えている。2000年東北のある省では、住宅取り壊し、市の行政、失業者の就業、貧困者への社会保障など都市問題を訴えるものが激増し、全体の88%を占めた。
③重複陳情が多くなっている。昨今の集団陳情中、繰り返しの陳情が30%以上、ある地域では50%以上を占める。数年間、数十回、ひいては100回を越えるケースもある。
④レベルを飛び越えた集団陳情（越級陳情）、とくに北京への陳情が激増し

ている。国家陳情局の統計では、2003年、国家陳情局が受理した陳情量は前年比14％増加。うち省レベルは0.1％増、地市レベル0.3％増、県は2.4％減なのに、国レベルだけ大幅に増えている。2004年各レベルの陳情部局が受理した陳情件数は1373万6000件、うち上京集団陳情は前年比73.6％増加した（件数は不詳）（中国行政管理学会課題組［2009］91-93頁）。

2005年に陳情条例が改正されて、陳情の制度化や厳格な管理がもくろまれたが、どうやらそれもあまり功を奏していないようである。

1. 陳情の問題性

（1）陳情などの定義

さて、陳情の中国語原語である「信訪」とは「人民大衆の書信、訪問」の省略形である。2005年に改正された陳情条例第2条は、次のように陳情を定義する。

> 公民、法人またはその他の組織が、書信、メール、ファックス、電話、訪問等の形式で、各級政府、県級以上の政府の業務部門へ事情を訴え、建議、意見または苦情申立てを提出し、関連行政機関がこれを処理する活動をいう（2005年1月10日、国務院令・陳情条例）。

では陳情のうち「上訪」とはなにか。上訪とは2つある陳情の型式の1つで、直接ある機関に行って訴えるもので、書信による陳情よりも緊急度が高いとされる。応星（中国政法大学）によれば、陳情は、その緊急度に応じて、書信、訪問、「纏訪」、「超級上訪」、「北京上訪」の5段階に分けられているという（応星［2001］371頁）。だがこれは、役所の処理上の便宜で分けたものだろう。

陳情でとくに問題になるのは、集団陳情とレベルを飛び越えた陳情（越級上訪）である。陳情してもよいとされる機関は陳情者が所属する当該レベル

およびその一級上の機構である。それ以上はすべてレベルを超えた陳情となる。また 2005 年の陳情条例で、集団で陳情する場合は 5 名を越えてはならない、と限定された。当局はこの「越級」と 5 名を越えた集団陳情の二者を「正常でない陳情」と呼んでいる。また「纏訪」とは、何回も繰り返し、さまざまな方式で陳情するもので（「纏」はそもそも「まとわりつく」の意）、厄介な案件である。

もう 1 つ面倒なのは法にかかわる陳情、「渉法陳情」と呼ばれるもので、法律に関連する、あるいは法律的手段で解決すべき、あるいは処理された案件が陳情に持ち込まれるケースである。李宏勃（外交学院）はそれを、「司法訴訟が引き起こしている陳情問題」としている。いずれにせよ、陳情のうちもっとも揉めるのはこの法にかかわる陳情で、いったん行われた司法裁定がやり直しになる場合も多く、法の権威をますますおとしめることになる。「一事不再理」原則が通らないのである。[2] なお 2000 年代初めのデータでは、陳情全体の 60.9％が重複陳情、57.9％が集団陳情だった、という（李蓉蓉[2006]）。

こうした陳情をさまざまな機関が受け付け処理するわけだが、後に述べるように、地方政府とくに末端の役所は、自分の村や郷からレベルを超えた陳情や北京への集団陳情が起これば大変面倒なことになるので、策を弄してなんとかそれをさせないようにする。それが「截訪（チェファン）」、であり「堵訪（ドゥファン）」である。本書ではいずれも陳情狩りと訳しておく。上級機関の役人に賄賂を送って、村や県の陳情件数をできるだけ少なく査定してもらう方法もある（「銷号」）。

(2) 陳情の特徴

筆者は、中国におけるこのような「陳情現象」がなぜ起こるのか、人々は何を訴えているのか、前近代的な「目安箱」なのか、それともポストモダンの「政治参加」なのか、強い興味を抱いた。中国政治分析の格好のテーマだと思ったのである。だが、実際にこの問題を扱ってみるとなかなか厄介で一

筋縄ではいかない。問題がきわめて多面的だし、断片的情報やデータが多くなればなるほど本質を掴むことがむずかしくなるのである。そこでまず、李宏勃が、中国における陳情と法の問題についてコンパクトに整理した文献があるので、それをもとに陳情の「問題性」について紹介しよう（李宏勃[2007]）。李によれば、現代中国の陳情は次のような特徴をもつ。

①陳情にからむ機構が共産党、人民政府、司法機関、人民代表大会、人民政協、人民団体、新聞メディア、国有企業にあり、多く錯綜している。「ほとんどすべての党・政・司法などの国家機関、すべての国有単位の組織に陳情局などの機構が設けられている」。

②陳情の件数・人数が膨大である。2003年の場合、全国の陳情は1000万件を越えた。

③一般的には、陳情は、情報伝達、政治参与、紛争解決の3つの機能をもつと考えられてきたが、昨今は紛争解決の主要な型式と見なされている。

④陳情をめぐって、中央・地方を含む膨大かつ複雑な制度体系ができている。とくに地方性法規はおびただしい量にのぼる。

⑤陳情は政治・行政と法律が分化しない「政／法現象」、「政／法問題」である。その意味で一種の総合症だ。

⑥陳情そのものは1930年代に中華ソビエト中央政府内に「来訪応対室」ができたことに始まるらしいが、法の観点からすると、次のような難問を抱えている。

　イ．司法が独立せず、腐敗しているために社会的貧者からすれば陳情が最後のよりどころになっている。
　ロ．陳情で提起される多くは司法の不公正などにかかわっている。
　ハ．陳情の非制度性、人治性、随意性は法の近代化にとって阻害物となっている。

(3) 陳情のコスト

陳情が問題になるのは、コストが高い割には効果がない、最終的には、社

【表2】陳情のコスト

＊陳情工作要員　　　　中央レベル　　　　　省レベル
　　　2002年3月　　　　620人　　　2002年12月　1,825人
　　　2005年3月　　　　870人　　　2005年9月　　2,680人
　　　2008年4月　　　1,176人　　　2008年6月　　6,172人
＊陳情処理関係の経費　　中央レベル
　　　2002年　　　　1億4500万元
　　　2005年　　　　7億8600万元
　　　2007年　　　20億2200万元
＊北京への陳情者応対要員
　　　2008年6月　9万2472人

出典（穆木英［2008］）

会の安定に寄与するどころか、役人、政府に対する不信を呼び、社会的不安定をもたらし、政府の正当性に少なからぬ負の影響を与える点である。

とくに問題はコストである。かかる費用は、陳情自体にかかる経費や人力、陳情受付けにかかわる膨大な費用と人員、とくに末端政府の権威の失墜、など多面的である。ある香港情報は陳情の実際のコストを次のように計算する（表2）。ちなみに、これだけのコストを負担しながら、政府が直接解決もしくは直接調査した案件は上訴案件の2.5％にすぎない、という（穆木英［2008］）。

于建嶸をはじめとして何人かの研究者が、法にもとづいていない（非規範性）、手続きが決められていない（非程序性）、非専門性、処理の恣意性などから、陳情制度を廃止するよう強く訴え、2005年の新陳情条例は、「官を縛る」ものではなく、「民をコントロールするものだ」だと非難する（于建嶸［2005c］［2005d］［2009］）。しかし、2005年の新陳情条例で、陳情はいっそう制度化され、またコントロールされるようになった。そして、にもかかわらず、陳情そのものは少なくならない。むしろ、集団的、越級的なものが増えている。なぜなのだろうか。

2. 陳情研究の６つのアングル

現代中国の政治システム、政治構造、政治文化の特徴を先鋭に示す陳情の研究にはさまざまなアングルがあり得る。アングルによって陳情の様相・問題性は異なってくる。言い換えれば、陳情研究は中国政治体制のトータルな分析のための有効な道具であり、入り口となり得るのである。

(1) 政治体系から――その１（縦の体系）

後述するように、栄敬本（もと中共中央編訳局）は、中国の中央―地方関係、縦の体制、とくに政府行政制度は「圧力型体制」だと明言した。それを踏まえて于建嶸は、たんなる圧力型体制ではなく、下に行けば行くほど圧力が増えていく「増圧型体制」だと論ずる。陳情の仕組みはまさにそれを裏付ける。それだけでなく、最後には圧力が中央政府に戻ってくるという形で、圧力の循環が見られ、中国における圧力型体系の特徴を端的に示してくれる。陳情の政治学的分析は、中国の縦のシステムの解明に大いに貢献するのである。本章は、「中国の縦の体制は"圧力型"〈増圧型〉体系だ」という仮説を立て、それを検証してみたい。

(2) 政治体系から――その２（横の体系――三権の関係）

立法・司法・行政の横の三権関係では、中国ではすべての権力を立法府に集中し、議行合一システムをとっている。もっと正しくは、三権分立ではなく、行政・司法・立法が一体化した、三権未分の体制といってよいだろう。理念および形式上は、行政の最高機関―国務院は全国人民代表大会に従属し、司法の最高機関―最高人民法院も立法府に従属する。陳情はすべての機関が受理できるように設計されており、三権未分の中国の制度的特徴がよく反映されている。そして、陳情を分析すれば、中国における三権未分が実は行政が圧倒的優位に立っていることを検証できるのではないか、というのが

【表3】各領域における新三元構造

旧二元構造	新三元構造
国家／社会	国家／半国家・半社会／社会
中央／地方	中央／地方／末端
計画／市場	計画／半計画・半市場／市場
都市／農村	都市／半都市・半農村／農村
労働者／農民	労働者／農民工／農民

筆者がもっているもう1つの仮説である。なお最近、議行合一に対して、旧ソ連、中国でも「憲法原則」とされてきたが、実は、社会主義の現実に合致しないし、社会主義の理論的モデルとしても有害だ、という本格的批判が初めて出てきた（周永坤［2006］）。三権分立に向かう兆しなのだろうか。注目されるところである。

(3) 政治社会構造から——三元構造の仮説検証のために

筆者は1990年代から、中国社会は、各分野で、従来の二元構造から三元構造へと変わりつつある、と指摘してきた（毛里［2010］）。80年代半ばから始まった村民自治運動は、中国の中央権力が末端までの支配から手を引き、いわば末端を放任したことを意味し、中央・地方・末端の三元構造への移行が始まった。また、小城鎮に小さい企業を開き、そこに農民を吸収する離土不離郷方式（農民は農業を離れても農村は離れない）で生まれたのは、都市でも農村でもない中間物であり、農民でも労働者でもない人々だった。他方、市場化で大きくなっているのは、民間企業というより、営利化した国有の独占企業（呉軍華はそれを「官製資本主義」と言う）であり、国家と社会の間に双方が浸透する国家・社会共棲の領域が勢いづいている。フィリップ・ホアンのいう「第三領域」である（黄宗智［2003］）。経済成長は、農村部の膨大な労働力を都市部に移動させ、農民工という、身分的には農民、職業的には労働者という、2億人を越える膨大な新階層を生み出した。こうして、さまざま

な領域で、三元的状況が生まれてきているのである（表3参照）。

陳情は一面では上からの統治の方式であるが、他面では、下からの異議申し立て、下からの権力監督のメカニズムでもある。それだけでなく、上一下、下一下の紛争を調停・和解させる機能も果たす。このような三重の機能をもつ政治手段や制度は、現代中国においても決して少なくはない。

(4) 政治的権利論から

陳情は公民の意思表明、異議申し立て、権力の監督のための正当な権利として認められている。また、被害救済のためのメカニズムでもある。陳情をめぐって、中国では、きちんと制度化してコントロールすることを求める一派（康暁光（中国人民大学）など）と、制度自体廃止した方がよいとする一派（于建嶸など。于は、当面の策として、陳情を扱う機関の人民代表大会への限定、司法権の独立の2点を強く主張している）がいる。前者は、陳情に代わる意思表明・異議申し立て・権力監督の代替メカニズムがないから存続と強化を主張するのである。于建嶸も、権利擁護論、政治的権利論から陳情を論ずる場合がある。

(5) 中国における「司法」の範囲

陳情案件の多くはそもそも司法機関に訴えるべきものが多いという。また、すでに司法機関で決着がついたのに、それに不満で陳情を繰り返すというケースも多い。于建嶸の北京陳情者632名に対するアンケート調査（2004年）では、陳情前に裁判所に行って起訴したものが401件（63.4％）に上る。うち、裁判所が受理しなかったもの172件（42.9％）、裁判では負けると考えたものが220件（54.9％）、裁判で勝っても執行されないと考えたもの9件（2.2％）だったという（于建嶸［2004］）。

中国では原理的に司法は独立していない。司法府は立法府の下にあるし、政治的にも審判委員会などで党が公然と裁判過程に介入することが制度化している。陳情が司法機関・法律とどのような関係にあるのかを解明すると、

中国における法と政治のからくりが読めてこよう。

(6) 政治文化から——清官論、青天願望論

陳情は、端的に言えば江戸時代に村や藩から将軍に上がってきた「目安箱」にも類する制度である。陳情がさかんな理由の1つに、清廉な役人に訴えればやってくれる、「青天」つまり清廉な役人は大衆の救世主だと考える中国の伝統的政治文化—臣民文化を上げる研究者は中国内外で多い。農民は「おえら方」に訴えれば（「天に通じて」）解決するだろうと考える。何回も陳情して「おえら方」に訴え、うるさくなった「おえら方」は部下に「やってやれ」ということになる。これで味をしめた「陳情屋」がまたまた陳情で利益を得ようと張り切る、これが集団陳情が繰り返されるメカニズムだと指摘するものもある（田先紅［2011］）。

なお、後に述べるが、李連江（香港中文大学）が于建嶸と共同で調査した上での数理分析の結論は興味深い。李は、越級や上京陳情が多いのは、トップの権力であればあるほど農民の信頼は篤いし、また都にのぼって抗議する陳情農民を英雄視する傾向が強いからではないかと分析している。とくに、中央や省レベルなど上級に対する信頼が高ければ高いほど陳情参加の確率は高くなる（両者は相関する）、というのである。この含意は、1つは青天が解決してくれるという伝統的価値観であり、もう1つは、農民は身近な村・郷レベルの役人には強い不信感をもつが、その政治不信はトータルなものではない、という論点である（李連江［2006a］［2007］）。政治文化論からの陳情分析はとても面白そうだが、できるだけ「文化」の問題に落したくないと考える筆者としては、第1のアングルから陳情に迫ろうと思う。

3. 陳情——圧力型体系論からの接近

(1) 圧力型体系とは

　陳情から中国政治に迫ろうとするとき、まず次の2つの仮説を提示しておきたい。
　1. 中国の政治体系は、上から下、という縦の関係でみた場合、垂直的圧力型体系である。
　2. 中国政治は、同様に、中央—地方—末端の三層構造である。地方は中央に対しては下級機関、末端に対しては上級機関として、二面相で立ち現れる。またこの三者の関係で、地方—末端をつなぐ核心の「地方機関」は、2800ある県レベルの行政機関[3)]である。
　だが、本章では、データと時間の制約から、とりあえず第1の仮説を検証してみたい。
　圧力型体系とはなにか。大陸の政治学者・栄敬本が1998年、香港・台湾の研究者のシンポジウムで提起した中国政治の特徴をつく概念である。彼は、次のように圧力型体系を説明する（1998年当時）。

>　いわゆる圧力型体系とは、あるレベルの政治組織（県、郷）が経済のキャッチアップを実現し、上級が下達する各種の指標を完成するために採用している数量化した任務配分方式と物質化した評価体系をもつ政治体系である。たとえば、経済の成長率、資本導入額などの経済指標の他、安全事故指標、社会治安指標、陳情人数指標などが（下級政府の業績評価の基準）となる（栄敬本［1998］［2009］）。

　一方于建嶸は、改革開放以来の中国の政府行政体制は、下に行けば行くほど圧力が増えてくるから「増圧体系」だと、次のように指摘する。

>　中国の政治体系を単純な圧力体系と表現するのは適切ではない。増圧体系と呼んだ方がよい。（その場合）中央は表面上は最高の権威をもって

【図1】中国の政府組織図（2007年末現在）

中央政府			
地方政府			
	省級政府		32
		直轄市	4
		省	23
		自治区	5
	地級政府（憲法では規定されず）		
		地級市	283
	県級政府		
		県	1,463
		県級市	368
		市轄区	856
	郷鎮政府		
		鎮	19,249
		郷	13,928
		街道	6,434

（資料）中国統計年鑑、中国情報ハンドブック2008年版等により作成。
（吉岡孝昭博士論文「改革開放以降の中国における税財政システム——中央・地方関係の政治経済分析——」より）

いるが、圧力の転移が起こり、圧力の最終的な着地点は中央を目指すことになる。この特徴が陳情および陳情狩りに突出的に現れるのである（于建嶸［2008］）。

　増圧体系、しかも圧力が最終的に中央に戻っていく、という于建嶸の指摘は、陳情をめぐる中国の縦の政治体系の特徴をぴたりと言い当てている。

　図1は、中央—省レベル—地区レベル—県レベル—郷鎮レベルと、5層になった中国の行政体系である。この下にある約60万の村組織が最末端である。

(2) 一票否決制をめぐって

　上級が下級に指示を出す。下級は上級の指示、指標をなんとか達成しようと、さまざまな努力をせざるを得ない。指示、指標を達成できないと、予算の配分は少なくなるし、また幹部の昇進や表彰はおさえられる。中国の地方には自治は与えられず、あくまで上から下への圧力体系である。しかも、上級が下級に課す重要な指標は絶対的である。そのシステムが「一票否決制」と呼ばれるものである。栄敬本はそれを次のように説明している。

　　これらの任務と指標に採用される評価方式はよく「一票否決制」と呼ばれる。つまり、ある任務や指標の1つでも達成できないと、その年の全成績はゼロと査定され、罰則を受ける。各級組織は、このような評価圧力のもとで作業をすることとなる。

こうして次のような状況となる。

　　このような圧力型体系のもとでは、県・郷政権は、一方では上級に対して「ひたすら任務達成に励み」、他方で下級に対しては、「任務達成せよ」とひたすら「圧力を強める」のである。こうして各級政権が資金・プロジェクト・優遇政策をめぐって競争する状況が生まれ、虚報、ごまかし報告、インチキ報告が蔓延する。この種の圧力を最終的にもっともこうむるのは末端の大衆である。（栄敬本［2009］）

　栄敬本は、このゼロサム体制では中央―地方の関係はいつまでも変わらず、中央―地方を結ぶ要である県の権限を強化して、中央―地方間にどちらも利がある「双贏」体制を作るべきだと提言している。

　「一票否決制」とはどのような仕組みになっているのだろうか。1990年代以来、「一票否決」の指標となっているのは次の4指標である。

①計画生育指標（1980年代から）
②経済発展GDP成長率（90年代初頭から）
③社会治安指標（陳情の件数、集団的騒擾の件数など、1993年から）
④環境エコロジー指標（CO_2排気ガスの削減量など、2005年から）

この４つの指標のうちどれか１つでも目標に達しないと当該地方政府のその年の評定はゼロとなってしまう。中央―地方、上級―下級の政府のいずれにもその評定方式が通用する。「2007年4月25日浙江省計画生育一票否決制実施弁法」でその具体的仕組みを見てみよう（浙江省［2007］）。

第１に、次の項目の１つでも当てはまる場合、その地方の評定はゼロとする。
　○上級が出した年度人口・計画生育目標管理責任制目標を達成していないもの
　○人口と計画生育重点地区なのに状況が変わっていないもの
　○計画生育の法定職責・分業職責を履行せずに深刻な結果を生んだもの
　○部門・単位で人口と計画生育状況に違反があったもの
　○人口計画生育活動で、人口データなどに重大な虚偽報告行為があるもの
　○人口と計画生育法律法規を執行する際に、違反、汚職で重大な結果を招いたもの

また、次が一票否決された場合の処罰である。次のようなマイナスの罰を受ける。
　○当該年および次年の「総合性先進・栄誉称号」への被推薦資格を剥奪
　○主要責任者などは、当該年度の審査で、優秀賞などの賞金を得られない
　○１年間は先進、栄誉称号の推薦資格なし、抜擢・昇格の資格なし
　○任期内に２回以上一票否決されると、降格・免職がある

陳情に批判的立場から研究・提言している応星は、人々を陳情に赴かせるのは、権利や利益というより、むしろ基本的生存権、人間としての誇りが侵されることへの抵抗・異議申し立ての方が多い、と指摘しつつ、陳情が中国の圧力型政治体系の産物であることを検証している。県・郷の末端政府が受ける大きな圧力（一票否決）の第１はGDP、第２が計画生育と社会安定の指標、つまり陳情、とくに集団陳情の件数で、地方役人がもっとも嫌うのが集団陳情ということになる。

しかも、末端政府の責任と権利はきわめて非対称で、末端には幾重にも重

なった上級からの強い圧力があるのに、彼ら末端が処理できる能力や資源はきわめて少ないのである。上級は、問題は基層で解決せよ、芽のうちに摘め、というが末端は能力も資源もなく、やれるのは、陳情者への恐喝、やくざ組織に任せる、陳情者に罪名を付けて投獄など、大衆への弾圧だけ、ということになる。

応星の結論は、いま当局は、陳情連絡会議の設置、陳情条例の改正、幹部が一斉に陳情を受け付けるなどで陳情をめぐる問題を緩和しようとしているが、反対に、集団陳情が増え、弾圧・妨害されることで暴力化してしまう、という（応星［2007］）。

昨今は一票否決の指標がどんどん増えて、下は負担しきれなくなっているという。なぜこうも増えるのだろうか。上級政府の管理レベルが低く、幹部の官僚主義がはびこっている、各級政府間の責任と権限が不分明だ、などの理由があるという（向俊傑［2010］）。下級はこの矛盾や間隙をついて、上級と取引をする場合もある。

(3) 末端への増圧——権と責の非対称

中国の中央―地方関係で宿命的とも言える不合理は、各級政府間で権限をどう振り分けるか、財政負担を含む義務をどう振り分けるか、その適切な方式・モデルがいまだ見つからないことである。陳情は、5～6層に及ぶ中央―地方の権限・義務の不合理を背景に起こった現象なのだろう。しかも、多くの場合、下に行けば行くほど、権限はないのに義務だけが与えられる。圧力は増圧となる。

先に述べた、李連江を囲む座談会で、韓朝華（社会科学院経済研究所）と盛洪（北京天則経済研究所）は、「改革開放は実は政府と民間、上級と下級の利益争奪戦だ、結果は、あらゆる資源が上層に集中、責任だけが下層に押しつけられた」、「地方政府と農民の間に衝突が多いのは、中央が地方政権に相応の財政収入を提供しないから、地方政府は唯一の資産である土地を売却しようとして農民と衝突するのだ」と、権と責の非対称が問題の根源にあること

【表4】全国各級政府の「三農支出」負担の割合 2006年　単位：％

項目	中央財政	省級財政	地市級財政	県級財政	合計
「三農」投入総支出	40.52	16.68	9.04	33.76	100.00
1. 基本建設支出	81.03	4.69	3.53	10.75	100.00
2. 企業能力開発・改造	0.00	17.46	5.85	76.69	100.00
3. 科学技術三項費用	9.73	15.89	22.45	51.94	100.00
4. 農業支出	26.65	22.83	14.47	36.04	100.00
5. 林業支出	46.89	18.02	11.00	24.09	100.00
6. 水利と気象支出	16.82	32.75	16.95	33.49	100.00
7. 文化・体育・放送事業費	0.00	15.60	12.85	71.55	100.00
8. 教育支出	10.36	9.10	7.98	72.56	100.00
9. 科学支出	55.52	17.39	6.66	20.43	100.00
10. 病院・衛生支出	21.40	21.05	8.84	48.71	100.00
11. 見舞と社会福祉救済	26.05	14.92	9.42	49.61	100.00
12. 社会保障補助支出	0.00	5.85	14.24	79.90	100.00
13. 政策的補填支出	80.62	14.46	2.23	2.69	100.00
14. 後進地区支援支出	70.60	17.79	6.55	5.07	100.00
15. 一般予算分配支出	64.89	22.84	4.55	7.71	100.00
16. 教育部門基金支出	0.00	15.32	26.46	58.22	100.00
17. 農業基金支出	10.69	42.25	24.66	22.40	100.00
18. 土地使用費支出	0.00	24.00	32.75	43.25	100.00

（出典：陳潔など［2009］40頁）

を強調している（李連江［2006b］）。

　上の表（表4）は、「三農支出」[4]をどのレベルの政府が負担しているのかを示す、貴重なデータである（2006年）。中央・省・地市・県の4レベルの財政負担配分が分かる。県レベルの負担の比率が顕著に高いのが、企業開発費を除けば、①社会保障補助支出（79.90％）、②教育支出（72.56％）、③文化・体育・放送事業費（71.55％）、④教育部門基金支出（58.22％）である。とくに①、②のような公共性が高いものがほとんど県負担になっているのが注目される。うち教育支出は、そもそも絶対額が大きい上に（三農総支出の21.98％）、そのうちのほぼ4分の3が県負担になっている。こうして県郷鎮レベルの財政赤字が深刻になる。2002年、全国県郷鎮の財政収入は3000億

元余、支出は6000億元余、赤字が3000億元余にのぼったといわれる（陳潔など［2009］）。

おわりに

　圧力型体系論、ないし増圧体系論から陳情に迫ってきたが、とりあえず、以下のような点を指摘して、結論に代えたい。
　第1に、中央・中間・末端の権力に対する人々の期待、イメージ、批判はさまざまに異なっている。そして、たとえば、末端や中間への不信が中央への直訴へと動かすなど、その間の違いが陳情、その増大をもたらすといってもよい。
　前にふれたように、李連江が2003～05年にかけて全国28省からの陳情者にインタヴュー調査をし、それを解析した結果はとても興味深い（李連江［2006a］［2006b］）。[5]
　李は次の諸点を観察している。
　①陳情者にとって「上級」とはなにか。中央か、省か、市か、県か、郷鎮か。農民からすると中央と省には強い相関がある。つまり、省・中央が彼らにとっての「上級」である。県は中間的存在、農民が直接関心をもつのは下級、つまり郷鎮と村である。
　②陳情者の「上級」に対する信頼は高い。下級に対しては強い不信を抱いている。多分、彼らの上級に対する信頼と下級に対する不信の間の距離が陳情の原因ではないだろうか。
　③多くの農村で、陳情は英雄的行為だ、陳情農民は英雄だ、と見なす傾向が強い。そのため一種の陳情ブームとなっている。
　農民は中央政府は信頼するが、下級、とくにもっとも身近な権力には強烈な不信感をもっている、という李連江の観察は多くの議論を呼んだが、この前半部分、つまり中央への信頼は強いという点は、于建嶸の調査でも裏付けられる。次の調査（表5）は、陳情者632名を対象にした于建嶸の調査で、

序章　陳情政治

【表5】中国各級政府の農民の信頼感アンケート　　　単位：％

問題	非常に高い	比較的高い	普通	比較的低い	非常に低い	不明	回答なし
党中央　国務院	37.6	11.9	22.6	6.8	8.2	8.5	4.4
省委　　省政府	1.8	22.8	15.6	12.8	33.9	7.6	5.5
市委　　市政府	0.4	4.1	17.5	12.2	53.2	8.1	4.5
県委　　県政府	1.4	0.3	3.3	13.6	66.5	9.3	5.6
郷党委　郷政府	0	0.7	2.1	3.8	76.1	12.1	5.2

（注）アンケート対象者632名
（資料）「中国信訪制度的困境和出路」3頁により作成（于建嶸［2009］）。

　2006年データである。党中央・国務院への信頼度は50％を越えているのに対して、省レベルはそれほどでないにしても、県および末端の郷鎮にいたっては80％近くが信頼していない、という結果が出ている。

　中央への信頼は、しかし、文字通りには受け取れない。「雲の上」であって身近ではないことが最大の理由だろう。彼らにとって中央といえば、テレビできれいごとを言う胡錦濤、温家宝であり、農民は中央が下級や末端にかけている姑息な圧力や搾取を知らない。

　第2に、中国における中央—地方関係は、中央から下へ、そのまた下へと幾重にも圧力がかかる「圧力型体系」である。一票否決制が端的に示すように、下級は上級から首根っこを押さえられているし、また、権限と義務が非対称で、教育負担のように、末端は権限を与えられずに義務だけを背負う場合も多い。この圧力型体系の中で、末端と農民の紛争は増え、彼らの陳情は生き続け、ますます活発になるのである。

　第3に、だが、陳情者は北京へ北京へと集団で陳情したがる。末端や身近な権力に対する不信感がそうさせるだけでない。陳情者たちは、必ずしも中央に解決してもらおうと思って上京するわけではなく、実は、もっぱら地元政府や権力に圧力をかけるために北京陳情、越級陳情を行う。中国では、中央から末端へ（上からの圧力）、そして中央へ（下からの圧力）と圧力は循環す

るのである。

　于建嶸らの批判、制度そのものの非合理さ、かかるコストの大きさにもかかわらず、改革開放の波をかいくぐってこの制度が60年間も生き続けるのはなぜだろうか。

　第1は、陳情制度が果たしている3つの機能（①異議申し立て、②権力への批判・監督、③不利益の救済）を代わって担う代替メカニズムが現代中国にはまったくないし、それを期待することもできないこと、とくに司法の腐敗の深刻さは、「陳情文化」をますますはびこらせる。

　第2が、陳情を受け付ける機関が党、立法、行政、司法、公安などあらゆる分野にわたっており、制度的に解きほぐしが大変むずかしくなっていることである。

　第3が、上にも下にも共通する、官に善政と慈悲を期待する政治文化が依然濃厚だからだろう。そして、大衆はそれを逆手に取る。北京への越級陳情は、あきらかに大衆が中央の権威と処罰を使って（虎の威を借りて）地元役所や役人に圧力をかけるためである。陳情は中国政治のあらゆる歪みが現象化したものなのである。

注

1) 2004年11月、国家法制弁公室陳情条例改訂小組が社会科学院農村発展研究所の研究員于建嶸の意見を聴取、于は、陳情条例改正には慎重に、陳情制度の廃止を含めた根本的政策転換が必要、と温家宝総理に具申したという（応星［2004］）。

2) 李宏勃は、「法にかかわる陳情」が激増するのは、司法手続きのコストが高い、司法制度、とくに申訴再審制度が不合理になっている、などの事情があるため、としている（李宏勃［2007］28頁）。

3) 于建嶸によれば、2005年末現在、県レベル行政区画は2860、内市轄区856、県レベル市369、県1463、自治県117、旗49、自治旗3、特区2、林区1。人口総数は9億1800万人である（于建嶸［2008］）。

4) 16回党大会以降、深刻になる農業問題に対応しようと、農業・農村・農民を「三農問題」として一括し、資源の重点投入をはかっている。
5) 李連江 2006a『農村問題研究』2006年9月10日では李連江の調査結果報告をめぐって、孫立平、于建嶸、景躍進、馮興元、茅于軾などが激しい議論をし、李連江は批判に晒されている。

参考文献（日本語は著者50音順、中国語は著者ピンイン abc 順）
毛里和子 2010「現代中国研究40年 三つの挑戦」『ワセダ アジアレビュー』第7号

陳潔など 2009　陳潔・斎顧波・羅丹『中国村級債務調査』上海遠東出版社
黄宗智 2003 「中国的"公共領域"与市民社会」同編『中国研究的範式問題討論』社会科学文献出版社
李宏勃 2007 『法制現代化進程中的人民信訪』清華大学出版社
李連江 2006a 「中国農民的政治参与」『農村問題研究』2006年9月10日
李連江 2006b 「信訪制度改革与和諧社会建設」『人民日報』2006年10月30日
李連江 2007　Lianjiang Li, "Political Trust and Petitioning in the Chinese Countryside," *Comparative Politics*, Vol.40, No.2, Jul.2007, pp.209-226.
李蓉蓉 2006 「信訪与地方政府治理中的問題」『中国行政管理』2006年第1期。
穆木英 2008 「胡錦濤承認信訪制度失敗」『争鳴』香港、2008年9月号
彭大鵬 2006「従政治発展看上訪問題」『学説連線』2006年12月11日
栄敬本 1998『従圧力型体制向民主合作体制的転変——県郷両級政治体制改革』中央編訳出版社
栄敬本 2009「変"零和博弈"為"双贏機制"」『人民論壇』2009年1月19日
田先紅 2011「当前農村謀利型上訪凸顕的原因及対策分析——基于湖北省江華市橋鎮的調査研究」中国選挙与治理網 20110221
向俊傑 2010 「中央政府4項一票否決功績効果考査核心政治学分析」『学術交流』2010年第9期、総198期
応星 2001 『大河移民上訪的故事』生活・読書・新知三聯書店

応星 2004 「新中国信訪制度的歴史演変」『瞭望東方』2004 年第 1 期

応星 2007 「承認的政治」『南風窗』2007 年 10 月 30 日

于建嶸 2004「信訪的制度性缺失及其政治後果」『鳳凰周刊』2004 年（32）

于建嶸 2005a 「信訪制度改革与憲政建設」『二十一世紀』香港 2005 年 7 月号、総 40 期（ネット版）（本書第 1 章に翻訳収録）

于建嶸 2005b 「中国信訪制度批判——在北京大学的演講」『中国改革』2005 年第 2 期

于建嶸 2005c 「対信訪制度改革争论的反思」『中国党政幹部論壇』2005 年第 5 期

于建嶸 2005d　http://tecn.cn/data/detail.php?id=4842 →『中国改革』2005 年第 2 期「中国信訪制度批判」

于建嶸 2007 「対 560 名進京上訪者的調査」『法律与政治』2007 年第 10 期

于建嶸 2008 「中国政治発展的問題和出路——共治威権与法治威権」『当代世界社会主義問題』2008 年第 4 期

于建嶸 2009 「中国信訪制度的困境和出路」早稲田大学シンポジウムでの報告、2 月

浙江省 2007 「2007 年 4 月 25 日中共浙江省人口計画生育一票否決制実施辦法」『浙江政報』総第 804 期、2007 年第 16 期

中国行政管理学会課題組 2009『中国群体性突発事件——成因及対策』国家行政学院出版社

周永坤 2006 「議行合一原則応当徹底放棄」『法律科学（西北政法学報）』2006 年第 1 期

第1章　陳情制度改革と憲政の建設
—— 「陳情条例」改正をめぐる論争

于建嶸（松戸庸子訳）

要旨：筆者らの実地調査の結果、陳情制度にはシステム・機能・手続き面で重大な欠陥があることが実証された。これは一大論争を引き起こし、国務院が2005年1月に公布した「新・陳情条例」の改正作業にも影響を与えた。しかし、徹底的な改革が必要だという筆者の建議が採用されることはなかった。

　争点は3つで、陳情制度の①政治思想の基礎への認識、②現代憲政制度との関係、③権利救済機能の分離の可否問題である。さらに改革の方向の違いから、メディアは「権力拡大派」と「弱体廃止派」とに色分けし、論争の中で少数派の筆者は「弱体派」の代表格というレッテルまで貼られてしまった。

　陳情制度の改革には行政・法律・政治という3層、とりわけ政治の根治治療が必要で、詰まる所、憲政建設という高度の視点が必要不可欠なのである。

はじめに

　筆者を研究代表者とするプロジェクトチームは2004年の下半期に「陳情の制度的欠陥とその政治的弊害」という調査報告を発表した。その中で指摘したのは、陳情制度は中国的な特色を持つ政治参加および権利救済の制度として計画経済時代にはある程度の効果を果たしたものの、この制度には多くの欠陥がありすでに今日の市場経済の環境に適応しなくなり、客観的にも国家政治に対する信頼喪失の主たるルートになっているために、もしも徹底した改革を実施しなければかなり深刻な政治的悪影響を産み出すであろう、という点であった（于建嶸［2004a］）。これらの観点は陳情制度の来し方行く末論争の火付け役となり、同時に、国務院が進める「陳情条例」改正作業にも

影響を与えた（趙凌 [2004a]）。客観的に言って、今般の論争の中で筆者は少数派に属している。しかも最終的に国務院を通過した「陳情条例」を基準とすれば、筆者はやはり敗退者ということになる。しかしながらこのことは、執政者に採用されなかった自分の改革構想を筆者がすでに放棄してしまったことを意味するものではない。この度の論争の中で各方面から表明された理念や方向性のおかげで、陳情制度の政治的迷走性をより覚醒的に認識するようになり、国家憲政の建設という高みから陳情制度を改革しなければならない、という筆者の基本的主張はより一層堅固なものとなった。

1. 陳情申請ピーク下の改革

近年、陳情制度が益々各界の注目を浴びるようになった直接の原因は、陳情の総件数が11年間連続して増加し、2003年にはピークに達したからである。統計によると、2003年の全国の党政の陳情部門は合計で1273万3千人（件）の書面や訪問を通じた陳情を受理したが、それは前年比4.1％増であった。そのうち中央と国家機関が受理した陳情量は46％の増加で、国家陳情局の受理件数は14％増であった。全国の党政陳情部門が応対した公民による集団陳情は合計で延べ31万5千件・712万人で、それぞれの対前年比増加率は33.3％と39.0％である。一度の集団陳情で人数が最多のケースは800余人で、上京陳情の中での最多記録を打ち立てた。2004年の第1四半期に国家陳情局が受理した書面陳情は前年同期より20.2％上昇し、訪問陳情へ応対した延べ回数・延べ人数の同増加率はそれぞれ99.4％と94.9％である。陳情情勢がかくも厳しいために、何ゆえにこれほどまでに大規模な陳情が発生したのか、もし今後も増え続ければ政治的にいかなる悪影響を産み出すことになるのか、学会や政界はこれらの問題を考察せざるを得なくなった。

このような背景のもと、国家ソフトサイエンス基金による補助金のおかげで、筆者はプロジェクトチームを組織して我が国の陳情制度の現状と改革の方向性に関する特定調査研究を実施した。その調査には、上京陳情者（主体

は農民)に対するアンケートと聞き取り、全国各地から集めた2万余件の告発状の分析、一部の陳情問題担当官僚との座談会および「陳情村」に住み込んでの生活体験等の方法が含まれていた。我々の調査から明らかになったのは、現行の陳情制度には主として次のような制度上の欠陥があり、深刻な政治的悪影響を産み出している点である。

第1に、陳情システムは系統立っておらず、機構は雑然とし、全体の系統性が欠落しているために、各種の問題と矛盾が中央に凝集し、客観的に言って中央の政治的権威の失墜を産み出している。各級陳情機構はいかなる監督も無いなか、陳情案件を下から上へと回して不断の上昇を招き、中央の関係部門が受理する陳情件数の直線的な増加を産み出している。しかし陳情公民は上京した後、休む間もなく各陳情機構の間をあちこち奔走しても問題の真の解決は得られず、ついには中央の政治権威に対して疑いを抱くようになる。たとえば、北京陳情村に広く出回っている「一億人の冤民」と銘打たれたビラには「国務院を思い出せ、閻魔殿そっくりだ、外は狂犬、中は貪官」と書かれている(億万冤民 [2004])。数年前に耳にした「中央には恩人が居る」から「直接的に党中央や国務院を疑うこと」へという変化は、陳情というこの政治上の防火壁に問題が生じていることを物語る。

第2に、陳情機能にズレが生じており、責任は重く権限は軽く、人治の色彩が濃厚で国家司法機関の権威を瓦解させ、システム全体から現代国家統治の基礎を動揺させている。陳情は制度設計の上では正規の司法救済の補充的な手続きとして、行政方式を通じて紛争を解決し公民の権利救済を実現するものである。しかし民衆は実践の中では陳情という行政救済手段のほうをより信頼しそれを最後の希望の拠り所と見なしている。かくして各種の訴えが混ざり合って一緒になり「陳情問題合併症」が発生し、しかも公民は往々にして陳情をその他の行政救済、甚だしい場合には国家の司法救済に優越するようなある種の特殊な権利であるとまで見なしている。特に上京陳情農民について言えば、彼らは地元の農民代表として中央の陳情機構に来ているわけで、彼らが上申する問題は多面的で且つ複雑で、公安への通報・救助要請や

圧力をかけられている実態の解決が彼らの主要目的である。陳情者の要求が複雑で総合的な性質を持つことによって、問題解決の難度が必然的に増大し、陳情機構があまりにも大きな社会的負担を引き受けさせられることになっている。陳情部門はこれらの問題を解決する実際的な権力を持っていないのに、陳情者達がかなりの程度まで陳情部門を問題解決の責任主体であると見なしているために、いきおい、陳情部門を直接的な対立相手と見なすようになっている。

　第3に、陳情手続に欠陥があり、立件手続が規範化されておらず、終結メカニズムが未整備で、政治的な迫害と政治的急進主義が相携えて発生し、比較的深刻な衝突事件が不断に誘発されている。現行の陳情制度は手続上に重大な欠陥があり、立件と回答がいずれも相当に恣意的である。しかし、陳情件数、特に上京陳情者数が不断に増加して社会的安定に影響を与えているので、中央は各級トップの責任を強化するために「各級陳情業務トップ責任制と責任追究制」を策定し、各級の党委員会・政府の「トップ」が全体責任を負い、分割管理トップが主要な責任を負い、直接管理トップが直接責任を負うことを求めている。業務が本来の位置になく、責任が不徹底で、トップが責任を負わないために発生したような比較的大規模で省委員会・省政府へと連続して行くような集団陳情や上京陳情に対しては、さらには社会の安定や正常な業務秩序に対して深刻な影響を産み出すようなケースに対しては、分割管理トップの責任を追及し、事案の軽重を見て処理を行うように中央は求めている。こうなると地方の党政はあらゆる手段を使って民衆の上京陳情を押さえ込むことを余儀なくされるが、そのうちでも各種の方法を使って陳情公民に打撃を与えることが最もよく見られる手段である。我々の調査から以下が明らかになった。一部の地方政府は暴力などの手段を使って陳情者が上級の党政機関に訴え出ることを押え込んでいる（陳情者はこれを「陳情狩り」と呼ぶ）。これはすでに表沙汰になっており、一部の地方党政機関が陳情者に与える打撃や政治的迫害は心が痛み身の毛がよだつほどで、公民の人身上の権利に対する深刻な侵害を引き起している（于建嶸［2005］）。

第1章　陳情制度改革と憲政の建設

　調査から導き出されたこれらの結論に基づいて、我々は中央に対して陳情制度に対して徹底的な改革を行うよう建議を行った。この建議は中央の最高トップ層が重要視するところとなり、彼らは別個に何度も命令を下し、国家陳情局や国務院法制弁公室がもっぱら我々に対して意見聴取をするように要請を出した。

2. 改革のいくつかの方向

　しかし現行の陳情制度に存在する問題及びその淵源に対しては異論があり、陳情制度の来し方行く末に対しても様々な主張がある。基本的な改革の方向性に関して、学界と政界には主に下記の3種類の意見が存在する。
　第1の方向とは、陳情システムの枠組みを再構築し、陳情資源を再編して「大陳情」の仕組みのあり方を探り、立法を通じて陳情業務の統一的な規範化を図り、それによって効率性の高い監督監察機構を設立する（趙東輝[2003]）。この立場の中核的観点は、陳情機構の権力の拡大を通じて、調査・監督、甚だしくは弾劾・罷免を提言する等の権力を陳情機構が持てるようにすることである。国家陳情局の研究室の責任者は、陳情機構の権力に限界があることが陳情効率の低下の主因であるから、陳情のピーク問題を解決するには陳情部門の権力を強化しなければならないと言う。
　杜鋼建（湖南大学）の考えでは、目下、陳情ピークが発生したことの根本原因は、陳情機構に権威性が備わっておらず現行の陳情部門はその他の部門と同様に政府の下にある並みの機構にすぎないため、実際上は陳情機構が代表するのは陳情部門そのものではなく一級政府を代表して権力を行使している、という点を多くの人が認識していないために大規模な陳情が発生しているのである。それ故に政府の序列における陳情の地位を強化しなければならず、陳情部門のトップは当然のこと政府の主だったトップであるべきで、そうしてはじめて良しとなる。康暁光（中国人民大学）の考えでは、陳情部門の機能とはほかでもなく情報のフィードバックと問題解決である。中国のよ

うな行政主導の国家で司法が真に独立していない状況下では、陳情のようなフィードバック系統が社会に存在する問題を理解し、民衆のニーズを理解し、陳情機構に賦与された実在的権力を通じて陳情機構の権威を打ち立てて社会問題を解決しなければならない（趙凌［2004b］）。

　第2の方向とは、国家の憲政建設という高みから陳情制度改革問題を認識する必要があるという考え方である。私が思うに、まず政治システムの現代化を視野に入れて、陳情の機能目標を改めて確定しなければならない。すなわち陳情制度を強化し手続きを明確にして公民の政治参加のチャネルとなし、それと同時に公民の権利救済面の機能を陳情制度から分離して司法救済の権威性を確定する必要がある。次に、現在の陳情システムを改革するには、各部門に設けられた陳情機構を撤収し、陳情を全て各級人民代表大会に集中させ、人民代表を通じて一府両院の業務を監督することで系統性と協調性を強めることを考慮してもよい。さらに、最重要でもあるのは、本腰を入れて陳情者の合法的権益を保障し、一部の地方の党政が陳情者を迫害する事件に対しては断固として調査・処分をしなければならない、と筆者は考える（于建嶸［2004a］）。

　長期にわたり陳情業務に従事して来た周梅燕等も、陳情制度の改革に対しては社会システム全体の改革と連動させて、公民の秩序ある政治参加を拡大し、各種の陳情処理チャネルを整備することを通じて、司法の最終的裁判権を確立し、漸進的なやり方で以って法治を内容とする陳情制度改革を実現していくべきだ、と考えている（周梅燕［2004］）。

　第3の方向とは、政治の現代化という対極の高みに立って陳情制度の改廃問題を取り扱おうという考え方である。黄錘の考えでは、一部の人々が陳情制度を中国の特色ある人権救済方式であると見なす時には、もしも国家制度という大所高所から見るならば、陳情制度の規程の多くは、その実、憲法や法律と直接抵触しており、行政権が僭越にも立法権或いは司法権を凌駕する現象を産み出している。このことは今日の行政法規や地方の条例または政策の中で具現化されているほか、具体的な実践の中でも形となって現われてい

第1章　陳情制度改革と憲政の建設

る。これらは全て法治国家の建設という大きな流れに背いており、陳情制度は廃止されるべきである、と黄錘は考えている（黄錘［ネット：信訪制度応該廃除］）。

　張耀傑はこの立場をさらに一歩進めて「陳情条例」は廃止してもよいと言う。その根拠の第1は、陳情機構は現行の憲法と法律の枠組みの外側に設計されたもので屋上屋を架し且つ物々しい等級に分かれており、本邦の公民を土下座して懇願させ、甚だしい場合には土下座したまま永遠に奏功する日が来ない、といった制度上の陥穽に誘導するものである。第2の根拠は、本邦の公民を強権下の何層にも重なる陳情に放り出すことは、それ自身で中国公民の自由平等という合法的な人権を公に冒瀆し恣意的に踏みつけるものであるからである（張耀傑［ネット：「信訪条例」可以休矣］）。

　上記の3種類の改革方向はメディアによって「権力強化拡大派」と「弱体廃止派」とに分類された。上記の第1の方向は前者で、第2と第3の方向は後者である。筆者は「弱体廃止派」の代表人物と目され、或るメディアは「『全ての陳情弁公室を今すぐに廃止しろ』と于建嶸が主張している」とさえ報道している（劉輝［2004］）。ところが実際に当時私が国務院のトップに建議したのは、行政・法律・政治の3層からいかにして陳情制度に対し穏当で段階を踏んだ改革を実施するかを考えなければならないか、というものであった。その建議の主な内容は次の3点である。

　1点目は、行政上の応急処置は各級の党政部門へ向けた圧力の減圧と陳情公民への縛りを緩めることで、陳情の規模と衝突性を減らし社会の安定を維持することである。主たる措置には4つある。①地方の党政トップに対する中央からの圧力を減らし、陳情件数を基準とするランキングを行わず、陳情責任制を廃止し、上京してまでも陳情者を連れ戻すよう地方政府に求めない。②中央陳情部門は省や市に向けて陳情処理命令書を回すことを今後は行わない。③陳情先のランク付けに特別の制限をつけない。④地元公安機関は陳情が原因で発生した治安事件は法に照らして処理する、という4つの措置である。このように行う理由は、1つには、陳情の権利救済機能を弱め陳情

に寄せる民衆の期待値を下げれば一部の陳情案件はすぐにやみ、民衆の上京陳情を減少させることになるからである。地方政府に対する減圧によって初めて中央への圧力も下げることが可能になる。もう1つの理由は、地方の政治的権威を維持してはじめて中央の政治的権威を強化し堅固にすることができるからである。

2点目は、中期的な法律上の応急処置としては、各級の司法機関が公民からの告訴・申し立てを受理し処理する責任と能力を強化して、目下のところ陳情部門で店ざらしにされている案件を司法機関が引き受けるようにすることである。その措置は以下のとおりである。①告発や申立て案件の処理をする下級の機構の設立を上級の法院や検察院が行う。②司法機関に対する監督を強化し司法の腐敗を克服する。③司法機関は受理した告訴や申立て案件に対して期限内に回答をする。④司法部門は陳情者迫害案件を法に照らして調査し処理する。⑤社会的な仲介機構を組織して民衆による告発や申立てに法律的支援を行う。⑥司法機構向けの資源投入を増やし、法院と検察院の幹部要員と経費とが1つ上の級の法院と検察院から管理と保証を受けるようなシステムを制度的に確立する、という6つの措置である。国家司法機関の権威の確立を通じて、社会矛盾の解決を正規の司法チャネルに導き、陳情やそれに付随する非制度化された公民の政治行動を徐々に減らしていくとが可能になるのである。

3点目は政治が根治療を受けるという長期間を要する策である。各級政府の機能部門としての陳情機構を撤廃し、陳情を各級人民代表大会へ集中させて、人民代表を通じて一府両院の業務を監督し、民衆の利益表出組織を系統的に樹立するというものである。その主な措置は①各級人民代表を組織して選挙区の重要陳情案件を調査し処理を監督させる。②各級人民代表への連絡方法を公布する。③全国陳情ネットワークを作り重大問題に関する陳情資料をネット上に開示して民衆に評議させる。④社会の各階層に利益表出組織を作り、法律が許容する方法で集会やデモ等を通じて利益を表明することを認める、の4措置である。そのメリットは、各級の選挙区の人民代表が新し

い具体的な職責を手に入れることができ、これらの人民代表が法律によって付与された言論免責権と調査権を手に入れ、義務感を持って陳情が明らかにした問題を調査し、調査に依拠して陳情の対象となった一府両院に対して質問状を出し、深刻な汚職・職務失当・甚だしい場合は違法な犯罪の嫌疑がかかるトップ幹部に対しては免職の動議を提出する、などのメリットである。こうすれば、陳情業務は権力主体を獲得し、同時にあるべき責任追及性、すなわち人民に対して責任を負うという特質を陳情制度に持たせることになる。同時に現在は各職能部門に散在する陳情資源を人民代表大会に集中させて人民代表大会の制度の樹立のために大量の物資・マンパワーや政治資源を提供し、人民代表は徐々に専門化していき、それに呼応する人民代表大会の側も、資源と職責という条件を実質的に創造することになる。最大の鍵となるのは、中国の政治改革の方向が、各種の社会利益を表出する組織の存在を許容しなければならないことであり、社会の各階層が自己の利益表出組織を持って初めて利益が相互に均衡し、相対的に調和のとれた現代社会を産み出せるのである。

　筆者のこれらの建議は国家の主管部門が提唱する改革主張には背を向けており、陳情の権限拡張論者の基本理念とも異なり、加えてメディアの一面的な報道もあって、社会の各方面からの批判を招いてしまった。

3. 論争の焦点

　学術的な角度から見ると、批判と反批判の形を採った今般の論争は主として次の3つの問題をめぐって展開された。
　問題の1は、陳情制度の背後にある政治思想の基礎をいかに認識するかである。私の考えでは、それは専制主義的な王権意識とそれによって決定される「人治」思想である。陳情制度ははじめは民衆の名義を使って樹立されたものであり、その目的は、「民意表明」メカニズムではなく、いわゆる「民意上達」のチャネルを作り上げることであった。この制度は、現代の民主理

論を体現しないのみならず、甚だしくは「官尊民卑」という王権思想を強めて、陳情制度を通じてトップの指示を得て問題を解決することを、最後にすがる「命綱」と民衆が見なすようミス・リードするものである。したがってこの制度は計画経済時代にいかなる作用を果たしてきたにせよ、すでに中国の政治舞台から漸次退いていくべき時が来ている（于建嶸［2004b］）。

　私の考えを批判する者は、中国の民衆には清官を崇める歴史的伝統があり、今日の陳情制度改革はこの種の歴史的伝統のもとで進んでいるから、この種の歴史伝統に順応してこそ改革が順調に運ぶことが可能になると考えている。郭松民（評論家）は以下のように指摘する。

　　学者の思考様式とは違って民間の知恵はいつも質朴にして本質を突いている。庶民がこの「命綱」にすがるロジックは至って簡単だ。役人の任命権を握る者が役人をコントロールする力を握っている。上の役人が下の役人を任命する制度が根本から変わるまでは、この「命綱」の地位は何物にも取って代わられることはない。なぜなら、それは自分の権益を守ることができるパワーへ通じる最も主要なチャネルであるから（郭松民［2004］）。

　この種の観点に対して彭興庭は以下のように反駁する。

　　封建時代の中国では地方長官は往々にして司法長官でもあったから、この種の申し立て・解決を求める陳情形式には合法性があった。しかし、新中国成立初期に、この類の事情は「首長や外国人賓客が乗る車」の行く手を遮る行為へと変わった。この種の青天意識と臣民意識は数千年の長い歴史を持っているために、今日に至り法治社会や司法の独立に向かう過程でこうした意識の慣性は依然として無視できない。「集団陳情」が挫折して、さらに打撃や報復に遭ってからは、陳情は制度化され不断に整備がなされることとなった。こうした事情が正規の司法救済ではなく陳情を選択するよう間接的に人々を鼓舞しているのではなかろうか。我々が銘記すべきは、「道教の玄明な道理」が幾重にも重なるようなこの陳情制度があることで、法的正義の一部を実現することができる

ものの、この過程は紛れもなく法の自主性と現代法を犠牲にしてでも合法性の基礎を獲得する、という手続きに依存するという代価を支払うことになる点である（彭興庭［2005］）。

問題の2は、やはり行政主導国家の政治的伝統を現代憲政制度へと断固として転換していくという点である。私が考えるに、陳情制度を不断に強化することから生み出される最大の問題は、現代憲政制度の分権的な基礎を制度面から消し去ってしまう点である。このことは、役人個人の権力が国家システムの職権を侵害するという形に表れるのみならず、国家陳情局から地方陳情機構に至るまですべて執政党の党委員会と政府とが共同で指導するために、党権力が行政権に侵入したり、行政権が党権力の力を借りて国家の立法権や司法権へ侵入したりするための「合法」的な通路を準備することになる。もしも陳情の職権を強化するとすれば、そのことの実際的意義は党の権力を背景にした国家行政権力を強化することになり、党政一体の「陳情機関」が国家の一切の機関を凌駕する可能性を持ち、国家の憲政上の基礎を根底から消し去ることになる（于建嶸［2004b］）。

これに対する批判者は以下のように考える。「陳情とは公権力に対する個人権利によるコントロールであり、公民が行政権・司法権を監督する有効なルートである」。「我が国のように行政の伝統が濃厚で、国家権力が社会の発展方向を支配し、法治への転換を急ぐ国家においては、急速な経済発展や社会転換、規則の欠如により引き起こされる様々な行政的違法・社会的不公平が頻繁に出現するために、陳情を通じて行政の違法行為を抑制し、公民の合法的権利を保障することが特段に重要となってくる」（高武平［2005］）。陳情の強化を通じて行政の違法や司法の不公正を抑制することを望む、という観点に対して反論を加える学者もいる。彭興庭は以下のように指摘する。

現在の制度構造の中では、行政部門がほとんど絶対的な権力を有しており、それに対する有効な制約を欠いている。たとえば一部の地方政府による強制立ち退きの中で、行政長官の命令一下、公安・検察・法院が総動員される。このことが説明するのは、これは1つの制度問題であ

り、司法系統が独立の使命を付与されておらず、司法権は依然として行政部門からコントロールされるという点である。こうした状況下では庶民が手続きを理解せず法律意識を持たないということではなく、利害関係が発生して初めて権限の枠を飛び越えて上層へと陳情し、「青天お代官様」に希望を託し、「神聖にして英明なる皇帝様」に期待をかけるという深い智慧を持つのである。司法の独立問題はすでに議事日程に上っている。司法機関の地位の向上に向けた努力こそが社会の安定と調和の根本的な道である。陳情はいかなるものであれ法治社会に背を向けるものである。陳情の中の多くは法律問題であり行政問題ではないために、行政機関や職場組織が解決できるものではない（彭興庭［2005］）。

問題の3は、権利救済機能を陳情から分離できるか否かという問題である。私の考えは以下のとおりである。今日の陳情制度には、政治参加と権利救済という2つの基本機能がある。中国の「憲法」第41条にはすでに次のように明文化されている。「中華人民共和国の公民は、いかなる国家機関および国家勤務員に対しても批判および建議を提出する権利を有する。いかなる国家機関および国家勤務員の違法・職務怠慢行為に対しても、関連の国家機関に上申、告訴もしくは告発する権利を有する」。これは公民が陳情を運用して政治参加を行う際の法定根拠であり、このことは公民の陳情権が憲法上の権利であることを表している。それゆえに、政治参加及び懇願表明の方法としての陳情は廃止されてはならないと同時に強化されるべきでもある。問題になるのは、現実には陳情制度のうち強化されるのは権利救済機能である、という点である。陳情の権利救済機能によって実際上公民の具体的な権利要求問題の一部を解決することはできるものの、国家憲政システムから考えると、陳情のこの種の権利救済機能はかなり有害である。その理由は、陳情を通じた救済の実現は厳密な手続きを欠いており、主としてトップの指示によるもので、それは「人治」の結果であって、司法の権威の消失と国家の政治的権威の喪失にとってかなり大きなマイナス作用を持つからである（于建嶸［2004b］）。

第 1 章　陳情制度改革と憲政の建設

　反論者はと言えば以下のように反論する。「公民について言えば、陳情は簡便・安上り・有効で全面的な救済方法であり、公民の権利と自由を保障する機能を持っている」、陳情は「行政再議や行政訴訟の前段階となることができ、それらが受理しない案件を受理しても良く、法律の合理性問題や国家権力行為の合理性問題も陳情が注視する焦点となっても良い。同時に、司法手続きが実現することができない正義も今までどおり陳情制度の中で追い求めていくことができる。以上よりわかるのは、法律が及ばないもしくは法律が理想的な効果を発揮できない領域では、陳情はある種の補充的な権利救済機能を果たすことができる」(田文利［2005］)。

　応星(中国政法大学)は制度の創設を通じて、陳情というこの種の「旧い」救済方式から改めて若い制度が生まれ、法治建設の過程で重要な、極言すればほかのものに替えられない作用を発揮できる、とまで考えている (応星［2004］)。これに対して姜明安(北京大学)は、「最終的に陳情の救済機能を消し去ることが必要で、人治の道が完全に閉ざされてこそ初めて真の法治が出現する」と反論を加えている (趙凌［2005a］)。

4. 新しい問題

　言及すべきは、国家の政策立案のトップが今般の陳情制度の来し方行く末論争に注目したが、これらの論争は、実は陳情の申請ピークを緩和しようとする官僚達の実用主義的な一線を越えていた、という点である。それ故に「論争を棚上げにし、規範を中心に据える」という原則の下、国務院は2005年1月5日に新しい「陳情条例」を通過させた。この条例が正式に公布される前に、国務院法制弁公室の枢要な地位にある責任者は私と単独で正式な会談を開いた。彼が主として語ったのは、新条例には陳情チャネルの疎通の改善・陳情ネットワーク系統の樹立・陳情者の行為の規範化・陳情業務責任の強化といったいくつかの特筆に足るメリットが備わっているという点であった。しかし、私の考えは、この度の「陳情条例」の改正は陳情者の権利等の

面で進歩はあったものの、応急処置にすぎず、陳情制度改革の方向性が体現されておらず、目下存在する陳情申請のピーク水準を効果的に下げることができないばかりか、一連の新たな問題を産み出すかもしれないという点である。

　第1に、新「陳情条例」の趣旨はやはり「民を制する」もので「官を縛る」ものではなく、陳情者の権利の保障が重要原則として確定されたものの、同時に、各級政府が陳情者に打撃を与え迫害するよういろんな理由や口実も準備されている。現実に陳情者に対する打撃や迫害は普遍的に発生しており、相当に深刻な政治的悪影響が産み出されている。そのため、新条例では「いかなる組織および個人も陳情人を取り締まってはならないし、報復をしてはならない」と総則に盛られた。しかしながら問題は、同時に新条例には、陳情行為に対して所謂「規範化する」多くの条項も規定されていることである。

　例えば第18条には以下の規程がある。

　　　大人数が訪問の形式で共通する陳情を提出するときは、代表を選出し、代表者数は5人を超えてはならない。

　しかし陳情条例には、いかに代表を選出するかの問題に対応する規程は無い。現実には代表を選ぶために会合を開こうとすれば、地方政府はすぐに「違法集会」とか「扇動・徒党を組む・脅迫・財貨を使った誘惑・他人の陳情を背後で操る」等の罪名を付ける。代表を選ぶには一定程度の陳情費用を負担しなければならないが、そうすると「陳情に名を借りた金銭略取」という罪を被せられる。もう1つ例を挙げると、第20条には、陳情者は「国家機関の執務場所の周囲、公共場所で不法に集合」してはならず、「陳情窓口に居座ること」をしてはならないという規定がある。さもなくば、第47条規程に沿って、関係国家機関の公務員から阻止・批判あるいは教育を受けるのである。阻止・批判や教育を受けても効果の無い者は、公安機関が警告・訓戒や制止する。集会デモに関する法律・行政法規に違反する者、或いは治安管理行為に違反する者は公安機関が必要な現場措置・治安管理処罰を与え

る。犯罪を構成するものは、法に照らして刑事責任を追及する。以上から分かるのは、これらの条項は陳情者に打撃を与え迫害する理由や口実になっており、公民の憲法上の権利をすでに深刻に侵害している。正にこうした理由から、北京陳情村の陳情公民はすでに連名で全国人民代表大会に向けて、これらの条項に対して違憲審査を実施する請求を提出しているわけである（朱国成等 3000 人［2005］）。

　第 2、陳情制度に現われる圧力型システムは依然として変わらず、反対に政府の陳情機構の調査権・直接移管権・監督権が強化されたために、この種の上から下への圧力システムは一層多くの問題を誘発しより一層大きな陳情申請ピークを生み出すであろう。我が国の現行の陳情制度の基本的特徴は権力圧力型であり、それは以下の 2 点に現われている。1 つは、首長の圧力、すなわち、某トップの指示であり、これが主として個別案件に向けて出される。2 つ目は、上級が作るランキングの圧力である。すなわち、各地の陳情件数と規模順に各級政府がランクを付けられ、業務成績にも関係してくる。各級陳情部門はこの 2 種類の圧力に沿う形で個別の業務部門に問題の一部を解決させるが、中央からの強い圧力の下で、地方政府は陳情を止めさせるために、陳情公民を買収したり欺いたりするのではなく、打撃を与え迫害して、一層多くの陳情案件を誘発するのである。

　新条例はこの種の状況を変えなかったのみならず、むしろその法規を制度化してしまった。例えば、「陳情条例」の第 7 条は次のように規定している。

> 各級政府は、健全な陳情業務責任制を確立し、職務失当または汚職行為に対して関連の法律、行政法規および本条例の規定に厳格に照らし、関連の責任者の責任を追及し、あわせて一定の範囲内へ通報する。各級政府は、陳情業務の成績を公務員査定体系に組み入れる。

　この種の圧力型陳情システムが、現在の既に相当深刻になった陳情情勢を緩和することができようか。近頃私は、省級の委員会の委員で基層の省・市から選ばれた陳情部局の幹部 70 余名に対して調査を実施した。その調査から、彼らのうちの 60％が「もしも陳情状況順位のリストが作成されたり、

甚だしくは業務査定と連動させたりすれば、地方の党政はより一層過酷な手段を使って陳情者に打撃を与え、こうなると一層多くの人が北京へ陳情に行くことになるかも知れない」と考えていることが判明している。

おわりに

　思い返してみると、「陳情条例」の改正が原因で発生した今般の論争をめぐっては再考に値するものが多い。この点は趙凌がいみじくも次のように言っている。「陳情改革に関する論争は『陳情条例』が通過したことで終わるものではない。その根拠は、今日の中国の社会矛盾を『陳情条例』が氷解していくには高いハードルが待ち構えているから、ということのみならず、中国の陳情制度改革が、中国の伝統的な「官中心」意識・青天意識・政府万能意識といったものに対して我々がいかに対応していくかという問題を示唆しているからであり、さらに陳情制度改革の論争が、実質的には中国の政治体制改革の方向の選択問題にも関わっているからである」（趙凌［2005b］)。

　我々がこの種の選択をする時に、特に執政者の政策目標・知識界の価値方向・行動者の現実目標が深刻に分岐する時、我々の社会が遵守し追及するべき基本原則は何なのであろうか。私が見るところでは、それはほかでもない国家の憲政建設なのである。

参考文献

高武平 2005「信訪制度存廃弁」中国農村研究網　2005 年 2 月 19 日
郭松民 2004「我国信訪改革応該推行制度演進」『環球』2004 年第 23 期
黄鍾「信訪制度応該廃除」http://www.yannan.cn/data/detail.php?id=4802
劉輝 2004「于建嶸：信訪弁応該撤銷」『南方人物財刊』2004 年 11 月 17 日
彭興庭 2005「『信訪制度』下的臣民意識」www.zjol.com.cn 2005 年 4 月 12 日
田文利 2005「信訪制度改革的理論分析和模式選択」http://www.chinalawedu.com/news/2005/3/

応星 2004「作為特殊行政救済的信訪救済」『法学研究』2004 年第 3 期

億万冤民 2004「向中央領導求救」打印稿 2004 年 3 月 1 日

于建嶸 2004a「信訪的制度性缺失及其政治後果」『鳳凰周刊』2004 年第 32 期

于建嶸 2004b「中国信訪制度批判」2004 年 12 月 2 日（北京大学での講演）

于建嶸 2005「中国信訪制度批判」『中国改革』2005 年第 2 期

張耀傑「『信訪条例』可以休矣」http://www.yannan.cn/data/detail.php?id=4823

趙東輝 2003「信訪的体制瓶頚亟待突破：譲民意順暢上達」『瞭望東方周刊』2003 年第 40 期

趙凌 2004a「国内首份信訪報告獲高層重視」『南方周末』2004 年 11 月 4 日

趙凌 2004b「信訪改革引発争議」『南方周末』2004 年 11 月 18 日

趙凌 2005a「信訪条例修改欲走『第三条道路』」『南方周末』2005 年 1 月 13 日

趙凌 2005b「新信訪条例会否帯来新一輪信訪洪峰」『南方周末』2005 年 1 月 20 日

周梅燕 2004「我国信訪制度陥入四重困境：面臨法治挑戦」
　　　　http://news.sina.com.cn/c/2004-06-30/12143565398.shtml

朱国成等 3000 人 2005「反腐維権冤民対信訪条例抗議」打印稿 2005 年 2 月 11 日

第2章　中国陳情制度の運用メカニズムとその変容※

応星（松戸庸子訳）

要旨：中国には西側諸国のような三権分立体制は存在しない。陳情が共産党の「大衆路線」の産物で、大衆の正当な要求を満たす政治的ツールであったことから、陳情制度は特異な社会現象を生み、極めて大きな機能を果たしてきた。

　建国以降、陳情制度の機能は時代と共に様々に推移してきたが、「秩序安定」と「人民の闘争権利」の拮抗という共産党の統治権力の図式は一貫している。この力学のせいで、陳情制度の運用メカニズムも固有の内在的矛盾を抱え込むが、改革開放後に階級闘争から安定団結へ、引き続き安定維持へと政治の軸足が移ったことで、この矛盾は先鋭化し、より多くの陳情や集団騒擾事件が発生している。

　政府は近年、法的統治手段の整備を進めているものの、行政主導の本質は変わらない。安定維持に関する発想の上で戦略的な転換が求められている。

はじめに

　陳情は中国の現代社会できわめて特異な社会現象である。陳情とは、民衆が政府機関に対して書簡を送ったり面会の要請を通じて、各種の要求を提出したり要望を表明したり、各種業務への意見や役人に対する批判を具申することである。本来的には、政府へ書簡を送るとか面会を通じて訴えを表明するという現象は、どんな国家にもあることだ。しかし中国の陳情が特殊な社会現象を産み出している所以は以下の事情による。すなわち現代中国では、西側諸国の憲政体制下の三権分立が存在せず、司法が往々にして政治からの制約を受け、議会が執政党によってコントロールされ、国家権力が共産党お

よび政府機関によって高度に独占されているために、各級の政府役人が上級役人の命令だけを聞いて底辺の大衆の声に耳を貸さないことが他の国以上に習わしとなり、その結果、大衆の利益が侵害され、司法の不公正や役人同士の庇い合いなどで窮地に立たされたとき、大衆にとっての最たる救済ルートが、より上級の党や行政機関に懇願する、といった事情があるからである。現代中国のいわゆる「人民民主」という性格も、このような懇願する権利を民衆に賦与しているのである。

そのために陳情は中国では次のように特殊なものとなっている。司法救済と行政救済を一身に担い、中国の民衆が冤罪を晴らし、権利を擁護し、救済を実現するための主要なツールなのである。陳情の機能は西側の憲政体制下の司法機関ないし議会のそれを遙かに凌駕するものとなっている。

1. 陳情制度の歴史的推移

中華人民共和国政務院（後の国務院）が1951年6月7日に公布した「書面陳情と訪問陳情の業務に関する決定」は陳情制度が正式に確立された出発点だと見なされている。この制度は中国共産党の大衆路線から誕生した斬新な政治的発明品である。この制度の歴史を基本的な機能によって4つの時期に分けてみよう。

(1) 大衆動員型陳情：1951年6月～1979年1月

改革開放以前の陳情活動に影響した重要因子は政治運動である。政治運動が始まるたびに、大衆の書面陳情や訪問陳情は激増し、その主な内容は他人の問題点を告発するものであった。政治運動の後期になると、運動のさなかに存在した問題点を報告するもの、ないしは被害者救済に関連する政策の実現を求める陳情が増加し始めた。運動が終息するとかなりの期間にわたり、陳情の内容は主に被害者救済政策の徹底を要求するものとなった。毛沢東の時代には政治運動は殆ど止むことがなかったので、告発と名誉回復の要請と

が陳情活動の中で交互に現れた二大テーマで、共に大衆動員の要請に答えるものだ（Lubman［1967］）。

　許慧文（コーネル大学）は土地改革を研究していて、政策の「偏向を正す」現象が中国社会で頻繁に発生することに気づいた（Shue［1980］）。しかし彼女はこの種の「偏向を正す」現象を政策執行中の幹部の資質問題と見なし、「偏向を正す」や「名誉回復」が、相当な程度まで、独特な権力運用メカニズムとなっていることは認識していなかった。

　実際のところ一面においては、異なる地域や背景の下では剛にしてきわめて強引な政策を実施したり、大衆動員の初期には周縁的分子や積極分子を偏重したり養成したりする時には「偏向」の出現を回避するのは難しく、大衆が一旦充分に動員され始めるとこの種の「偏向」はより大きくなる可能性があった。また別の面では、事後の適切な時機に「偏向を正す」ことや「名誉回復」もまた特殊な社会動員方式となった――それは「偏向」の中で蓄積された怨念をこの社会動員方式を通じて解き放つと同時に、国家が大衆動員を実施することの正当性や動員能力を再生産できるようになった。いわゆる「偏り」が無く、事なかれ主義であれば、パワフルに政治運動を推進していく術が無くなってしまう。しかし「偏向を正す」が無ければ、運動はコントロールが利かなくなり、政権は信任を失ってしまうだろう（応星［2001］）。陳情は頻発した政治運動の中で二重の機能を担った。1つは告発し闘争を展開するという運動論的機能であり、もう1つは偏向を正して矛盾を解決するという救済機能である。この2つの機能は一見相反しているように見えるが、実際上は、大衆動員の要請に対して別の角度から共同して応えているにすぎない。この時期の陳情を「大衆動員型陳情」と呼ぶことができよう。

(2) 世直し型陳情：1979年1月～1982年2月

　中共第11期3中全会の精神が広範に伝播したのは1979年1月から1982年2月までで、この時期は陳情制度が激変する移行期に当たる。この短い時期に、陳情は国家の政治生活の周縁から中心的な位置へと躍り出た。民衆が

送り付けて来る書簡の量は夥しく、面会者数も多く、反復陳情や陳情段階を無視した越級陳情、ことに北京へ上京する陳情も多く、陳情問題を処理するために国が投入した人員も増え、解決した問題も多く、いずれも空前のものとなった。この時期に陳情ブームが相次いで起こったわけは、国家が政治路線実現のための戦略を転換した（戦略の中心を階級闘争から経済建設へと転換）ために、乱世を治め正しい世に返す糾正業務を遂行して、集中的・効率的に大量の歴史遺留問題を解決し、冤罪事案の名誉回復を実現する必要があったからである。陳情は、矛盾解決のための非日常的な方式であり、国家のトップがかつて無かったほどに重要視して全党を挙げ全国的に動員を進めたので、大衆が突撃的に問題を解決するための利器となったのである。我々はこの時期の陳情を「世直し型陳情」と呼ぶことにする。

(3) 安定団結型陳情：1982年2月〜1995年10月

1982年2月の第3次全国陳情工作会議招集と「党政機関陳情業務暫定条例（草案）」の可決成立は、陳情制度が新たな歴史時期に入ったこと示している。中国の世直し糾正任務が基本的に達成されるにつれて、陳情制度は改めて国家の政治マシーンの部品という役回りに戻った。しかし陳情制度が毛沢東時代に大衆動員と階級闘争に奉仕した点と完全に異なるのは、この時期の奉仕対象が経済建設と安定団結の大局へ移ったという点である。陳情の内容は建白提出から検挙摘発まで、政策批判から冤罪雪辱までと極めて広範であるが、陳情者の訴え要求の最たるものは、紛争を解決し救済を実現することである。大規模で不断に続いた政治運動やそれがもたらした政策偏向という問題が再び出現することはもう無くなったものの、経済建設を中心とした日常の中で官僚制が稼働することで、依然として、大衆の権利を侵害する問題が出現するかもしれず、ここから安定団結の政治秩序に危害をもたらす可能性が出てきた。改革開放時期の安定団結の維持を主たる意図とする陳情を、我々は「安定団結型陳情」と呼んでおこう。

(4) 安定維持型陳情：1995年10月～

1995年10月の第4回全国陳情工作会議の招集と「陳情条例」の公布は陳情制度が再び新しい時期に入ったことを示しており、安定団結という政治的文言が安定維持という政治的文言へと進化した。安定団結から安定維持へ移ったことで、陳情は機能的には根本的な変化は起こらなかったものの、陳情業務の重要性は大幅に上昇した。というのも、1992年から2004年まで、13年もの長きにわたって陳情ラッシュが起こり、各級政府が受けた陳情の圧力は空前のものとなった。このため中国政府は調和社会の建設や科学的発展観の実践という新しい戦略目標を提唱して、陳情と集団騒擾事件とを指標とする社会秩序安定任務が今までに無い高みに引き上げられた。ある時期には政府の中心業務にさえなったほどである。2004年には、中央から各級政府に至るまですべてに陳情問題と集団騒擾事件に関する聯合会議制度が立ち上げられた。2005年には国務院が「陳情条例」の改正を行い、公安系統は、「扉を開き陳情を大々的に受け付ける」運動を展開した。2007年には第6回全国陳情工作会議を開いた。陳情問題の解決は近年の一大焦点となっている。

2. 陳情制度の運用メカニズム

中国の陳情制度は何回かの変容を経て来たものの、1つには秩序安定の強調、もう1つには人民の闘争権利の賦与というこの制度に備わる複雑な志向性は、1949年以来の中国の政治権力メカニズムをずっと貫いてきた。改革開放後に確立した安定団結の政治学が階級闘争の政治学に取って代わった。しかし大衆が闘う権利が奪われたわけではないにしても、それが秩序追求の内部に吸収されてしまったことで、陳情制度の矛盾が一層尖鋭化することになった。

陳情制度そのものは共産党の大衆路線の産物であり、人民民主の権利を保

証し大衆の正当な要求を満足させることは、陳情業務の中で共産党の根本理念を具体的に体現するものである。安定団結は改革開放事業が持続的に発展するための重要な保証であり、新しい時期の陳情業務の基本的な目標である。この両者は統治する官側の意識形態から言うと一致している。なぜならば、民衆の民主的な権利が十分な保証を得てはじめて、また民衆の侵害された各種の権利がこの種の民主的な権利を通じて救済されてこそはじめて、安定団結という政治局面を真に創造し維持することが可能になるからである。

しかしながらこの両者、すなわち秩序の安定と闘う権利を人民に賦与することには、実践の中では一定程度の矛盾が存在する。問題は「安定団結」や「社会秩序」を結局どのように理解するかである。もしも権利の侵害に遭遇した大衆に、常軌から外れた救済手段――陳情救済――を与えなければ、司法救済が極めて不健全な状況下では、社会の底辺の人々の無念や恨みが溜まって行き、必ずや社会秩序ひいては政権の正当性に対する脅威を産み出すことになろう。ところが、もしもこの種のルートが過度にスムーズであるとすれば、この種の常軌を逸した手段を大衆が問題解決の常道であると見なすとすれば、あるいは大衆がすぐに陳情のために上京したり百人規模や千人規模の集団陳情を起すとすれば、これは疑いも無く安定団結局面に対する破壊と見なされるであろう。

こうした理由から、国家が策定した陳情政策には矛盾が現われている。一面では、官僚主義の障害を打破することを国家はずっと強調してきており、正常な陳情大衆に対しては、行く手を遮り、道を塞ぎ、押さつけ、取り押さえることをしてはならず、陳情ルートがスムーズであることを保証して大衆の民主的権利を十分に保証しなければならない。他の面では、国家は各種の問題を基層で解決するよう幾度となく要請し、越級陳情や集団陳情や反復陳情の数をできるだけ減らすように求める。1995年と2005年に「陳情条例」は2度改訂されたが、その基本精神は陳情ルートをスムーズにすると同時に陳情秩序を規範化することも狙っていた。このために、多くの地方では各種陳情の件数を減らすことを、役人の「部分秩序の保持」をはかる業務査定基

準としている。甚だしいケースでは、役人の査定基準が「一票否決（1つのミスで全成果を否定）」となっている。陳情の受理に当たり政府がまず考慮するのは、民衆の権利の保証というよりも、できるだけ早く民衆に訴えを止めさせることである。陳情制度と帝政時代の中国の法律制度の間にはもちろん違いがあるが、いわゆる「教化型調停」（棚瀬［1992］）の点では相通ずるところがある。もちろん、陳情を通すことも阻むこともいずれも社会の安定を実現するための手段にすぎないが、それは上層の政府が基層政府に対して弾力的に運用することを要求する機会主義的なツールであって、どのような状況下で陳情を通し、どのような状況では制御ないしは攻撃するかは、もっぱら時局の進み具合にかかっている。基層政府は往々にして民衆を圧迫する力しか持たず、流れをスムーズにさせる力は持っていない。大衆の陳情ルートをスムーズなものにするように、という上層政府からの要請は、大衆が「法による異議申し立て（依法抗争）」（O'Brien&Li［2006］）を起こす際の正当性根拠となっている。

　つまり、国家の陳情政策は内在的な矛盾のせいで複雑な効果を生み出している。一面では「問題は基層で解決せよ」という点を強調するところから、実際的問題を解決する能力を往々にして持たない基層政府を刺激して、草の根の行動者に対して強圧的な措置を採るように仕向ける。別の面では、国家は「民をもといとする」点も強調して、合法的権利を侵害された人民大衆が、陳情等のチャネルを通じて問題の報告や解決を図れるよう基層政府が保証するようにも求めており、この点より、「法による異議申立て」に対する制度上の奨励となるのである。

　以下では、各種の陳情手段の運用メカニズムについて具体的に解剖していきたい。

(1) 書面陳情と訪問陳情

　陳情には基本的には2つの基本的形式、書面陳情と訪問陳情がある。この2種類の方式は救済を実現する効果の面で大きく違う。書簡の送付はコスト

は低いものの救済を獲得する可能性も小さい。他方、訪問陳情では救済コストは大幅に増大するが救済獲得の可能性も高くなる。

この違いは中国の官僚制の運用特性と直接的な関連がある。中国で1949年以降に形成されたのはある種独特の官僚制である。一面では官僚制が各種の伝統的な組織にとって代わった、もしくは伝統を棄てて、政府による集権と行政による集権とを官僚制組織の一身に集めた（Tocqueville [2000]）。別の面では、官僚制組織にあるさまざまな理性化された規範的手続きが十分に発育しなかった。政策策定者や執行監督者の統治目標が過度に高い反面、効率的で規範性のある統治技術が欠落していたために、政府は尽きることの無い緊迫した問題に常時対応することになった。多くの萌芽期にある問題は、政府による解決が得られなければ自然に解決することはなく、その問題が大きくなり解決不能な問題にまで成長した時に初めて政府の議事日程に組み込まれることになる（応星 [2001]）。

1980年代以降、中国の政治体制改革は経済体制改革よりはるかに遅れをとった。このことによって、日がな一日「消火チーム」の役目に忙殺されてしまうという各級政府の性質は実質的に変わらない、という結果を招いている。このため、手紙を1本送りつけただけで政府から重要視されることを期待するのは稀である。書簡の送付を待ち受けているのはほとんどの場合、政府による軽視と御座なりの対応とである。しかし訪問陳情の情況はこれとは異なる。一般的に言って、訪問陳情に要するコストはやや高いが、これは問題の緊迫性ないしは深刻性を物語る。訪問陳情による対面で遣り取りする方式は、政府側がたとえ民衆に対して御座なりの対応をしようと思っても、回答を記した文書1枚を関係部署に回して済むほど簡単ではない。より重要なのは、訪問陳情件数の抑制は多くの地方で下部の役人の業務査定の基準となっていることである。そのために、訪問陳情は書簡送付よりも救済を獲得する可能性が高くなる。

しかし、政府にとっては1つの論理矛盾が存在する。役人達は陳情総数を抑えようという圧力に直面するため、ややもすると陳情者が救済を得られる

ようにする可能性がある。しかし正にこの種の可能性の高さ故に、大衆はいっそう訪問陳情方式を採ろうとする、その結果、訪問陳情現象はますます増えることになる。このため、官僚制はもう1つの准制度化されたメカニズムでもってこの論理矛盾を解決しようとする。そのメカニズムとは案件処理の先送りである。

(2) 一時陳情と反復陳情

　案件処理の先送りは第1に官僚制の惰性の産物であるが、先送りが何度も起こることで産み出される予想外の悪い結果が生まれる。それが情報濾過作用である。それぞれの陳情者にとってみれば、できるだけ早く救済を得られるようにするために、いつでも全力で苦しみを訴え、自分が直面する急迫した苦境を強調することになる。しかし重要な政務処理を日々行っている政府にしてみれば、陳情者が報告する問題の一部は確かに重要かもしれないが一部は取るに足らない些末なものである。「良いことは報告し悪いことは報告しない」という官僚制の慣性が作り出した内部情報欠損状況のもとでは、苦悩を訴える民衆の悲痛な声の中から、本当にすぐに解決に向けて動き出すべき重大問題を選び出すことなど、政府がどうすれば保証できるであろう。案件先送りは正にこうした場で微妙な濾過作用を発揮するのである。政府による先送りによって民衆の陳情コストは大幅に増加し、陳情の過程で時間、金銭とエネルギーを大量に消耗してしまう。

　一般的に言って、1度の陳情で救済を得られる確率は極めて小さい。最終的な救済を得るには、何年もの時間を費やして、数十回の陳情と千里を上回る道のり、というのは普遍的な状況である。もしも問題がそれほど深刻でなく解決できなくともよいというものなら、民衆がこの種の反復陳情のコストを引き受けることはないだろう。処理が先送りされる中で堅持される陳情は確かに解決が必要な問題である、と政府から見なされるかも知れない[1]。すなわち、民衆が救済を得たいと望めば往々にして比較的高い陳情コストを支払わなければならない[2]。こうした事情によって一定程度において陳情数が

増えるのを阻止することができる。しかし同時に、処理の先送りによる予想外の付けによって、政府が高い代償を支払わされることになるかもしれない。つまり一見軽微な或いは些末な多くの問題が、不断に累積することで深刻な問題に転化するかもしれない（応星［2001］）。

当然ながら、案件処理の先送りというメカニズムも、政府から課せられた秩序追求という制約を受けるかも知れない。反復陳情の比率を抑制することは秩序安定のもう1つの指標であるため、案件処理を無期限に先送りするとか、過度に恣意的に行うようなことはできない。陳情が経常的に発生しないように、官僚制は知らず知らずのうちに案件処理の先送りというやり方を使って陳情コストを高くするものの、その反面で反復陳情の比率を下げるために、官僚制は先送りに対して適時に終止符を打つ必要もある。陳情処理の先送りの運用と案件終結との間のバランスの上にこそ、陳情を鎮めるという、官僚制の弾力性が存在するのである。

(3) 逐級陳情と越級陳情

陳情制度は誕生から現在に至るまで、強調するところの目的は人民政府と人民大衆との関係を密に保つことである。実際上、基層政府と大衆の連係はもともと最も緊密であるが、同時に、基層政府こそ最もたやすく直接的に大衆の権利を侵害する政府である。もしも国家が陳情を主に基層政府のレベルに押しとどめておこうとすれば、大衆と緊密に連係することを徹底しようという政策意図の必要性が小さいという点が表面化するのみならず、基層の複雑に絡み合った関係のせいで大衆が救済されにくくなるかもしれない。事実上、政府と大衆とのいわゆる緊密な関係と言われるものでより重要なものは上級政府と民衆との関係なのである。官僚制組織のレベルが増えるにつれて、各レベルの官僚主義も1つずつ増えて行くので、上級の政府、ことに中央政府と大衆との関係かなり弱いものに変わってしまう。越級陳情を容認するのは官僚制統治の一種の補充形式であり、上級政府が官僚主義という障害物を飛び越えて情報を獲得し、基層を監督する方式であって、その上、人民

民主の実現形式、政権の正当性の再生産のための手段でもある。そのため、国は一般的には、2005年以前は、逐級陳情を厳密に執行するように要求しなかった[3]。しかしながら、もしも大量の越級陳情が出現すると、上級はその重荷に耐えきれないばかりか、首都や省政府所在地の治安秩序や平穏な生活が脅かされもする。その結果、明文化された法令（2005年の陳情条例）を通じて国が提唱するのは、越級陳情ことに上京陳情をしないこと、基層政府ができるだけ矛盾を上層に上げてこないこと、問題を基層で解決することである（応星［2001］）。

大衆からすれば、基層政府に陳情することは、金銭的なコストは低いものの、常々、地方の人間関係のネットワークに阻まれるために救済が得られないことが多い。上級政府への陳情は金銭コストが増大し、基層政府から懲らしめを受けるリスクもあり、その上、救済の有効性を必ずしも高めることにもならない。表面上、越級陳情は基層の人間関係ネットワークを突き破るように見えるが、実際上は上級の陳情部門が陳情者の要求を安易に基層政府へ回すという運命に遭遇し、こうなると最初の人間関係ネットワークに戻されてしまうことになる。

しかし、越級陳情は幾つかの変数を増やす。たとえば一部の陳情案件は上級陳情部門から「重大陳情問題」に選ばれて、下部に回されるのではなく上部への報告という処理がなされる。ある上級首長とくに中央首長が関係ブリーフィングで支持や本格的調査の必要性を表明すれば、官僚制の習わしとなった曲解、案件処理の先送りや無視はおそらく打破されて、大衆は早期に権利救済を獲得できる。また、たとえば今日多くの地域で「トップ陳情応対日制度」を実施しているが、陳情がもしもこうした日時に当たれば往々にしてその収穫はかなりのものとなる。1999年にこの制度の実施が始まった北京市の例を挙げよう。1999年から2000年9月の「トップ陳情応対日」まで、北京の区・県の局級以上のトップ達は延べ3万件の応対をし、民衆から出された問題の81％に妥当・適切に処理された。このために「トップ陳情応対日」は「悩みや困り事を解決する日」と呼ばれている。

当然、こうした救済を獲得するには、上層幹部に寄せる断固たる信頼の念と、救済のためには一切の代価やリスクをものともしない意志とを大衆が持たなければならず、しかも、運良く各種の奇遇に遭遇できることも必要である。詰まるところ、大衆が上級首長直々の応対や首長の直接命令を得ることができる偶然性があまりにも大きすぎる。しかし、社会の底辺にあって八方ふさがりの人々や、背水の陣を敷いている人々にとっては、この種の高度の偶然性を持つ救済チャネルは一縷の望みとなる。こうした希望こそ社会的安全弁の働きをするので、運良く救済を得た人は国家の恩寵に対して無限の謝意を抱き、救済と無縁の人々は怨念の矛先をつかみ所のない基層政府や見通しの立たない自己の運命へと向けるわけである。

(4) 個人陳情と集団陳情

　それでは、大衆の救済は代価が高く偶然性も高い越級陳情だけに依存するのだろうか。決してそうではない。上級政府か基層政府かを問わずすぐに注意を引く陳情形式がある。これが集団陳情である。

　個人陳情では、陳情者は国家と面と向かった関係になり、陳情者は自分が信頼できる政府に向けて無実を晴らし苦しみを訴えることになる。しかし集団陳情では陳情参加者と国家との関係は、陳情代表ないしは陳情組織との関係を通じて構築される。理論上は、陳情行為そのものは政府に対する信任の現われの1つなのである。しかし、集団陳情においては、陳情参加者にとっての信任はまず陳情代表者ないしは陳情組織に対する信任を通じて現れ、国家から見ると、中央と大衆との間は、常々各級の官僚組織が生んだ官僚主義によって隔絶されているので、集団陳情の過程で発生した自発的組織はより一層変質する危険性ないしは「下心を持つ人間に利用される」危険性を伴う。陳情のねらいが元々、人民内部の矛盾の蓄積、レベルの上昇や転化を防ぐためであるとすれば、集団陳情の中には紛れもなく人々を不安にさせる要素が埋め込まれている。たとえ、このような潜在的な不安要素が生長を始めないとしても、集団陳情の存在そのものが社会の安定秩序に対する挑戦でも

あり、社会安寧イメージの破壊であることは明白である。このために、集団陳情が置かれる立場というのは、禁止を強行する（なぜなら詰まるところ普通ではない陳情パタンなのだから）のは不都合であると同時に、高度の警戒対象でもあるような厄介なしろものなのである（応星［2001］）。

　しかし、この厄介なしろものは、大衆にとっては救済を求める際には比較的大きな空間を提供してくれる。上記のように、大衆が何よりも関心を持つのは救済が得られることであり、他方で政府が何よりも関心を持つのは秩序の安定である。これらは関連性は有るものの全く同じとは言えない2つの問題である。「問題化」した過程を経て、つまり大衆が関心を持つ問題がほどなく政府の関心事へと転化してはじめて、大衆の問題は、政府が解決に向けてすぐに着手する問題日程の中に組み込まれることになる。集団陳情は「問題化」していくための橋梁建設を始めることなのである。一面において、集団陳情自体は合法的で、少なくとも「陳情条例」の中で許容される陳情方式であるので、民衆はこの方式を使って自己の権利の要求を表明できる。他面において、集団陳情は上層政府が基層政府に対して厳しく取り締まることを求めるものであり——集団陳情に対する基層政府の制御は陳情秩序全般に対する制御の核心でもある——、同時にある地域の安定団結局面を測定する重要な指標でもある。すなわち、集団陳情が訴える具体的な問題が何であるかを問わず、集団陳情というパタンが出現したというだけで、政府が関心を持たざるを得ない問題となったことを意味する。集団陳情がもたらした秩序の危機を根本から解決するために、基層政府は常々2つの手段を採る。集団陳情の合理的な要求をできるだけ早期に適切に満足させることと、いま1つは集団陳情を組織した者を抑え込み痛い目に合わせるという2つの手段である。前者は民衆が救済を得るために集団陳情が再度発生することの必要性を除去することになる。後者は表に立つ人間に打撃を与え、首の無い群れを作り出すために、集団陳情が再度発生する可能性は少なくなる。

　もちろん集団陳情が発生すれば政府は必ず陳情者の要求を呑むなどということはありえない。なぜなら、そんなことをすれば一部の人間を刺激して一

か八かの行動に出るように仕向けたり、とかく集団陳情の組織化を促したりしてしまうからである。集団陳情の組織者サイドもいつも過重な代償を引き受けるわけではない。なぜなら、国家の上層も正常な集団陳情に対しては、邪魔をしたり圧力をかけるようなことを奨励しているわけではなく、また陳情組織に対して強圧的に出ようものなら、却って捨て身で陳情を続けさせたり、甚だしい時は段階的に陳情先が上層機関へと上がって行くことになるからである——集団陳情のランクが上がっていくことは政府がより望まない事態である——。このため、基層政府にしてみれば、つまるところこの2種類の手段を如何に使用するかは、秩序制御の必要、各種パワーのバランスや政治情勢の変化によって決まる。他方、大衆の視点からすると、集団陳情という形式を採ることで救済を獲得する可能性は相当程度に増大するが、同時に陳情組織者が政治的に高度な叡智を身につけることが求められることになる。つまり、一方では、陳情集団は秩序に対するある種の脅威を作り出すのみならず、秩序に対していかなる実際的な破壊も産み出さないという前提のもとで救済を追及することも保証しなければならないし、他方では、陳情組織者は自分自身の権利が奪われ侵害される危険をできるだけ避けることが求められるのである。

　特殊な集団陳情もある。すなわち越級（特に上京）集団陳情である。この種の北京陳情には越級陳情と集団陳情のそれぞれの危険因子が凝縮しており、言ってみれば国家が最高度の警戒を敷くようなタイプの陳情である。前述したように、トップは普通、正常な集団陳情に対して安直な圧制的手段を採ってはおらず、集団陳情は奨励せず賛成もしないという冷めた処理態度を採っている（刁傑成 [1996]）。しかしながらそれと並行してトップは常々基層に圧力を加え、さまざまな手立てを使って越級陳情とりわけ上京集団陳情の発生を防ぎ、ひとたび発生したあかつきには、できるだけ早く陳情者を地元へ連れ戻すことを求める。このためにこの種の陳情パタンで救済を獲得する可能性は、越級陳情一般や集団陳情一般よりも必ずしも高いとは限らない。

(5) 正常陳情と不正常陳情

　司法救済に照らしてみれば、陳情は常軌を逸した救済方式である。しかし陳情そのものも正常陳情と不正常陳情に分けられる。陳情を正常と不正常に区別する際は、主として規定された陳情手続に厳密に即して陳情部門に陳情に行っているか否かによる。

　県レベルから中央に至るまで、専門の陳情部門はどこにも設置されていない。理論上、陳情部門は陳情を受理する専門機構である。その陳情部門は今日では官僚制体制の中でどちらかというと厄介な地位にある。任務は重くて人手は少なく、関連領域は広く権力は小さい。多くの地方の党政幹部は陳情部門の業務に対して「口では重要と言い、実行するときは後回し、忙しくなればいらない」というスタンスをとる。一見陳情部門はどんなことでも担当する必要があるが、常に多くの事柄が処理できず、陳情部門とはあたかも情報の中継局、不平や不満の安全弁になっている。具体的な問題が最終的にどのように処理されるかは、案件を回す相手先（関係部門のトップや下級政府の党政のトップ）や上部の相手先（上級の党政のトップ）によって決まる。

　このために、陳情部門は陳情を受理する正規の機構であるが、救済を得られるか否かの鍵は陳情を直接受理することのない某レベルの政府の主な党政トップに握られている。多くの民衆はこの点をよく心得ているので、彼らは陳情をする時、重点的に政府内の主要な党政トップに直接照準を合わせるのである。そこで採られる手法は、あるものは古代の直訴に見る「天子の馬車を遮る」に類似したやり方で、あれこれ方法を考えて党政トップを引き留め、苦しみを訴え泣きついて問題解決を求めるのである。大衆が党政トップを引き留めるやり方は有効かも知れない――トップも心を動かされその状態から早く解放されたいので問題解決を引き受けてしまうかも知れない。しかし可能性がより高いのは、党政のトップによって通常の管理ルートへ入れられることで、そうなると陳情部門ないしは関連部門が局面を収拾することになる。一般的に言ってこの種の陳情は常軌を逸したやり方ではあるが、陳情者

サイドに多大の面倒をもたらすことはあるまい。なぜならこの方法ではせいぜいのところトップに一時的に小さな面倒をかける程度で、社会秩序に危害を及ぼすことはあり得ないからである。しかし次のような状況は事情が異なる。

　一部の大衆は正常な陳情を何度行っても効果が無いとき、ある種マージナルで軽微な攪乱手段を採り始める。政府の門前で座り込む、土下座する、政府が重要な政治会議を招集しているときに集団陳情に行く、重要なシンボリックな意義を持つ公共の場所で救いを求める横断幕を張り出す、等々である。これらの手段はけじめを持って運用されればかなりの効果がある。なぜならそれらは政府の弱点——秩序不安への憂慮——に触れるし、同時に法律上の境界を明白には越えていないからである。このために、政府は「扉を開ける」式やり方で陳情者が求める問題を解決し、緊張した情勢を迅速に和らげるのである。しかしこれらの手段は非常に危険でもある。なぜなら運用中にコントロールできなかったり、「騒ぎを起こす」と見なされる可能性が高いからで、それ故に政府は、「業務執行秩序への攻撃」「社会治安の攪乱」「公共交通の破壊」などの罪名で陳情組織者を司法機関へ引き渡して審判を受けさせる。このため、この種の不正常な陳情は諸刃の剣なのである。しっかりと管理して用いることもできるし、溺死してしまう場合もある。火遊びのようで、一般的に用いるものではない（汪慶華、応星［2006］）。

3. 安定団結型陳情から安定維持型陳情への変化

　以下、安定団結型陳情と安定維持型陳情との比較を通して、中国の陳情制度の最新の変化を見てみたい（応星［2011］）。

(1) 陳情者の行動メカニズムの変化

行動の動因
1990年代以降、陳情者の行動の動機上の変化をまとめると、かつては理

想主義的な色彩が濃かったがいまでは機会主義的な色彩が強くなった。この種の変化の最も典型的なケースは、異議申し立て行動の中で農民が使用する正当性言説の分析を進めて行くと見えてくる。「清官―貪官」という言説を同じように使って異義申し立て行動の動機や旗幟にしているものの、強い安定維持圧力下では基層政府に対する農民の反感が日増しに深刻化し、上層政府に対する政治的信任は下降している。この種の言説は、以前は異議申し立て行動への参加者の内なる信念から発していたものが、いまでは戦術論的配慮から生ている。

行動手段

大衆の行動手段は多様化している。その中で以前と比べて最も突出しているのは、法律や訴訟が民衆による異議申し立て行動の新手段になったことである。この種の新手段と集団陳情という伝統的な手段を、異議申し立てをする人々は常々、実用主義あるいは機会主義の原則として交差させて併用している。

組織方法

民衆の組織方法は迅速化している。1990年代以降、携帯電話、コンピューターやインターネット、コピー機等の現代的な情報技術が農村で徐々に普及して、異議申し立て行動が、対面で互いに遣りとりする伝統的な草の根の組織方法を相当程度凌駕して、より便利でより早い組織化ができるようになった。

これと同時に、資源動員の上で開放的な特性も出てきた。1990年代以前には、異議申し立て行動の資源は基本的には草の根そのものから発生し、外部世界が世論あるいは経済面でも大衆の異議申し立て行動に関与することはほとんどなかった。しかし1990年代以降は、市場の変質やグローバリゼーションの進展の加速化で、中国社会の開放度と透明度が目に見えて高まり、少なからぬ異議申し立て行動が外部と繋がり、あるいはNGO組織の指導を受けたり、メディアの注目を浴び、或いは外部からの経済的な支持を獲得するようになった。

異議申し立ての周辺部

異議申し立て行動の周縁部では民衆が離散化する特性がある。1990年代以前は民衆による異議申し立ての主な形式は遵法的異議申し立てで、「一線を越えない」のがその特徴であった。しかし1990年代以降は、民衆による集団騒擾事件、特に利益相関を持たない者を主体とした集団騒擾事件が大量に出現したことが、なおのこと新しい時期の異議申し立ての明瞭な特徴となっている。これらの集団騒擾事件と遵法的異議申し立て行動との間には常々微妙な関連性があるが、前者はすでに合法活動の境界ラインをすでに踏み越えており、現今の異議申し立て行動にある種の激烈化傾向を帯びさせている。

(2) 陳情統治メカニズムの変化

「釘を抜く」と「扉を開く」との引き合い

1990年代以前、陳情を管理するために、中国政府は主として3種類の権力技法を使った。「釘を抜く」「扉を開く」「悪徳役人を摘発する」の3つである（応星［2001］）。「釘を抜く」というのは陳情者に対して厳しく圧力をかけることである。「扉を開く」とは陳情者が提示する権利要求を認めることを指し、「悪徳役人を摘発する」とは上級政府が下級政府の汚職・腐敗行為を規定に沿って処分することを指す。この3つの技法は1990年代以降も国家が異議申し立て行動を管理・処理する際の基本的な手段であったが、「釘を抜く」すなわち陳情者の弾圧と「扉を開く」すなわち陳情者の要求を政府が呑むこととの間の引き合いは、かつて無いほどまでに高まっている。

それには2つの理由がある。1つには、社会安定性問題がこの段階に至って全体局面的な問題へと上昇したからである。秩序安定が全てを圧倒し各級政府、特に基層政府が受ける秩序安定維持圧力はかつてないほどに大きく、安定維持の状況問題は基層役人にとっては業務査定上の「一票否決」問題に絡んでくるかもしれない。それ故に、基層政府はその他の有効な手段が欠けている状況で、なおさらのこと「釘を抜く」すなわち陳情者弾圧の手法に依

存して、草の根の行為者を弾圧することで安定を欠く社会局面を一時的になくそうとするようになったのである。

　2つ目の理由は、安定維持業務の地位が上がったために、各級政府、特に県級以上の政府にはかなりの安定維持基金が手に入ったために、県レベル以上の政府は社会の安定局面がコントロールを失いかけた時に扉を大きく開くことが可能になり、その結果、人民の内部矛盾を金で解決することを目論むようになったからである。

　「釘を抜く」と「扉を開く」とは、昔から併用可能な手段ではあったが、極めて不合理なのは、両者が大衆の心の中に正反対の政府イメージを強烈に呼び起こし、異なる方向から安定維持問題の悪化を促すことである。「釘を抜く」は大衆の心の中に基層政府の言動や態度の醜悪さを呼び起し、基層政府と徹底的に戦い抜いてやるという決意を呼び醒ます。他方で「扉を開く」は、高層政府の親大衆的な言動や態度を連想させるが、同時に異議申し立て行動の参加者やその傍観者に機会主義的な心理を植え付けて、彼らはより一層「騒がなければ解決はなく、大騒ぎすればするほど大きな解決が得られる」と信じ込むようになる。つまり、今日多くの地方政府が安定維持のために用いているこの2種類の技法そのものが、地方政府を非常に困難な状況に陥れているのである。一面では、陳情者が提起する実際問題の解決を決断しなければ矛盾を激化させることになり、別の面では、これらの問題の解決を決断すれば、かえって多くの矛盾を引っ張り出すことになろう。

運動による管理と制度化による管理の矛盾

　1990年代以降とりわけ2003年以降、上層政府は陳情の中で突出したケースや集団騒擾事件を解決するために一連の措置を採ってきた。そのうち「扉を開けて大々的に陳情を受け付ける」「トップによる事案請負時限解決」等の措置は短期的にはまずまずの効果を生んでいる。しかしながら、一見して目新しく見えるこれらの措置も、基本的には新中国で慣用されてきた運動型の管理方式である。すなわち政府が垂直的な命令を下し政府が主体となって動員をかける方式であり、ある特定の時期にはエネルギーを呼び起し資源配

置を集中的に行って、どちらかと言うと先鋭化・突出化した矛盾や衝突を解決して来た。この種の管理方式の特徴は、行政主導、コストはお構いなし、一刀両断、一陣の風で一気に吹き飛ばす式のものであった。しかしこの方法が求めるのは一時的な効用であり、制度化された蓄積を生み出すことはできず、往々にして「応急措置にすぎず根本的措置にならない」という窮地に陥ってしまった。常套化した管理の上では発想は陳腐で、手段は単一で、一切は社会の秩序それ自体を維持するために、幾重にも圧力をかけ、ひたすら防衛死守に努め、暴力をみだりに発動し、規則を尊重せず、悪い結果を考慮することもなく、さらに制度の建設、人心の安定、利益の表明や社会の成長といった、根本を治すという策を顧みることも無かった。

行政主導と法律的統治との対立

1990年代以来、中国の行政法制度の樹立には長足の進歩があり、行政法も異議申し立て行動を管理する新たな手段となった。しかし、法律による管理は主導的な手段とはならず、甚だしい場合にはその独立性でさえも大きく割り引かれることがあった。所謂「立件政治学」ひいては「訴訟政治学」全般が、実際上は「安定維持の政治学」の関節の1つに成り下がっている（汪慶華、応星 [2010]）。異議申し立て行動の管理の中では依然として行政が主導する絶対的地位を占めており、行政法はある種の政治的制御メカニズムにすぎない。このようにして、法律が本来持つべき安定的・理性的・規範的・手続化された管理・処理による効用は発揮しようがない。

おわりに

総括すると、1990年代以降、中国政府がかつてないほどに安定任務を重視して中央の財力を増強し、社会的異議申し立て行動を防止し集団騒擾事件を処理するための資源や空間を政府が大幅に拡大して行くのに連れ、制御のための動員手段はより柔軟でより多様になっていった。しかし、これらの資源や手段は基本的には全て一時しのぎのものである。安定維持政治学の確立

第 2 章　中国陳情制度の運用メカニズムとその変容

は諸刃の剣となる。異議申し立て行動が蔓延していくのを抑えるのに役立つと同時に「安定維持に努めるほど不安定化する」という悪循環の形成を促す。安定維持のコストが高くなるほどに安定維持の意気込みも緊迫の度合いを増し、安定維持の効果の持続期間も徐々に短期的なものになってしまう。安定維持に関する発想について戦略的な転換を図らなければ中国社会が将来直面する安定維持の局面は恐らくいまよりかなり厳しいものとなろう。

　他方、多くの欧米の学者は、中国の異議申し立ての行動メカニズム及びそのネガティヴな結果を分析しながら、いずれもが中国の公民社会の成長、公民権利の拡大、公民資格の形成に対して多大の期待を寄せている（Zweig [2003]、Goldman [2005]、O'Brien&Li [2006]）。しかし、これらの期待の大半は希望的なものにすぎない。中国における集団陳情を代表とする「遵法的異議申し立て行動」と国家の権威と間にある対抗関係は決して単純なものではない。国が制定した規則に沿って陳情者が行動しさえすれば民衆がこの種の行動を採ることを国家が禁止することは絶対になく、それどころか、ある種の状況では奨励さえする。安定維持政治学の大きな圧力下であるにしても、この点に大きな変化はない。ペリー（ハーバード大学）が指摘したように、欧米学者が熱中する「権利意識」のパースペクティヴは現代中国の異議申し立て行動にはあまりあてはまらない。彼女は中国の伝統文化と命脈相通ずる「規則意識」を使って現代中国の異議申し立て行動の図式モデルを構築すべきであると提起した（Perry [2008]）。私は最新の著書の中で、「気」概念を用いて現代中国農村の異議申し立て行動の図式を構築することを提起した（応星 [2011]）が、この図式も欧米の権利パースペクティヴとの相違に啓発されたものである。

注

※　本稿の内容の一部は「特殊行政救済としての陳情救済（作为特殊行政救済的信访救済）」というタイトルで『法学研究』2004 年第 3 期に発表している。

1）甚だしい場合、我々は中国の伝統的官僚制の中に類似のメカニズムを見い出すこ

とができる。清代の地方官は監禁や先延ばしという脅しを使って人々が安易に訴訟に入ることを阻んでいた。控訴や北京直訴の制度は国家が意図的に残した軽微な機能障害なのである。なぜならば、細々とした手続を要する煩雑な控訴の場合、時間が延び、コストが高騰する過程で阻まれるため、違法行為が生んだ正真正銘の被害者のみがこれらの煩瑣な手続きに耐えて最後までやり抜くだろうという事情があったからである（欧中坦［1996］506頁）。

2) この点は、高いコストを支払えば救済獲得の可能性が必ず増えることを意味するわけではない。なぜならそこには多くの複雑な要因が存在するからである。たとえば、反復陳情は実際的には1度きりの陳情よりも救済獲得はたやすくなる。しかし、反復陳情が政府によって「執拗な陳情」と定義されれば、陳情を何度重ねようとも、救済獲得の可能性が増えることはない。「執拗な陳情」というのは、政府が、問題はすでに合理的に解決されたと認定し、陳情者の提起する要求は不合理であるにもかかわらず陳情を続けている、と認定されるケースを指す。

3) 逐級陳情という方式は、いくつかの省で1980年に初めて試行された。この方式が本当に実施されるためには、基層政府ができるだけ迅速に大衆の実際問題を解決して、大衆の合理的な要求を満足させることができる、という前提が必要である（刁傑成［1996］325頁）。しかしながら、多くの問題は基層のレベルでは解決できないために、この逐級陳情が普遍的に広まり、厳格に執行されることは難しかった。しかしこれは改正「陳情条例」が実施される前の状況である。2005年5月に施行された「陳情条例」の第16条には以下の規程がある。「陳情人が訪問の形式で陳情を提出するときは、処理する権限をもつ同級または1つ上の級の機構へ提出する。陳情がすでに受理されているか、または処理中のときで、陳情人が規定する期限内に受理または処理している機構の上級機構へ同一の陳情を再提出するときは、当該上級機構は、受理しない。」。この事項は越級陳情の禁止がすでに明文化されていることを意味している。

参考文献

刁傑成 1996『人民信訪史略』北京経済学院出版社

Goldman, 2005. *From Comrand to Citizen: The Struggle for Political Rights in China.* Cambridge. Harvard University Press.

棚瀬孝雄 1992『紛争と裁判の法社会学』法律文化社

Lubman, S. 1967. "Mao and mediation: Politics and dispute resolution in Communist China." *California Law Review* 55: 1284–1359

O'Brien, K.&Li Lianjiang. 2006 *Rightful Resistance in Rural China.* New York: CambridgeUniversity Press

Perry, E. 2008, "Chinese Conceptions of 'Rights': From Mencius to Mao-and Now." *Perspectives on Politics*, 6: 37–50.

Shue, Vivienne 1980, Peasant China in Transition: The Dynamics of Development toward Socialism, 1949-1956, Berkeley: University of California Press

Tocqueville. 2000. *Democracy in America.* trans. &ed. by Mansfield. Chicago: University of Chicago Press.

欧中坦 1996／謝鵬程訳「千万百計上京城：清朝的京控」高道薀等編『美国学者論中国法律伝統』中国政法大学出版社

汪慶華・応星 2010（編）『中国基層行政争議解決機制的経験研究』上海三聯書店

応星 2001『大河移民上訪的故事』三聯書店

応星 2011『"気"与抗争政治』社会科学文献出版社

Zweig, D. 2003. "To the Courts or to the Barricades: Can New Political Institutions Manage Rural Conflict?" In Perry and Selden (edS.) *Chinese Society: Change, Conflict and Resistance.* Routledge.

第3章　政治的権利論からみた陳情

石塚　迅

要旨：陳情には、政治参加・公権力の監督と個人の権利の救済という2つの機能が併存する。中国の法学者の多くは、陳情の個人の権利救済の機能の面については否定的評価を与える一方で、その政治参加・公権力監督の機能の面については、一定の肯定的評価を与えている。陳情（権）の憲法上の根拠とされるのが、中華人民共和国憲法第41条に「公民の基本的権利」として規定されている監督権である。監督権は、当初、請願権に代わって「人民中国」の正統性を中国内外に示す象徴的な権利として憲法に規定されたものの、今なお、それは理念的なレベルにとどまっている。陳情（権）に対する評価は、民主主義（民主）と立憲主義（憲政）のどちらに重きをおくかという憲法学の本質的なテーマとかかわり、政治的権利に対する警戒と期待が中国政府・共産党および中国法学界の中で交錯している。

はじめに

　陳情（信訪[1]）には、本来、政治参加・公権力の監督と個人の権利の救済という2つの機能が併存すると中国の学者の多くは指摘する（于建嶸［2005］76頁、朱最新・朱孔武［2006］81頁、林来梵・余浄植［2008］27頁等）。しかしながら、司法的救済の制度的不備、司法の公正への不信、陳情の利用のしやすさ、伝統的な訴訟嫌いという文化観念等から、一般大衆の陳情に対する期待は、個人の権利救済の機能の面に集中している。それに加えて、政治参加や国家権力の監督といった問題は、中国において今なお「敏感」な問題であり続けている（言論の自由をめぐる法的諸問題について、石塚［2004］、胡平［2009］

等)。「陳情条例」も、陳情の方式の多様化、陳情事項の範囲の拡大等、公民の陳情についてその便宜を図ってはいるものの、他方で、個々の陳情は「国家、社会、集団の利益およびその他の公民の合法な権利を損なってはならず」、陳情人は「社会公共の秩序および陳情秩序を自覚して守」らなければならないとその積極的な行使に釘を刺している（第20条）。陳情は、実際の運用の中で、ほとんど個人の権利救済の機能に特化してしまっているのである（松戸［2009］110、112-113頁）。

このような現実の状況を目の前にして、法学者や社会学者の陳情に関する研究も、特殊な行政救済制度あるいは訴訟外紛争解決メカニズムとしての陳情をどのように評価するかに集中している（権利救済メカニズムとしての陳情の存廃論に言及したものとして、応星［2004］58-71頁、于建嶸［2005］71-78頁、周永坤［2006］37-47頁、童之偉［2010］133-147頁等）。

例えば、第1章で詳論されているように、政治学者の于建嶸は、現在、政府筋および学術界には主として陳情について3つの改革の方向性があると述べる。1つめは、陳情機構の権力を強化・拡大し、陳情機構の権威を向上させることを通じて、社会の諸問題を解決しようとする立場。2つめは、公民の政治参加のルートとしての陳情は維持しつつ、公民の権利救済の機能は陳情制度から分離することで、司法的救済の権威を確立しようとする立場。3つめは、政治的現代化という大局に立って、陳情制度の存廃問題を論じるべきであり、現行の陳情制度は行政権が立法権あるいは司法権に優越する状況を生み出し、法治国家の建設という大目標と矛盾するために、速やかに廃止すべきであるとする立場。于建嶸は、第1の立場が陳情強化・拡充派に、第2と第3の立場が陳情縮小・取消派に帰納できるとした上で、自らの立場は第2の立場であると述べ、陳情縮小のためにいくつかの具体的な改革方案を提案している（于建嶸［2005］73-75頁）。

憲法学者の周永坤も、陳情の縮小を主張する。周永坤は、陳情強化の理由を3つに整理した上で、それらについて反駁を加えている。第1に、「陳情によって社会の諸問題を解決しなければならず、そのためには、関連の陳情

機構にも一定の権限が必要である」という主張に対しては、①非規範性、②非手続性、③非専門性、④コミュニケーション理性の欠乏性、⑤処理結果の不確定性、といった陳情そのものが抱える制度上の問題点、および陳情の高コストと低解決率を指摘する。そして、「陳情改革問題のカギは、誰が問題を解決するかということであり」、「陳情を紛争解決メカニズムの一部分とすることの根本的な問題点は、制度上、それが紛争解決メカニズム全体の紊乱さらには機能不全をもたらすことである」と述べ、とりわけ、陳情強化が裁判所の地位に対する威嚇につながる点に警鐘を鳴らす。第2に、「司法の独立の未確立や行政の優位といった中国の国情が陳情のようなフィードバック系統を必要としている」という主張に対しても、「成立しえない」と一蹴する。「中国が選択した目標は社会主義法治国家の建設であり、もしそうであるならば、我々の選択は陳情強化ではありえず、陳情縮小でしかない。なぜなら、陳情は人治（行政優位）と適応するものであり、法治国家とは相容れないものであるからである」。第3に、「現在の中国においては、救済ルートが少なすぎる」という陳情強化の理由に対しては、「話が逆である」と述べる。「社会における紛争の公正な解決は、紛争解決のルートが多いことに依拠するのではなく、それが少ないこと、さらには唯一であることに依拠するのであり」、裁判所を唯一かつ最終的な紛争解決ルートとするべきであると強調する（周永坤［2006］39-45頁）。

　これまで、筆者は、中国において人権保障を実質的なものとするには、人権を保障するための制度的メカニズム、とりわけ司法権の独立と違憲審査制の構築がカギとなることを繰り返し指摘してきた（石塚［2010a］115-140頁、石塚［2010b］158-177頁等）。それゆえ、筆者は、陳情の存続・強化が司法権の独立を阻害するという于建嶸や周永坤の主張に共感する。

　それでは、陳情の政治参加・公権力監督の機能については、どのように評価すればよいのであろうか。権利救済制度としての陳情に様々な弊害があるからといって、陳情をすべて否定してしまってよいのだろうか。この点、陳情縮小論者の于建嶸や周永坤も、陳情の政治参加・公権力監督の側面につい

ては一定の肯定的評価を与えている（于建嶸［2005］76頁、周永坤［2006］40-41頁、周永坤「関於信訪的対話（2011年6月10日）」『平民法理（周永坤）的博客』(http://guyan.fyfz.cn/art/1000984.htm)）。ただし、陳情の現実的機能が個人の権利救済に特化してしまっているがゆえに、また、政治参加・公権力の監督という問題が中国において「敏感性」を有するがゆえに、この論点については、今なお、中国内外であまり論じられていないようである[2]。

そこで、本章では、陳情の政治参加・公権力監督の機能の面に光をあてて、それを比較憲法論的視点から考察してみたい。すなわち、まず、陳情の「権利」が憲法上どのように位置づけられているのかについて、現行の「中華人民共和国憲法」（82年憲法）第41条に規定されている監督権、およびその前身ともいえる請願権との関係において明らかにする。次に、陳情が他の政治的権利（参政権）、とりわけ言論の自由とどのような関係にあるのかを政治的権利をめぐる法的議論に着目して考察する。その上で、民主政における政治的権利の意義を再考し、中国における民主政の実現・定着に果たす陳情の可能性について展望したい。

1. 中国憲法における陳情の位置づけ

(1) 陳情の権利

まず、そもそも陳情は権利なのであろうか。

というのも、「陳情権」または「陳情の自由」は、現行「82年憲法」上、明確には規定されておらず、また、「陳情条例」にも、「陳情権」や「陳情の自由」といった語はどこにもみあたらないからである。「陳情条例」の目的を記述した第1条に、「陳情人の合法的な権利・利益を保護し」という文言がみられるが、ここでいう「陳情人の合法的な権利・利益」とは、陳情という行為によって確保しようとする権利・利益であり、「陳情権」や「陳情の自由」とは異なる。陳情の内容を定義づけた「陳情条例」第2条によれば、

第3章 政治的権利論からみた陳情

陳情とは「活動」、すなわち、「公民、法人もしくはその他の組織」と「関連の行政機関」とのやりとりである。行政機関のなした陳情事項の処理意見に不服がある場合に、一級上の行政機関に再審査の請求が、さらに、その再審査意見に不服がある場合に、再審査機関の一級上の行政機関に再審理の請求が、それぞれできるだけであり（第34条、第35条）、行政不服審査の請求や行政訴訟の提起について、「陳情条例」は何ら規定していない[3]。以上から、陳情はそもそも権利ではなく、公法（行政法）上の「反射的利益[4]」にすぎないと考えられなくもない（朱最新・朱孔武［2006］81頁、杜承銘・朱孔武［2006］142頁）。

このような「陳情条例」の規定の仕方については、何人かの論者から説明づけがなされている。林来梵、余浄植は、現行の陳情制度の設計は実用主義的な政策考慮に基づいたものであると述べる。すなわち、2003年6月の収容・送還制度の廃止[5]に伴い、中国において、新たな陳情のピークが現れた。国務院による「陳情条例」の改正はこの情勢に対処するためのものであったにすぎないというのである（林来梵・余浄植［2008］31頁）。他方、杜承銘、朱孔武は、「立法法」の規定に着目する。もし「陳情権」が憲法の「公民の基本的権利」に属するというのであれば、それは法律が留保する事項となる。「公民の基本的権利」に属するか否かは、行政法規の判断能力を超えてしまっていると説明する（杜承銘・朱孔武［2006］142頁）[6]。

林来梵らの「陳情条例」改正当時の状況からの説明づけ、杜承銘らの法理論からの説明づけに加えて、筆者は、もう1つの本質的理由、すなわち中国政府・共産党の権利観がその背後に伏在しているように思える。具体的にいえば、1つは、「天賦人権論」の否定である。すなわち、権利は国家・法律が付与するものであり、国情に鑑み、実現可能な権利のみを憲法に記載する。それゆえ、憲法・法律の中で規定された権利と現実に享有される権利とは一致している。この論理は、中国においてしばしば「人権（公民の基本的権利）の真実性（現実性）」として中国の人権（公民の基本的権利）の特徴およびその優位性を説明する際に用いられてきた（国務院新聞弁公室「中国的人権

状況（1991年11月1日）」（董雲虎［1998］2頁）、呉家麟［1992］237-238頁、魏定仁［1994］207-208頁等)[7]。もう1つは、中国政府・共産党の人権観において、国家と個人の対抗関係において権利を把握・理解しない、国家に対する防御権という発想はない、ということである[8]。この2点目については、後で再論する。つまり、中国政府・共産党は、現時点において陳情を「権利」として確認することに躊躇しているのではないかと筆者は考えている。陳情を「権利」と確認すれば、さらなる陳情の増加に拍車をかけることになり、社会の安定を脅かすことになる。また、陳情の政治参加・公権力監督の側面は、公共言論空間を拡大し政治的多元化実現の要求へとつながっていく可能性を秘めており、そのことは、共産党一党支配を掘り崩していくことになるからである。

中国国務院報道弁公室は、2009年4月に「国家人権行動計画（2009～2010年）[9]」という文書を公表している。同文書は、「二、市民的権利と政治的権利の保障」において、（一）人身の権利、（二）被拘禁者の権利、（三）公正な裁判を受ける権利、（四）宗教信仰の自由、（五）知る権利、（六）参与権、（七）表現権、（八）監督権という項目を設け、それぞれについて政府の取り組むべき課題を詳述しているが、陳情は、（七）表現権の項目の中で控えめに言及されているにすぎない。なお、同文書が、「表現の自由」ではなく、「表現権」という語を用いている点にも注意を払っておきたい。

以上のように、憲法に明文の規定がなく、「陳情条例」も「権利」または「自由」という表現を回避しているにもかかわらず、多くの学者は、「陳情権」を憲法上の権利として位置づけている。彼らが「陳情権」の根拠とする憲法の条文は、「82年憲法」第41条である。

(2) 監督権と請願権

「82年憲法」第41条は、第1項において「中華人民共和国の公民は、いかなる国家機関および国家勤務員に対しても批判および建議を提出する権利を有する。いかなる国家機関および国家勤務員の違法・職務怠慢行為に対し

ても、関連の国家機関に上申、告訴もしくは告発する権利を有する。ただし、事実を捏造または歪曲して誣告陥害してはならない」と、第2項において「公民の上申、告訴もしくは告発に対しては、関連の国家機関は事実を調査し、責任をもって処理しなければならない。何人も、抑圧または報復を加えてはならない」と、第3項において「国家機関および国家勤務員が公民の権利を侵犯したことにより損失を受けた者は、法律の規定に基づき賠償を受ける権利を有する」とそれぞれ規定する。「陳情権」は、この「批判・建議・上申・告訴・告発の権利」の範疇に含まれると多くの学者は主張するのである（于建嶸［2005］76頁・［2006］、周永坤［2006］40-41頁、李秋学［2009］383頁等）。

それでは、この「批判・建議・上申・告訴・告発の権利」とはどのような権利なのであろうか。

これら5つの権利は、今日、中国の憲法学理論において、「監督権」と総称される[10]。ある代表的な憲法教科書によれば、「監督権とは、憲法が規定する公民の基本的権利の一つであり、公民が国家機関およびその勤務員の活動を監督する権利である」。そして、それは「人民主権原則の具体的表現である。中国においては、人民が国家の主人公であり、人民は、監督権を通じて、恒常的に国家機関およびその勤務員の活動を監督し、それによって、国家権力の合法性が保証されるのである」（胡錦光・韓大元［2004］295頁（韓大元執筆部分））。

周永坤は、陳情権の憲法的権利としての表現が、批判・建議・上申・告訴・告発の権利であるとし、陳情権と監督権とを等号で結ぶ。条文の記述はそれぞれ異なるものの、中華人民共和国建国以降の歴代の憲法（「54年憲法」、「75年憲法」、「78年憲法」）に、現行「82年憲法」第41条に類似する条文が規定されていたこと、とりわけ、「54年憲法」では「書面または口頭で告訴する権利」（第97条）と表現されていたことに彼は着目している。その上で、陳情権は憲法の規定に基づいて大きく2つに分類できるとする。1つは、批判・建議の権利であり、公民が社会と国家の権利に参与する権利である。も

う1つは、上申・告訴・告発の権利であり、それは、さらに、国家機関、社会管理機関、社会自治機関およびそれらの勤務員に対して監督をなす権利と自分自身の権利を保護するために国家機関に救済を求める権利とに二分される。以上のような整理を通じて、彼は中国の陳情権は二重の意義を具えると結論づける。すなわち、陳情権は、公民が国家を民主的に管理する重要な公権利であると同時に、私権保障としての性質も有している、というのである（周永坤［2006］40-41頁）。なお、彼が縮小すべしと主張するのは、後者の私権保障としての陳情であるということをここで再度確認しておく。

　周永坤にとって、陳情権と監督権とは同義であるため、陳情権の権利内容の分析がそのまま監督権の権利内容の分析となる。この周永坤の監督（陳情）権の整理のみをみても、監督権の内容はきわめて複雑かつ多義多層であることがわかる。林来梵は、「82年憲法」第41条は、政治的権利と非政治的権利、実体的権利と手続的権利等、多様かつ交叉した異なる性質の権利を同一の条文の中に概括しており、いわば「オードブル盛り合わせの条項」といえると述べる（韓大元・林来梵・鄭賢君［2008］467-468頁（林来梵執筆部分））。いい得て妙である。このような監督権の複雑性・多義多層性が、監督権自体を曖昧模糊で把握しづらいものとしているのである。監督権が曖昧模糊とした権利である以上、陳情権の憲法上の根拠を監督権に求めればおのずと陳情権の内容も曖昧模糊としたものとならざるをえない。この点を考慮してか、中国憲法学界において、陳情権の憲法的権利性を否定する学説は依然として有力であるし（童之偉［2010］134-135頁）、また、最近になって、陳情権の憲法上の根拠を2004年3月の憲法部分改正で新設された「国家は、人権を尊重し保障する」（第33条第3項）という条項に求める学説も出現している（朱最新・朱孔武［2006］82頁、「82年憲法」第33条第3項（「人権」条項）をめぐる中国憲法学界の議論について、石塚［2006］351-358頁）。

　なぜ、監督権のような条項が中国（中華人民共和国）の憲法に出現したのであろうか。

　憲法学者の林来梵は、請願権と監督権の断絶性と連続性に着目する。請願

とは、「広く国や地方自治体の諸機関に対して、その職務権限に属するあらゆる事項について要望を述べる行為」（野中・中村・高橋・高見［2012］547頁）を指す。一般大衆がその立場を政治に反映させる公的な制度が存在しなかった絶対君主制の時代においては、被治者が為政者に何かをお願いする手段として、また、近代的な議会制度が成立・発展する過程においても、現実の国民の要求を議会や行政機関に訴える手段として、請願は重要な意義を有していた（野中・中村・高橋・高見［2012］545頁）。「日本国憲法」も第16条において請願権を憲法上の基本的人権として確認しており、請願権は、我々日本人にとってもなじみの深い権利といえる。そして、中国においても、中華人民共和国成立以前の憲法は、一貫して請願権を規定する条文を設けていた。例えば、「中華民国臨時約法」（1912年3月公布）は、「人民は、議会に請願する権利を有する」（第7条）、「人民は、行政官署に告訴する権利を有する」（第8条）、「人民は、法院に訴訟を提起し、その裁判を受ける権利を有する」（第9条）、「人民は、官吏の違法な権利侵害行為に対して、平政院に告訴する権利を有する[11]」（第10条）とかなり詳細な規定をおいていたし、また、現在も台湾においてその効力を有し続けている「中華民国憲法」（1947年1月公布）も、第16条において「人民は請願、訴願および訴訟の権利を有する」と規定している。

　現行中国憲法の監督権、さらには陳情（権）は、その内容および機能をみる限り、かかる近代西欧憲法、およびそれを継受した中華民国憲法の請願権とかなりの部分において重複している。しかしながら、中華人民共和国憲法は、この請願権という表現を忌避し、監督権という新たな権利概念を採用した。その理由について、林来梵は、「人民が国家の主人公となった時代において、人民の請願権を承認することは、理論上、矛盾するものであり、他方で、『監督権』という語は伝統的な請願権の意義を超越し、人民が国家の主人公であるという憲法の理想を体現しうるものであった」（韓大元・林来梵・鄭賢君［2008］465-466頁（林来梵執筆部分））からであると説明している。また、「民主集中制の原則」の下で権力分立を否定する社会主義型の中華人民

共和国憲法において、権力の腐敗と堕落を防ぐために、権力分立に代わる手段として、監督という制度が構想されたということも指摘している（林来梵［1998］216頁）。周知のとおり、中華人民共和国は、その建国の前夜に「ブルジョア階級共和国＝中華民国」との決別を宣言した。すなわち、毛沢東は、1949年6月に公表した「人民民主独裁を論ず」という論文の中で、西欧のブルジョア階級的文明、ブルジョア階級的民主主義、ブルジョア階級共和国の構想に対して「破産」宣告を突きつけていたし（「論人民民主専政（1949年6月30日）」（毛沢東［1991］1470-1471頁））、また、法律の分野においても、1949年2月に、共産党中央は、「国民党の六法全書の廃棄と解放区の司法原則の確定に関する指示」を発していた。こうした政治環境の下で、憲法上、被治者が為政者に何かを「請い願う」という請願権を踏襲するわけにはいかなかったのであろう。つまり、監督権は、憲法において、「新中国＝人民中国」の正統性を国内外に示す象徴的な権利だったのである[12]。

　したがって、中華人民共和国建国当初、陳情には、政治参加・公権力監督の役割が期待された。上述した周永坤の整理を借用すれば、公権利としての陳情権である。そのことは、1950年代の毛沢東の指示や『人民日報』の記事（社説）からうかがうことができる。例えば、1953年1月、毛沢東は、「官僚主義、命令主義および違法乱紀に反対する」という党内指示を発した際に、整党建党およびその他の業務を結合させ、人民の手紙の処理から着手して官僚主義的作風を粛正するよう要求していた（「反対官僚主義、命令主義和違法乱紀（1953年1月5日）」（毛沢東［1977］72頁））。また、『人民日報』も、その当時、「人民大衆の手紙を真摯に処理し、官僚主義の罪悪を大胆に告発する」（1953年1月19日）、「批判を抑圧する者は党の敵」（1953年1月23日）、「人民の手紙を処理する業務をさらに推進する」（1953年11月2日）等、一連の社説を発表することにより、官僚主義を批判し、人民の陳情を奨励していた（朱最新・朱孔武［2006］79頁）。1982年4月に共産党中央弁公庁と国務院弁公庁が連名で発布した「党政機関陳情業務暫行条例（草案）」は、「95年陳情条例」の前身とも位置づけられるが、同暫行条例第2条は、「人民大衆が、

陳情を通じて各級の党委員会および政府に対して要求・建議・批判および告発・告訴・上申を提起することは、憲法が規定する民主的権利であり」と規定していた。この条項は、陳情が政治参加・公権力監督としての役割を期待されていたことを示す痕跡である。それと同時に、同暫行条例が陳情の憲法的権利性を明確に肯定していた点も興味深い。

　しかしながら、他方で、中華人民共和国建国以降も、毛沢東をはじめとする政府・党指導者は、陳情（信訪）について言及する際に、「請願」という語を引き続き多用していた（李秋学［2009］384-385頁）。また、すでに指摘したように、陳情は、今日、個人の権利救済の機能に特化しているが、かかる兆候は、中国政府・共産党の陳情に込めた意図とは異なり、1950年代にすでに現れ始めていた。この時期、都市部の治安管理のために出された様々な法規・政策は、一般大衆の陳情の激増への対処に苦慮する中国政府の姿を物語っている（朱最新・朱孔武［2006］79頁）。1950年代後半から強化された戸籍管理も陳情対策としての側面を有していた。

　林来梵は、こうした法理論・法制度および実際の状況を考察して、監督権を請願権の「観念の発展形態」にすぎないと評しているが（韓大元・林来梵・鄭賢君［2008］465頁（林来梵執筆部分）、林来梵・余浄植［2008］28頁）、まさに正鵠を射ている。すなわち、現在も、「伝統的な請願権がなお『監督権』の形態をとって生きており、逆に『監督権』も主に請願権の内容しか実効性をもっていないと考えられる。したがって、人民が国家の『主人公となった』ので伝統的な請願権はもはや新たな『監督権』へと展開した、という講学上の論理は、きわめて観念的なものである」（林来梵［1998］216頁）といっても過言ではない。陳情（権）、とりわけ、その政治参加・公権力監督の側面は、理念としての監督権と現実としての請願権の狭間にあるのである。

2. 政治的権利をめぐる法的議論——言論の自由を中心に——

　第1節においては、政治参加・公権力監督の機能をもつ、あるいはその機

能をもつことが期待された陳情について、その憲法上の位置づけを検討した。本節では、政治参加・公権力監督の機能をもつということの意味についてさらに考察を進めたい。

　G・イェリネクは、国家に対する個人の関係として、「受動的地位」「消極的地位」「積極的地位」「能動的地位」の4つを挙げ、これらに相応して権利・義務を「義務」「自由権」「受益権」および「参政権」に分類した（イェリネク［1974］329-340頁）。このイェリネクの分類をふまえて、西欧近代憲法の系譜に属する「日本国憲法」における基本的人権も、「包括的権利」「自由権」「社会権・受益権」「参政権」とに分類されることが多い[13]。

　その中で、請願権の法的性質をめぐって、日本の憲法学界では、自由権説、受益権説、参政権説とに学説が分岐している。この3つの学説は相互に排斥しあうものではない。自由権説は、受理した請願に対してどのような措置をとるかは公的機関の自由裁量に属し、その意味で請願権とは請願の自由としての性格が強いとする。受益権説は、請願権は請願の受理という作為を公的機関に義務づけるものであるから、単なる自由権ではなく受益権としての性格をもつとする。自由権説も受益権説も、請願が代議制の欠陥を補完する手段の1つとして直接民主主義的な機能を果たしていることは肯定しつつも、それを理由に請願権を参政権に分類することは不適当であるとする。これに対して、国家意思の形成活動に能動的に参加する国民の権利であるという面こそが中心的に評価されるべきと考えるのが参政権説である（渡辺［1995］105-139頁）。現在、日本の憲法学界の多数説は、受益権（国務請求権）説であるが、これに参政権的意義を加味して請願権を積極的に評価する立場も有力である。

　すでに指摘したように、中国政府・共産党の人権観では、国家と個人の対抗関係において権利を把握・理解しない。つまり端的にいえば、「国家がどのような性質・内容の権利を付与するか」という観点に立って、「公民の基本的権利」の分類がなされるにすぎない。例えば、かつて北京大学等で用いられていた憲法教科書は、憲法の規定に照らして「公民の基本的権利」を、

①政治参与の権利、②人身の自由と信仰の自由、③社会的・経済的・文化的・教育的権利、④特定人の権利、と分類している。この中の政治参与の権利（政治的権利）は、国家権力が人民に属するということの礎石であり、国家の主人公としての人民の地位を体現するものであるとして、とりわけ高く評価されている。この憲法教科書は、平等権、選挙権および被選挙権、政治的自由、批判・上申・告訴・告発の権利、を政治参与の権利（政治的権利）の内容として概説している（魏［1994］173-183頁）。近年、人権（公民の基本的権利）研究の自由化、およびその進展に伴う精緻化の中で、監督権を政治的権利とは切り離して論じる学説も出現しているが、それら学説も監督権の政治的意義については肯定している（胡錦光・韓大元［2004］295-298頁（韓大元執筆部分））。

中国では、権利の性質・内容について踏み込んで論じることが長い間タブーであった。とりわけ、政治的権利について議論することは、民主政・民主主義とは何かを議論することにもつながるため、中国政府・共産党は、議論自体に強い警戒感を示し、それを厳しく封じ込めてきた。しかしながら、1991年11月に、国務院報道弁公室が「中国の人権状況」という白書（人権白書）を発表し、中国政府・共産党が「人権」概念を公に容認して以降、「人権」について法学界において冷静な学術的議論が徐々にではあるが可能となってきた（「人権」概念の容認過程について、石塚［2006］340-345頁、石塚［2007］145-146頁）。

そうした中で、1990年代前半に、中国法学界において、言論の自由の法的性格・属性に関連づける形で政治的権利の意義および範囲をめぐり議論が展開されたことがある。いうまでもなく、監督（陳情）権は言論の自由とは相互に交叉・重複する関係にあり、それゆえ、言論の自由と政治的権利の関係を検討することは、監督（陳情）権のさらなる理解の促進に資するはずである。

前掲北京大学の憲法教科書が「憲法第35条が確認する6つの自由（言論、出版、集会、結社、行進、示威）は、公民が法律の範囲内において享有する、

意志・願望を表現し、社会生活および政治生活に参加する政治的自由・権利である（括弧内は筆者が補充）」（魏定仁［1994］176-177 頁）と述べているように、言論の自由の法的性格・属性については、これを政治的権利・自由として理解するのが中国法学界の通説である。

　この形式的理由としては、1979 年 7 月に公布され 1997 年 3 月に改正された「刑法」における政治的権利剥奪刑の内容に言論の自由が含まれている（第 54 条[14]）ことが挙げられる。そして、より実質的な理由は、中国においてこれまで一貫して言論の自由の政治的目的や機能が重視されてきた点に求めることができる。政治的目的・機能とは、一言でいえば、「当該言論が強国の建設に資するかどうか」である。強国の建設を妨げる言論には存在意義はなく、そういった言論は憲法の保障の範囲外である。この発想は、中華人民共和国建国以降の「階級闘争」至上の時代、「改革開放」以降の「経済建設」至上の時代を問わず一貫して不変であるように思われる。毛沢東が 1957 年 2 月に示した「6 項目の基準[15]」、鄧小平が 1992 年に提唱した「3 つの有利[16]」は、そのことを如実に表している。この「国家権力の強化に奉仕する政治的権利としての言論の自由」という発想は、中華人民共和国建国初期に政治闘争・政治運動に奉仕するものとして陳情が位置づけられたのと同じである。

　顕明、国智は、言論の自由の政治的権利としての位置づけを維持すべきことを主張する。彼らは、言論の自由を「公民が政治および一般公共事務を議論する際に干渉を受けない自由」と定義づけている。彼らの見解は次のとおりである。言論の自由の中の言論には、公民の恋愛、趣味等生活用語の部分は含まれない。また、告発、告訴、上申等国家の行為に対して影響を及ぼす法律的意義を有する部分も含まれない。もし、言論の自由の中の言論を「あらゆる言論」と広く解すれば、論理上、以下のような誤りをもたらす。(1) 一個人が法により政治的権利を剥奪された時、彼のすべての言論が禁止される。(2) 一個人が法により政治的権利を剥奪された時、彼の政治参加の法律関係以外のその他の法律関係も同時に剥奪される。なぜなら、法律がすでに

彼に意思表示の能力がないことを宣告しているからである。(3) 一個人が法により政治的権利を剥奪された時、彼の合法的権益はもはや法律の保護を受けなくなる。なぜなら、言論が禁止された後は、告訴、訴訟等の方法をもって、権利救済を求められなくなるからである。ここからわかるように、言論の自由とは特定化されたある部分の言論の政治的法律用語にすぎない。中国憲法が政治的言論以外の言論を法律の保障する範囲に含めていないことは、言論の自由を縮小し圧迫するものではない。逆に、政治的言論を言論の大海の中から選び出し、これに法律の保護を与えることによって、最も価値のある言論を騒々しい喧噪の中に埋没させないようにすることができるのである（顕明・国智［1991］4-5頁）。

この立場に異論を唱えたのが、游勧栄と董和平である。

游勧栄は、「言論の自由は本来ならば、公民の最も基本的な人身の権利であるべきなのに、我々の国家は長期間これを『政治的権利』とみなしてきた」と指摘する。その要因として、旧ソ連の法律理論と法律実践の影響および長期にわたる中国の憲政実践の欠陥を挙げ、そうした要因が「公民の権利問題において、きわめて深刻な『政治化』の傾向をもたらした。それは、立法およびその実践における運用の中で、公民の権利の実現に対して、多くのマイナス要素の影響を増大させてきた」。さらに、彼は次のように述べる。「もし、言論の自由が個人間の話のみに限られ、報道媒体の助けを借りず、『報道の自由』にならないのであれば、たとえ、言論の中で国家事務に論及していても、その動機と効果についていえば、すべてそれを政治的権利として扱うことはできない」（游勧栄［1994］13-14頁）。

董和平も過去の「政治化傾向」を批判する。「長期にわたって、我々は言論の自由に対する広範かつ深い研究を欠いていた。我が国憲法の規定の簡単な解釈を除いては、意識的・無意識的にそれに対し詳細な研究を行うことを拒絶していた」。「我が国のこれまでの憲法学の研究において、一般に言論の自由を公民の政治的権利の一種に帰属させ、刑法の研究と実践において、政治的権利の剥奪刑の範囲を言論の自由にまで拡大していた」。

彼は「言論の自由は憲法の自由権の範疇に属する」とした上で、「言論の自由における言論は政治的言論だけでなく非政治的言論をも包括し、言論の自由は政治的言論の自由と非政治的言論の自由との統一である」と主張する。その理由は以下のとおりである。
　第1に、言論の自由の内容と性質からみれば、それは政治的言論だけでなく非政治的言論の自由をも包括する。それを政治的権利とするのは理論的・実践的根拠に乏しい。確かに、政治的言論の自由は言論の自由の核心である。しかし、公民個人の角度からいえば、非政治的言論の自由は政治的言論の自由と同様に重要であり、ともにその個性の正常な発展と個人生活の正常な営みの必須条件である。公民が思想と見解を表現するあらゆる言論の中で、政治的言論が占める比率は小さく、その多くは個性の発展と個人生活の分野、あるいは社会・経済・文化の分野に関連する非政治的言論に属する。決して言論の自由を政治的言論の自由と同一視してはならず、非政治的言論の自由を言論の自由の範囲外に排除してはならない。
　第2に、政治的権利の内容と性質からみれば、言論の自由の享有は政治上の国家管理の権利の享有ではない。よって、言論の自由の属性を政治的権利とするのは非科学的である。公民の言論の自由は公民が政治参加権を行使する一手段であり、人身権、その他の憲法の権利と同様に、政治的権利を実現するための基礎・条件にすぎない。そして、政治的権利の剥奪あるいは公民権の剥奪は、特定の公民が民主参加を行う権利の剥奪を指す。例えば、選挙権と被選挙権、公職を担当する権利等で、言論の自由を含めるべきではない。
　董和平は、結論として「今日の学術界に広範に存在する、政治的目的と効能を具えることを理由として言論の自由を政治的権利であると認定するというような観点は正確ではない。もし、問題をこのように認識すれば、あらゆる憲法の権利はすべて政治的権利と帰結できるのではないだろうか！」と締めくくっている（董和平［1993］14-18頁）。
　胡錦光、韓大元は、政治的権利の範囲をめぐっては、中国法学界において

いまだ統一的見解は存在していないし、政治的権利剥奪の中で関わってくる言論の自由の属性についてもそれは同様であると断った上で、次のように述べている。「一般的には、政治的権利は公民が政治生活に参画する権利のことであって、言論の自由は公民が政治生活においてその意見を表明する主要な形式ではない。しかし、このことから単純に、言論の自由の政治的権利としての属性を否定してしまうのも妥当でない。政治的権利としての言論の自由は、言論の自由のすべてではない。政治的言論の自由と非政治的な言論の自由は性質、範囲の点で区別されなければならず、ひとしなみに言論の自由を政治的権利の中に押し込めてしまったり、また逆に言論の自由が政治的権利体系の中で占めている重要な地位を否定してしまってはならない」。「政治的権利と言論の自由を厳格に区別し、これまでの単純に政治的目的や効能の点から言論の自由を政治的権利として把握するという思考を克服するようになったのは、憲法学界が思想を解放し、タブーをなくしたことの成果である」（胡錦光・韓大元［1996］211頁）。

かかる言論の自由の法的性格・属性をめぐる学説の分岐の背景には、権力の民主化による真の多数派支配の実現を目指す民主主義（民主）と民主化された権力をも含めた権力からの個人の自由の確保を目指す立憲主義（憲政）のいずれに重きをおくかというきわめて重いテーマが横たわっている。

3. 政治的権利に対する警戒と期待

（1）日本における立憲主義をめぐる一論争

憲法学者の長谷部恭男は、立憲主義を、この世には比較不能といえるほど根底的に異なる世界観・宇宙観が多数並存しているという現実を認めた上で、その公平な共存を図る考え方であると説明する。多様な価値観の公平な共存を図るために、立憲主義は、人の生活領域を公と私の２つに区分し、私的領域では、各自の世界観に基づく思想と行動の自由を保障する一方、公的

領域では、それぞれの世界観とは独立した形で、社会全体の利益に関する冷静な審議と決定のプロセスを確保しようとする（長谷部［2006］8-12、54頁）。

こうした立憲主義は、長谷部にいわせれば、不自然で、人々に無理を強いる枠組みである。そうであるにもかかわらず、彼がこの制度的枠組みを強調するのは、彼の主張の根底に「民主主義に対する懐疑」が存在しているからである[17]。換言すれば、公的領域において人々がそれぞれの世界観・価値観をぶつけあうことの危険性を彼は警戒しているのである。彼は、J・ハーバーマスを批判して次のように述べる。「ハーバーマスのいう公共圏ないし公共空間は、互いにせめぎ合う価値観もディスコースの倫理に従ってお行儀よく討議を行い、そこからおのずから公共性が立ち上がるというハッピィな空間であるが、…筆者は討議が公共の利益について適切な解決を示すには、論題の幅自体が限定されることが必要であるとの立場をとっている。逆にいうと、社会全体の利益に関わる討議と決定が行われるべき場（国・地方の議会や上級裁判所の審理の場が典型であろう）以外の社会生活上の表現活動では、そうした内容の制約なく、表現の自由が確保されるべきである」（長谷部［2006］76-77頁）。

同様に、法哲学者の井上達夫も、「自由の権力性」に警戒の眼差しを向ける。すなわち、マルクス主義やロベスピエールを例に挙げ、「自由は権力への意志を内包するがゆえに、自由を超えたものによって自己を限定されることになしには専制に転化する」と述べ、自由を自由の段階で限定することが必要であると説く（井上［1999］197-235頁）。

こうした立場を痛烈に批判するのが、憲法学者の毛利透である。

まず、長谷部へは次のような批判を展開する。第1に、長谷部の立場は、公的領域における政治的発言に自己検閲を要求することになる。各個人は、他人に対して働きかけようとする際には、常に、その前に自分の内心で、表現しようとする内容が自分の私的思想の表明ではなく社会全体の利益にかなっているのかを吟味しなければならない。第2に、公的な議論の場と私的な議論の場とは物理的に分けられるものではない。たとえ、本人が私的な意

見表明だと思ってなした言論でも、他者から公的な意味をもつものとして受け取られる危険性は常に存在する。言論の「意味」は当事者が決めるものではなく、往々にして社会に押しつけられるものなのである。第3に、長谷部のイメージするような一定の「場」に参加できない一般市民には、「自由」が認められるかわりに、「社会全体の利益に関わる討議」を行うことがもはや認められなくなる。それにより、表現の自由と民主政との関連が断絶してしまう。とすれば、民意はどこから出現するのか。第4に、「討議」と「決定」とは峻別すべきである。自由の行使が直接に多様な価値観の共存体制を危機に陥れるとは考えにくい（毛利［2008］28-30頁）。

井上の「自由の権力性」に対しても、自由は他者に働きかけ、他者と結びつくこと、それによってより大きな政治的影響力を得ることを求めてはいるが、それは、権力行使そのものではなく、自由の行使自体は無力である、と毛利は批判する。長谷部も井上も自由の潜在的可能性に大きな脅威を認めているが、それは自由の政治的力への過大評価であり、無力な自由に「自己規律・自己限定」を求めてしまっては、公共の議論が萎縮してしまうし、かえって権力による過度の自由制約をもたらす可能性が大きい、と指摘する。

毛利は、自由は無力でありそれを過大評価してはいけないと述べる一方で、自由を過小評価してはいけないとも述べる。「民主政は、自由のもつ潜在的な政治力に自らの正統性を賭けているのであ」り、「私の意見を公に述べることは、私的な表現の自由の行使であると同時に公論形成への寄与である」。「それ自体としては無力な表現活動の自由こそ民主的に世界を変える唯一の正当な手段である」というのが毛利のテーゼである（毛利［2008］31-33頁）。

(2) 言論の自由と民意の形成

もちろん、中国と日本では、その憲法体制も政治・社会状況も異なるため、長谷部と毛利の論争をそのまま中国法学界の議論と重ねあわせることはできない。しかしながら、長谷部と毛利の立憲主義・民主主義をめぐる認識

の相違は、中国の陳情と民主政を考える上で多くの示唆を含んでいる。

　まず、第2節で整理した言論の自由が政治的権利に属するか否かという議論は、言論の自由の政治的意義・機能をいかに理解するかと表裏の関係にある。

　中国政府・共産党、およびその理論的「代弁者」の役割を担っていた（あるいは、担わされてきた）法学界の主流派は、言論の自由の政治的意義・機能を高く評価している。しかしながら、そうした政治的意義・機能は、「上から」の政治動員という色彩が強かった。

　この点に関連して、法哲学者の季衛東は、契約と公約を手がかりとして中国的公論を分析する中で興味深い指摘を行っている。季衛東は、国家との関係における公論を2つの側面から把握する。1つは、社会的・政治的資源の動員装置としての群情衆論であり、もう1つは、国家法の正統性や実効性の判断基準としての公理世論である。そして、中華人民共和国では、長期にわたり、むしろ公論の動員装置としての側面がより強調されてきたと述べ、動員装置としての公論の特徴として、①裁判の事案・証拠資料を一般大衆に伝達し、討論させ、意見を聴取していたこと、②「法の政治性」が強調されていたこと、③国家的裁判機構が「一致意見」や「絶大多数意見」という形で判決を提案していたこと、④判決を公開の場で言い渡していたこと、⑤すでに宣判・執行された判決について再討論を実施していたこと、⑥調停が国家権力化していたこと、等を挙げている。こうした動員装置としての公論は、いわば「擬似公論」にすぎない。すなわち、「特定の共同体における『内部討論』は情報の非対称性をもたらすと同時に、公の場で透明な手続的条件の下に行われるような議論に対しては閉じていたし、『公審大会』または『公判大会[18]』は、すでに固まった公論・公意が国家によって宣示される儀式であり、議論の場とは異なるものだったのである」。近年、「世論監督」という形で、正統性の判断基準としての公論が浮上しているが、これに対しても、季衛東は危惧の念を抱く。すなわち、言論の自由という権利観念および制度的保障が十分に確立されていない場において世論監督を強化しても、生まれ

てくるのはやはり擬似公論にすぎず、それは権力側からの操作をよりいっそう招きやすい、というのである（季衛東［2004］256-264 頁）。

　これに対して、顕明、国智の立場は、言論の自由を政治的権利として把握・理解する点では、従来の通説と同じであるが、「上から」の政治動員という色彩はかなり希釈されている。むしろ、言論の自由の政治的意義・機能をあえて強調することで、言論の自由を個人の権利として捉え直し、「下から」の政治参加の活性化に期待をかけているというニュアンスを読みとれなくもない。この立場は、自由な議論の中からはじめて民意・公論が生成されるとする毛利の立場とある部分において重なり合う。しかしながら、他方で、同床異夢とはいえ、言論の自由を政治的権利とする中国政府・共産党の立場と結論的には同じであるがために、中国政府・共産党に絡めとられてしまう危険性を伴う。

　游勧栄と董和平の立場は、言論の自由の「政治性」の弊害を強く意識する立場である。政治動員としての言論の自由を忌避するのはもちろんのこと、言論の自由の参政権的意義（国家への自由）を強調する立場からも一定の距離をおき、言論の自由の自由権的意義（国家からの自由）にこだわろうとする。この立場は、国家と個人の二極対立を前提とするオーソドックスな立憲主義観であり、また、公的領域と私的領域を厳格に区分する長谷部の立場とも近い。

　実は、近年の中国憲法学界において、このような立憲主義、および人権についての把握・理解の仕方が影響力を増しつつある。その代表的論者の一人が本章においてたびたび言及した陳情縮小論者の周永坤である。議行合一の廃棄、司法権の独立、違憲審査制の導入等、中国の憲政実現に向けて積極的に発言している周永坤は、立憲主義（憲政）と民主主義（民主）の両立可能性を模索しつつも、もし、両者が対立する場合には、「民主主義よりも立憲主義を」という立場に立つことを自身の論文の中で強くにじませている（周永坤［2004］119-139 頁、石塚［2010b］158-177 頁等）。

　憲法学者の杜鋼建の主張はより明快である。杜鋼建は、20 世紀の中国の

憲政主義（Constitutionalism）思潮は「民主主義的憲政主義」と表現することができ、さらに、それは、立憲の旗幟の下で民主立憲制や代議立憲制を追求した旧民主主義的憲政理論と、多数階級の少数階級に対する専政（独裁）を唱道し、このような専政（独裁）を憲政とみなし民主主義と同視した新民主主義的憲政理論（新民主主義的専政（独裁）理論）に分けることができる、と述べる。そして、こうした「民主主義的憲政主義」について、杜鋼建はいずれも「幻想性を具えていた」と批判する。すなわち、「旧民主主義者と新民主主義者は、ともに憲政を民主政治と同視し、民主政治を目下実現すべき、またはすでに実現したものとみなして」おり、「民主、憲政および自由の三者の関係がいかなるものであるかについて、はっきりした正確な認識を欠いていたのである」。「憲政の本義は、自由の実現にある」と杜鋼建は強調する。「憲政とは、現行の国家権力を憲法の軌道に組み入れ、当局者の権力の運用を法治の拘束の下におくことに他ならない。憲政とは、当局者の権力を奪取して人民に与えることではない。憲政とは、人民の自由が当局者の権力の侵犯を受けないことを保障することである」。今日の中国人についていえば、憲政の当面の急務は、人民を「国家の主人公」とすることではなく、人民を「自由民」とすることなのである。「民主主義者は、憲政に対して過度の期待を抱いており、…憲政が直接達成しうる目標が自由であることを忘れているのである」。民主ではなく自由・人権を達成すべき直接の目標として要求するこのような「新しい憲政主義」を、杜鋼建は「人権主義的憲政主義」と命名している（杜鋼建 [1993] 17-21 頁、杜鋼建の立憲主義観を整理・検討したものとして、石塚 [2010a] 115-140 頁）。

現代中国において、人民民主独裁という名の下で、激しい言論弾圧が行われてきたことは事実である。その苦い記憶をふまえて、「国家と個人の二極対立」という構図を作り出すことこそがまず実現すべき課題であり、そこから自由を構築していくべきだとする中国の憲法学者たちの主張には筆者自身首肯しうる点も多い。しかしながら、それでは個人は個人のままであって市民にはなりえないのではないだろうか。民意・公論は十分に生成しえないの

ではないだろうか。毛利の批判が筆者の頭をよぎるのである。

おわりに──陳情の可能性──

　最後に、陳情の政治参加・公権力監督の機能にもう一度話を戻したい。
　本章では、陳情（権）が監督権と請願権の狭間でゆれる曖昧な内容を有することて、言論の自由が政治的権利に属するか否かという論点をめぐり学説の分岐があること、その分岐は立憲主義と民主主義との関係や言論の自由と民意の形成との関係をどのように把握・理解するかという問題と深く関連することについて順次考察を進めてきた。筆者は、かつて、人民代表大会と人民法院との関係に着目し、現代中国の立憲主義と民主主義との緊張関係について論じたことがあるが、その結論において、現在の中国では「国家権力を凌駕する『もう一つの権力』があるという状況をふまえれば、現時点において望ましい選択は『立憲主義か民主主義か』という二者択一ではなく、『立憲主義も民主主義も』という選択、すなわち何とか両者の接合を図り『もう一つの権力』と対峙していくことなのかもしれない」と述べた（石塚［2010b］173-174頁）。つまり、中国の憲法学者が、「国家と個人との二極対立」という立憲主義を目指すのであれば、それと同時に、国家と個人をつなぐ「何か」、個人が市民となりうる「何か」を構築する必要があるということである。その「何か」とは、ありきたりの答えではあるが、おそらく「公共圏」ということになるのであろう。民主派知識人の胡平は、「権力者（当局者）が異なる意見の持ち主を処罰する権力をもたない時に」、「人々の言論の権利が善良開明な君主の保護を必要とせずに独立して存在しうる時に、初めて真の言論の自由があるといえる」と説き（胡平［2009］38頁）、言論の自由の定着のために、独立自主の言論陣地の構築を強く訴えた。「独立自主の言論陣地」こそが公共圏である。
　毛利は、選挙ではなく公共圏こそが民主政の基盤であると断じる。確かに、代表民主政において選挙は必要不可欠なものであるが、選挙は、「公共

圏での十分な議論と『コミュニケーションの力』の影響力が確保されている場合にのみ、その暫定的表明として支配者を選ぶ正当性をかろうじて有することができる。表現の自由の保障なく選挙をしても、民主政とはみなされない」。それゆえ、「表現の自由を行使しようかどうかためらう人々に、できるだけ行使する方向でのインセンティブを与えるべき」であると彼は主張する（毛利［2008］41-42、45-46頁）。興味深いのは、そのための制度改革として、彼が「請願権の強化としての、国民からの法案の国会への提出」を挙げていることである。彼は、こうした制度の構築により、公共での議論が実際に国会の運営に影響を与えることを示すことができ、国会内外での議論の活発化も期待しうる、と考えている（毛利［2002］283-285頁）。

陳情に国家と個人をつなぐ「何か＝公共圏」を構築する上で一定の役割を期待するのは、可能であろうか。

杜承銘、朱孔武は、「陳情条例」は、「『陳情権』に直接言及していないが、『陳情人の合法的な権利・利益』という表現はなお実務の発展に必要な空間を留保している」と述べ、陳情の可能性をほのめかしている（杜承銘・朱孔武［2006］142頁）。また、筆者は、2011年6月と9月に中国北京を訪問し、林来梵（清華大学法学院教授）に陳情についてインタビューを行った。その際に印象に残るコメントがあった。林来梵は、陳情の政治参加・公権力監督の機能（参政権的意義）を重視するのであれば、憲法第41条の監督（陳情）権の条項を明確にするよりも、むしろ今あるような曖昧な状態で残しておいた方がよい、というのである。なぜなら、憲法第35条の言論の自由の条項は、すでにきわめて「敏感性」を有するものとなっており、憲法第35条をもって、公権力を監督することや政府の政策を批判することは、実際のところきわめて困難である。それに対して、個人の権利救済をもその機能として包括する監督（陳情）権であれば、曖昧性を有するがゆえに、かえって政府批判も比較的行いやすい。もちろん、林来梵も、陳情の個人の権利救済の側面が司法権の権威の確立に不利であることは十分に承知している。しかしながら、彼は、陳情の内包が曖昧であるがゆえに発展の「空間が残されている」

第 3 章 政治的権利論からみた陳情

ことに賭けるのである。

確かに、言論の自由なしには陳情は十分に機能しないが、他方、陳情によって言論の自由が促進される可能性もありうる。陳情の保障を強く要請することで、公権力監督の前提条件である「知る権利」、監督権と広範に結びつく政治的権利としての言論の自由の十分な保障があわせ要請されることになる。

現行の政治体制において、現在の政治環境において、陳情にそこまでの役割を担わせるのは、あまりに酷な注文かもしれない。本章は、あくまでも憲法論からみた陳情の可能性を指摘するに止まるものである。

注

1) 「陳情」の中国語原語である「信訪」とは、きわめて多義的かつ曖昧模糊とした概念であり、中国政府・共産党から期待・付与される意義、および実際の機能も、時代に応じて変転してきた。本章は、そうした「信訪」概念の多義性・曖昧性に光をあて、そのことのもつ意味を憲法的側面から整理・考察することを目的の1つとしている。それゆえ、「信訪」を一律に「陳情」と訳してしまうことに、筆者は少なからず違和感を抱いているが、本書の編集方針に従い、以降の本論では「陳情」という訳語を用いることとする。

2) 「あまり論じられていない」というのは、憲法学の視点から、陳情そのものが本来有する、あるいは有するべき政治参加・公権力監督の機能について評価し、それを民主政と結びつけて論じた研究が少ないという意味である。陳情の増加が政治的民主化や体制崩壊の萌芽になるかという点に関する政治学・社会学からの研究は少なからず存在する。例えば、園田 [2008] 165-166 頁等を参照。

3) 「陳情条例」の解説書によれば、陳情再審理・再審査と行政不服審査・行政訴訟とは相互補充の関係にあり、行政不服審査・行政訴訟の条件を満たす場合には、行政不服審査の請求あるいは行政訴訟の提起がなしうるとされている（要点解答 [2008] 41-42 頁）。

4) 「反射的利益とは、法が公益を保護している結果として生じる間接的な利益のこ

とをいう。反射的利益は、法がその利益の保護を直接の目的としたものではないため、法的保護に値しないとされる」（黒川・下山［2010］75頁（府川繭子執筆部分））。陳情が「反射的利益」にすぎないのであれば、陳情そのものを侵害されても、それに対して訴訟を提起することはできないということになる。

5) いわゆる「孫志剛事件」である。2003年3月に出稼ぎの青年デザイナー孫志剛が広州市で一時居留証不携帯のために警察に身柄を拘束され、収容・送還施設で繰り返し殴打された末に死亡した。警察当局は、当初孫志剛の死因を心臓病としていたが、『南方都市報』や『北京青年報』といったメディアがこの死因に疑問を呈し、その結果、傷害致死の真相が明るみに出た。一般大衆は、行政による密室での情報操作を厳しく批判し、他方、一部の法学者は、孫志剛拘束の根拠となった「都市の浮浪者乞食収容送還弁法」の違憲・違法性を主張した。これに対して、政府当局は責任者を処分し、国務院は「都市の浮浪者乞食収容送還弁法」を廃止し、新たに「都市の生活困窮の浮浪者乞食支援管理弁法」を制定することで事態の沈静化を図った。

6) しかしながら、筆者が「立法法」第8条を瞥見したところ、犯罪や刑罰に関わる事項、公民の政治的権利の剥奪や人身の自由の制限に関わる事項については、法律の制定によらなければならないが、権利の創出については、条文上必ずしも明らかではない。

7) 「人権（公民の基本的権利）の真実性（現実性）」の具体例としてしばしば挙げられるのが、「54年憲法」の中には規定されていたがその後の憲法では削除された居住・移転の自由である。

8) 例えば、1980年代に、李歩雲、周元青は「社会主義制度の下では、根本的にいえば、国家の法律と公民の自由とは統一したものであり、対立したものではない」と述べていた。すなわち、確かに、法律はある自由を制限してはいるが、このような制限はまさに公民全体がより十分に、広範に、有効に自由・権利を行使できるよう保障するためのものである、としていた（李歩雲・周元青［1981］16頁）。

9) 中華人民共和国国務院新聞弁公室「国家人権行動計画（2009-2010年）（2009年4月）」(http://www.gov.cn/jrzg/2009-04/13/content_1283983.htm)（中華人民共

和国人民政府ホームページ）。

10) 1990年代前半まで、中国の憲法学教科書に「監督権」という語はみられず、「監督権」という語が、中国憲法学界で定着し始めるのは1990年代後半以降のことと思われる。また、かつては、憲法第41条第3項に規定されている「賠償取得権」をも「監督権」の範疇の中に組み入れて説明する憲法教科書が多かったが、今日では、それを「監督権」とは切り離して、名称も「賠償取得権」ではなく「国家賠償請求権」として別途説明する憲法教科書が徐々に増えてきている（韓大元・林来梵・鄭賢君［2008］465-466頁（林来梵執筆部分））。

11)「平政院」とは、中華民国北京政府時期における裁判所組織の一部であり、行政訴訟を主管するとともに行政官吏の違法不正行為の審理に責任を負い、行政訴訟および弾劾事件について裁判権を行使した。本条文でいう「告訴」の中国語原語は「陳訴」であり、それは、告訴だけでなく官吏の弾劾申立をも含む概念である。

12) この点が、「信訪」を一律に「陳情」と訳してしまうことに対して、筆者が躊躇する所以である。確かに、今日、「信訪」の機能は、個人（一般大衆）の権利救済に特化している（ようにみえる）。しかしながら、そうした実際の機能の面のみに着目して「信訪」の訳語に「陳情」をあててしまえば、「信訪」の理念の面、すなわち、中華人民共和国憲法において請願権ではなく監督権を採用した制憲者意思を捨象してしまうおそれがあるのである。

13) 例えば、佐藤幸治は、「日本国憲法」における基本的人権を「包括的基本権」、「消極的権利（自由権）」「積極的権利（受益権・社会権）」「能動的権利（参政権）」とに分類している（佐藤［1995］410頁）。

14)「97年刑法」第54条「政治的権利の剥奪は以下に列挙する権利の剥奪である。（一）選挙権と被選挙権。（二）言論、出版、集会、結社、行進、示威の自由の権利。（三）国家機関の職務を担当する権利。（四）国有会社・企業・事業単位および人民団体の指導的職務を担当する権利」。

15) 毛沢東は、①全国各民族人民の団結、②社会主義的改造と社会主義建設、③人民民主独裁の強化、④民主集中制の強化、⑤共産党の指導の強化、⑥社会主義の国際的団結と全世界の平和を愛する人民の国際的団結、に有利であるか否かを、当

該言論が「正しいかどうか、はたして香花（芳しい花）なのか毒草なのかを見分ける」基準として掲げた（「関於正確処理人民内部矛盾的問題（1957年2月27日）」（毛沢東［1977］393頁）。

16) 鄧小平は、「改革開放」政策をいっそう促進すべきという見地から、資本主義か社会主義かという「判断の基準は、主として、①社会主義社会の生産力の発展に有利であるかどうか、②社会主義国家の総合国力の増強に有利であるかどうか、③人民の生活水準の向上に有利であるかどうか、であるべきである」と論じた（「在武昌、深圳、珠海、上海等地的談話要点（1992年1月18日―2月21日）」（鄧小平［1993］372頁）。

17) 政治学者の杉田敦との対談の中で随所に表現されている（長谷部・杉田［2006］）。

18) 「公審大会」とは、文字どおり公開審理大会または公開審判（裁判）大会のことであり、さらに、その中でも、公開による判決の言い渡しのことを「公判大会」と呼んだ。こうした「公審大会」・「公判大会」はとりわけ「文化大革命」期に盛んに開催された。

参考文献

G・イェリネク 1974／芦部信喜・小林孝輔・和田英夫他訳『一般国家学』学陽書房

石塚迅 2004『中国における言論の自由――その法思想、法理論および法制度――』明石書店

石塚迅 2006「「人権」条項新設をめぐる「同床異夢」――中国政府・共産党の政策意図、法学者の理論的試み――」アジア法学会編『アジア法研究の新たな地平』成文堂

石塚迅 2007「中国からみた国際秩序と正義――「中国的人権観」の15年――」『思想』第993号（2007年1月）

石塚迅 2010a「言論の自由は最重要の人権である――杜鋼建の人権観と中国の立憲主義――」角田猛之編『中国の人権と市場経済をめぐる諸問題』関西大学出版部

石塚迅 2010b「現代中国の立憲主義と民主主義――人民代表大会の権限強化か違憲審査制の導入か――」石塚迅・中村元哉・山本真編著『憲政と近現代中国――国家、

社会、個人——』現代人文社

井上達夫 1999『他者への自由——公共性の哲学としてのリベラリズム——』創文社

季衛東 2004「中国的公論の諸相——基層秩序生成の動態と言説媒体——」三谷博編『東アジアの公論形成』東京大学出版会

黒川哲志・下山憲治編 2010『確認行政法用語230』成文堂

胡錦光・韓大元 1996『中国憲法の理論と実際』成文堂

胡平 2009／石塚迅訳『言論の自由と中国の民主』現代人文社

佐藤幸治 1995『憲法（第3版）』青林書院

周永坤 2004／石塚迅訳・解題「政治文明と中国憲法の発展」『東京立正女子短期大学紀要』第32号（2004年3月）

園田茂人 2008『不平等国家中国——自己否定した社会主義のゆくえ——』中公新書

童之偉 2010「信訪体制在中国憲法框架中的合理定位」『日中立憲主義の展開と公法学——第6回（2010年）日中公法学シンポジウム——』（プログラム）2010年12月27日

野中俊彦・中村睦男・高橋和之・高見勝利 2012『憲法Ⅰ（第5版）』有斐閣

長谷部恭男 2006『憲法とは何か』岩波新書

長谷部恭男・杉田敦 2006『これが憲法だ！』朝日新書

松戸庸子 2009「信訪制度による救済とその限界」『中国21』第30号（2009年1月）

毛利透 2002『民主政の規範理論——憲法パトリオティズムは可能か——』勁草書房

毛利透 2008『表現の自由——その公共性ともろさについて——』岩波書店

林来梵 1998「参政権の保障と諸問題」土屋英雄編著『中国の人権と法——歴史、現在そして展望——』明石書店

渡辺久丸 1995『請願権』新日本出版社

鄧小平 1993『鄧小平文選』第3巻、人民出版社

杜承銘・朱孔武 2006「"信訪権"之憲法定位」『遼寧大学学報（哲学社会科学版）』第34巻第6期（2006年11月）

杜鋼建 1993「新憲政主義与政治体制改革」『浙江学刊』1993年第1期

韓大元・林来梵・鄭賢君 2008『憲法学専題研究（第2版）』中国人民大学出版社

胡錦光・韓大元 2004『中国憲法』法律出版社

李歩雲・周元青 1981「法律与自由」『紅旗』1981年第22期

李秋学 2009『中国信訪史論』中国社会科学出版社

林来梵・余浄植 2008「論信訪権利与信訪制度——従比較法視角的一種考察——」『浙江大学学報（人文社会科学版）』第38巻第3期（2008年5月）

毛沢東 1991『毛沢東選集（第2版）』第4巻、人民出版社

毛沢東 1977『毛沢東選集』第5巻、人民出版社

董和平 1993「言論自由的憲法権利属性及其効能」『法律科学』1993年第2期

董雲虎主編 1998／佟唯真編『中国人権白皮書総覧』新華出版社

魏定仁主編 1994『憲法学（第2版）』北京大学出版社

呉家麟主編 1992『憲法学（1992年修訂本）』群衆出版社

顕明・国智 1991「言論自由的法律思考」『法学（滬）』1991年第8期

要点解答 2008『信訪条例要点解答』法律出版社

応星 2004「作為特殊行政救済的信訪救済」『法学研究』2004年第3期（本書第2章翻訳収録）

游勧栄 1994「市場経済条件下公民権利及其保障幾個問題探討」『法律科学』1994年第3期

于建嶸 2005「信訪制度改革与憲政建設」『二十一世紀』2005年6月号（本書第1章翻訳収録）

于建嶸 2006「保障信訪権是一項憲法原則」『学習時報』2006年7月25日

周永坤 2006「信訪潮与中国糾紛解決機制的路径選択」『暨南大学学報（哲学社会科学版）』2006年第1期

朱最新・朱孔武 2006「権利的迷思——法秩序中的信訪制度——」『法商研究』2006年第2期

（付記）本章は、2011年度（平成23年度）科学研究費補助金（若手研究（B））に基づく研究成果の一部である。

第 4 章　陳情への法的視点
―― 制度の沿革及び規定上の問題点

但見　亮

要旨：中国に特色的な制度とされる陳情制度は、共産党統治下で確立したものとされているが、陳情の成否が絶対者の慈悲に係るため、それを得ようとして手段を選ばない人民の姿、またそれを利用した徳の体現により統治の正統性を確証しようとする統治者のあり方といった点において、専制王朝期の直訴制度と共通するものが見出される。昨今人治から法治への転換が図られ、陳情についても「陳情条例」の制定・改正による「法治化」が行われているが、陳情条例及び関連の法規の構造は、陳情の発生件数及び程度を指標化し、党・政府の「上から」の監視による責任追及とリンクさせるものであるため、陳情発生を隠そうとする下級政府の暴力・抑圧と、それに対する陳情行動・暴動の過激化、という悪循環を招いている。本問題の解決には、選挙や住民参加など、民意の伝達と権利行使のツールを整えるとともに、陳情制度自体を末端の行政苦情処理制度に変えていく必要がある。

はじめに

　中国の世界におけるプレゼンスの圧倒的な高まりは、国の内外を問わず、その独自性・特殊性に対する関心を否応にも高めることとなっている。こと政治制度・社会事情について言えば、「信訪」（原語。「陳情」、petition 等と訳される。以下、同制度・現象を指すものとして陳情との表現を用いる）に関わる制度及び諸現象は、その中でも殊更の関心を集めているということができる。
　もちろん、陳情という制度自体が、それとして広く認識されているわけではない。しかし、「陳情村」などへのメディアの注目のおかげもあって、急

激な経済発展により出現したモダンな大都会の片隅で、旧態依然の農村で頻発する人権蹂躙や不正義の横行を告発しようとする人々が、伝統中国（専制王朝期）の直訴よろしく共産党・政府指導者の「慈悲」「温情」を求めて北京に押しかけ、これを制止しようとする警察や政府関係者との間で対立・衝突の局面が展開している、ということについては、もはや知らない者のほうが少ないといってよいだろう。一般にこのような現象が、陳情または陳情問題として、様々な議論と考察の対象となっているのである（杜斌［2007］参照）。

とはいえ、陳情に関しては、それは伝統中国の直訴的制度とは根本的に異なり、憲法的権利として保障された請願・告発的権利の行使なのであって、それは人民と政府を結び付け、安定的な統治を担保する重要な役割を果たしている、とする見解も多い（応星［2004］60頁）。そのような見解によるならば、陳情は1つの権利救済方法なのであって、そこで生じた衝突等は、いわば例外的な違法行為に過ぎない、ということになる。

では、このような理解の違いはなぜ生ずるのだろうか。陳情において見られる激しい衝突等は、規定や制度の内容から見たとき、「例外的」と言えるものなのだろうか。そもそも、「例外」であれ問題を生じさせている陳情を存置し続ける理由はなんだろうか。さらに、もし問題の発生が「例外」ではないとするならば、それを出現させる原因はどこにあり、それをどうすべきなのだろうか。

本論では、これらの問題意識を持ちつつ、まず伝統中国における直訴制度と「新中国」（中華人民共和国成立後）における陳情制度の形成段階について、その機能・特徴の分析を行う。これにより、それぞれを形成する要因、とりわけその背後にある制度・精神構造を明らかにすることができるものと考えられる。

次に、現行の陳情関連法規・規定について、その目的と手段を意識しつつ分析を行い、現行制度の合理性・妥当性を検討する。最後に、これらの検討をふまえて、制度の問題点を総合的に考察し、陳情制度を存在せしめる構造

を明らかにするとともに、近時の規定の傾向分析とあわせ、陳情がどこに向かおうとしているのか、その展望を探ってみたい。

1. 陳情制度の概観

(1) 陳情の定義

　本論を始めるに当たり、まず考察の対象を特定するため、陳情の定義を大まかに示しておきたい。「信訪」(原語)とは、「来信来訪」(同)の略であり、その言葉だけを見ると「投書と訪問」という意味になるが、これは要するに、請願・告発的行為の手段を捉えた表現である。一般に、陳情という言葉は、個人または組織が国家機関等に対して文書の提出または直接の訪問を行うことにより、意見や抗議・批判、通報や告発、そして請願や苦情の提出を行う、という行為と、それに対応して国家機関等が各種申立等を受理し、必要な対応・処理をすることを指し、あわせて、それに関する諸事象を広く包含する概念として用いられている(但し、論者により定義の内容は若干異なる)。

　ただ、陳情は一般的な言葉としてだけでなく、法的な概念・用語としても用いられている。現行の「陳情条例」(2005年改正)では、「陳情とは、公民、法人またはその他の組織が、書信、メール、ファックス、電話、訪問等の形式で、各級政府、県級以上の政府の業務部門へ事情を訴え、建議、意見または苦情申立てを提出し、関連の行政機構がこれを処理する活動をいう」(2条)とされ、これが規定上の基本的定義となっている。

　法的な概念の陳情については、その根拠が憲法41条に求められることが通常である。憲法41条では、「すべて公民は…国家機関または国家勤務員」の「違法・職務怠慢行為」について「関連の国家機関に上申、告訴もしくは告発」を行う権利を有し、「関係国家機関は事実を調査し、責任をもって処理しなければならない」とした上で、「何人も、抑圧または報復を加えてはならない」と念が押されている(同時に「事実の捏造または歪曲」による誣告が

禁止されている)。但し、憲法上「陳情権」が規定されているわけではなく、またその他の規定にも「陳情権」として規定されるものではない。

なお、上述のように、本章で陳情と言うとき、それは中国語の「信訪」の訳語である、という点に注意されたい。また「陳情」の事実状態、とりわけ来訪形態のみを示す言葉である「上訪」についても、同様に「陳情」との訳語をあてている、ということにもご注意されたい。

(2) 旧中国―伝統中国の直訴制度と近代中国の請願権

理論状況の概観

陳情制度については、これが「新中国」における人民と政府との新しい関係、すなわち人民が真に主人となったことに基づくものであるとして、「旧中国」(共産党支配以前) の制度との違いを強調するものも見られる (李宏勃 [2007] 136頁)。しかし、とみに最近の記述を見る限り、新中国における陳情制度のルーツを皇帝統治下の伝統中国における直訴制度に求める議論が目立つように思われる (張琳婧 [2009] 372頁)。それらは時に、陳情には封建的「お慈悲」意識が色濃く残るだけでなく、統治者の恣意的介入を許す構造がとられ、司法の独立を害するものであるとして、同制度の廃止を主張する立場から示される。しかし、これとは逆に、それが伝統的にも用いられてきたことを重視し、中国に特色あるADR (裁判外紛争解決制度) の一環として、訴訟制度とは異なる陳情制度の価値を論証しようとする見解も見られている (季衛東 [2005] 4頁以下)。

このような理論状況に鑑み、以下では、陳情との類似が論じられる直訴制度について概観し、その制度の特徴とそれを成り立たしめる制度構造を明らかにし、「新中国」の陳情制度との比較を行うための基礎を作っておきたい。

起源――機能の析出

陳情制度については、史記の記述を引いて、堯舜禹の時代の官吏告発・監察制度や、広く世情を反映させることを期した情報収集制度などにその起源を遡る記述も見られるが、一般に、周礼に記される「路鼓」「肺石」(鼓を打

ちまたは石を立てるという形式で告発・申立てを行う制度）がそのルーツとされることが多いようである（李玉華［2001］25 頁）。

　これらの記述の事実としての真否はともかく、少なくともここでは、陳情制度の起源とされる諸制度が、①統治者への直接の告発による官吏・行政機関の監視、②統治者への「下から」の情報伝達ルートの確保による政情把握、という機能を持つものとして捉えられている、ということがわかる。このような制度は、各王朝において様々な形で試行されることとなり、「上書言事」（皇帝に連なる意見提出制度）などの仕組みが設けられるとともに、より広く申立てを促すために「登聞鼓」「肺石」（上記周礼中の制度と同様）といった制度が整えられ、しかも憚りなく訴え出ることができるようにと、鼓や石の周りに監視・看守を置かないよう命ずる勅書も見られているなど、上記①及び②の機能の十全な発揮が図られている。

　とはいえ、「上」への直接の告発・申立ての機能が充実すれば、当然それの濫用ないし悪用という恐れが生じる。実際に、各王朝の直訴制度では、自傷行為など極端な方法を用いることを禁じ、訴え出る先についても制限を加え、直接皇帝に訴え出ることを制限し、程度に応じて訴える先を限定する、というように、都への越訴と過激な直訴行為、そしてそれを濫用した中傷ないし誣告の類を厳しく禁じ、厳しい処罰をもってのぞむと定めている（胡銘［2005］89 頁）。ここには、③非常・特例措置の規範化と統制、といういささか矛盾した要素が見出される。

　さらに、安定的統治下で司法作用が相対的に確立していくことに伴って、司法の一般的手続の終了後、不服を持つ者がより「上」の権力者（通常司法を担当する機関ではない）に不服を申立て、最終的には皇帝への上奏にまで至る仕組みが設けられている。

　これについては、統治機構の一元的（上下階層）・一体的（権限未分離）構造と行政的運用という状況で、司法の独立どころか、司法作用を論ずる前提を欠くともいえようし（小口［2003］66 頁）、またそれとは逆に、これを王朝期の特殊な再審請求・上告審査制度、すなわち司法制度の一環であると捉え、

陳情制度とは性質が異なるもの、と考えることもできよう。

とはいえ、下々の人々が「冤」（言われのない不当・不正義に虐げられること）を訴えて権力者の慈悲にすがり、特例的手段ないしは非常措置としての直訴により「正義」の実現（回復）を求める、という様相は、多くの人々が陳情について持つイメージに酷似している。また、民事関連事案の処理においては、何より「息訟」（争訟の沈静化）が目指され、行政官による「教諭的調停」の中で、「押し問答を通じて」落ち着きどころが決められた、と指摘される（滋賀［1984］292頁）。とすると、それを現在の視点から「司法作用」ということができるかはともかく、直訴だけでなく統治機関による紛争処理全体が、総じて陳情制度との類似性・親和性を持っていた、ということができる。

実際に、陳情制度の歴史を論ずる記述を見ると、このような司法的作用に係る問題も陳情制度の起源を構成する重要な要素であるとされ、あまつさえそれを中心に据えて陳情制度の歴史を論ずるものも見られている（胡銘［2005］93頁）。このように、旧中国の直訴制度には、④通常紛争処理手続終結後の手続外非常再審査制度、という様相も明確に現れているのである。

展開──矛盾の拡大

この一元的支配の下での直訴制度では、その実践において、制度自体が持つ矛盾した側面が顕著となる。

例えば明代には、当初から上記「登聞鼓」による上奏の徹底が図られるとともに、特に「察言司」と称する機関を置いて下々からの陳情・請願を聞くこととするなど、「直訴」の活発な利用が図られた。このような状況は清代に至っても見られており、嘉慶帝の時期には北京への直訴が極端に奨励され、直訴件数の爆発的な増加という状況が出現したとされる（王永傑［2007］103頁）。

しかし、直訴が容れられたとしても、その効果は往々にして、原判断者よりも多少上級の官吏に処理を命ずるだけであり、さらにそこでも処理できなくなると、必然的に一層下級による処理が必要となり、結局原判断者の処理

に逆戻り、ということになる（李艶君［2010］67頁）。

　このように、直訴には往々にして、⑤上層からの処理命令による中層、下層での再審理、という構造が見られるのだが、それは問題の発生源と問題の処理者の接近ないしは一致を意味することになり、その結果、処理の公正が疑われ、申立人の納得が得られなくなり、結果として直訴の再発をもたらすことになる。これに対し、⑥中央から官吏を派遣し、問題地域で直訴の処理に当たらせる、というやり方もみられるが（阿風［2011］356頁）、件数が増すにつれ、いずれ事情の分かる現地の下級官吏に依存するようになり、結局同様の問題に行き着くことになる。

　さらに、このような構造は、もう1つの悪循環を生む。すなわち、直訴の発生及び解決遅延が自らの地位と直結する地方の行政長官らは、その発生防止と迅速解決のため、直訴行為をさせないことに躍起になるとともに、未解決の事案も解決済みとするなど虚偽報告が横行する。これに対し、直訴者の側は、問題の存在を「上」に気づいてもらうとともに、緊急かつ特例的対応の必要性を「上」に感じさせることが必要となり、結果として過激な直訴行為の頻発を招くこととなるのである。このように、⑦統治側の虚偽報告・問題もみ消しと直訴行為の過激化・反復化の相関関係、という点も、直訴制度に明確に表れる特徴、ということができるだろう。

　核心──「正統性」の調達

　このように、直訴制度には、その活発化がその無効化をもたらし、結果としてさらなる直訴を生む、という矛盾した状況が見られる。ただこのような矛盾の背後には、明らかに権力側の政治的必要による恣意的利用、という問題が見え隠れする。まさにジョナサン・K・オッコ（Jonathan K. Ocko）が"I'll take it all the way to Beijing"と題するように（Ocko［1988］）、清朝の嘉慶期に生じた北京への直訴ブームは、乾隆期に猛威を振るいはこびった腐敗官僚の排除と組織の健全化を狙って、嘉慶帝が極端な直訴奨励政策をとったために、人々が我先にと都へ向かったことにより生じたものであった。また、光緒年間に「上書言事」が奨励されたのは、王朝存亡の危機に直面し、

広く人々の声を聞くという姿勢を見せることが必要となったためである（趙暁華［1998］68頁）。

さらに、直訴に氾濫する誣告・虚偽についても、権力者の政治的必要に応じた恣意的利用、というところに原因が見出される。谷井陽子の指摘によれば、明代に「冤抑」（冤罪や不正、不当）を訴える「告状」に極端な誇張・虚偽が横行した背景には、直訴が「国の大事」についてのものであれば取り上げられたが、民の日常問題といった細事は取り合ってもらえず、しかも底辺の行政官もこのような訴えを往々にして放置した、という事情があったとされる（谷井［2011］225頁以下）。そのため、人々は自らの問題を取り上げてもらおうと、虚偽や無関係の事実であれ、とにかく官僚や有力者の無法・専横といった「冤」を訴え、「国の大事」として「お上」に取り上げてもらおうとしたのである。

このように、直訴制度に限らず、伝統中国の紛争処理には、一般に⑧「上」の政治的必要に基づく恣意的利用、という構造を見出すことができる。とはいえ、それが恣意的に利用された、ということが、その判断もまた恣意的であった、ということを意味するわけではない。寺田浩明が、伝統中国の民事裁判的作用には、「情理」に基づいて正当な「公論」を示し、以て統治の正統性を調達する働きがある、とするように、そこには個別の事件処理の「正当性」により統治自体の「正統性」を体現しなければならない、という「緊張関係」が見出されるのである（寺田［2007］70頁）。そして、その「正当性」の存否は、結局「息訴」、すなわち「伸冤」（「冤」を晴らすこと）を叫ぶ訴えが収まることに求められる。このように、そこで示される判断は、裁量的とはいえ被拘束的なものであったのであり、そこには⑨「情理」に基づく公正な処理による「息訴」の実現により、統治の正統性を確証する、という機能が見られるのである。

これらの制度は、「上」の必要に応じて、しばしば拡大・奨励されながら、その弊害が叫ばれるや縮小・抑制が試みられることとなり、時にその反動は極端に及び、凄惨な結果を生みだすことになる。しかし、強権的「正義」実

現への期待を解消することは容易ではなく、またそのような期待を残しておくことには統治の正統性維持というインセンティヴがあった。さらに、地方への監視を行う重要なツールとしての価値も否定できない。このように、正に権力側の都合により、制度は拡大と縮小の波を繰り返しはするものの、それは王朝支配の終焉まで続くこととなったのである。

近代──「権利行使」の名と実

伝統中国の終わりを告げる辛亥革命の後、各政権が出した憲法的法規、すなわち「約法」ないし「憲法草案」等では、早くから、行政による権利侵害に対して、国民が告発を行うことが権利として規定されていた。また、「憲政」の意識の下、政府に対する要求や意見提出なども重要な権利とされ、これらが広く請願権として規定されている。

この請願権に関する規定を見ると、それは一般に、議会に対して行う憲法上の意見・要求提出権、などとして位置づけられ、司法及び行政への干渉となるような請願、さらには権利行使の根拠となる「約法」規定の変更・廃止の請願が禁止されるなどの特徴がみられる。ここには、西洋の立憲民主・権力分立の導入という意識の下、国民が権利の行使として議会に請願等を行い、議会がその権限に基づいて調査・処理を行う、という様相が明確に現れている。

このような状況は、北洋政権そして南京国民党政権を通し一貫して見られるものであり、さらに各地で制定された所謂「省憲法」にも同様の規定が見られている。このように、近代の請願権制度は、⑩議会への請願、要求、意見提出などを中心とした国民の権利行使、という新しい性格を持つこととなったのである。

しかし、請願権を取り巻く制度環境・背景は、このような性格を文字通り実現させるほど単純なものではなかった。国家機構の権力集中が進むに伴い、大総統による監察手段としての秘密裏の告発が強化され、「民」からの告発の扱いが大総統の裁量的判断に委ねられるだけでなく、敵対分子についての密告が奨励され、統治者による白色テロが横行するなど、そこには「憲

法的権利」を実質的に否定する実力が蠢いていた。

　このような矛盾した状態は、国民の「権利行使」を高らかに謳う「約法」が、同時に国家権力に超越する存在（＝国民党）を認め、それが広く「中央統治権を行使する」（訓政時期約法 30 条）としていることに象徴的に表れている。正に南京政府立法院院長の胡漢民が述べたように、それは「国家が革命の時期にある」という理由で、「一切の権力が党（＝国民党）に集中し、党により行われる」ことが正当化され、国民党中央執行委員会が国家の「五権」（行政、立法、司法、考試、監察）を総覧する、という正に「主権在国民党」というべき構造であった（公丕祥［2004］345 頁）。

　ここで興味深いのは、そこに見られる「正統性」の調達の在り方である。まさに胡漢民が示すように、「党治」が正当化されるのは、それが孫文の唱えた「訓政」という時期区分、すなわち人民が三民主義を完全に理解するまでの過渡期であることを前提とした臨時の措置だからである。つまりここでは、孫文ないしは革命の「正当性」により「正統性」が調達されるため、個別事案の「正当性」実現による日常的な「正統性」の確証は必要ではない、ということになる。

　このように、近代中国の統治構造は、一方で国家権力に超越する「統治者」（＝国民党）を高く戴きながら、他方ではこのような「統治者」の日常的「正統性」確証の必要性を失わせている。そのため、請願権には、直訴を支えた「超越者」的存在が欠落し、国民の憲法的権利という高い位置づけとは裏腹に、その憲法にすら超越する「統治者」の存在に制約され、かつそれと切断されている、という脆弱な、実効性の疑わしい状態に置かれている。

　ところが、このような請願権の脆弱な構造とは裏腹に、実際の行使状況を見ると、政体の選択から選挙権、宗教・教育、貿易・外交、さらに民族問題など、幅広い政策提言・要求がなされている。また、「女子参政同盟会」や「商会連合会」、そして各種宗教団体さらには各種「市民請願団」など、請願の目的に応じて様々な組織が形成され、政策の実現を目指しており、同時に、それに反対する人々も団体を組んで請願を行う、という活発な様相が見

られているのである（李秋学［2009］134頁以下）。

　ここには、「超越者」から切り離された請願権が、それにもかかわらず憲法的権利として広く受け入れられたことが明確に表れている。もちろん、これは憲法的権利の実効性を証明するものではなく、「超越者」による制約・限界を否定することはできない。ただ、たとえそれが実質を伴わないものだとしても、そこには、「五権」分立の構造下で、人々が自らの代表（＝議会）による自己統治・自己実現に期待し、そこで政策を主張し実現しようという意思、いわば「主権者意思」の萌芽が見いだされるのであり、お慈悲を求める直訴意識からの本質的変化を見出すことができるのである。

まとめ──直訴制度の本質と試金石としての請願権

　以上の分析において、旧中国において見られた直訴制度及び請願権について、その特徴と機能について明らかにしてきた。それと同時に、このような機能・特徴を決定づける構造的・環境的要因も、考察の中から浮かび上がってきたものと言える。

　上述のように、伝統中国の直訴制度には、上記①〜⑨の機能ないし特徴が見出された。ここで再掲しておくと次のとおりである。
①統治者への直接の告発による官吏・行政機関の監視
②統治者への「下から」の情報伝達ルートの確保による政情把握
③非常・特例措置の規範化と統制
④通常紛争処理手続終結後の手続外非常再審査制度
⑤上層からの処理命令による中層、下層での再審理
⑥中央からの官吏派遣による問題地域での直訴処理
⑦統治側の虚偽報告・問題もみ消しと直訴行為の過激化・反復化の相関関係
⑧「上」の政治的必要に基づく恣意的利用
⑨「情理」に基づく公正な処理による「息訴」の実現と、それによる統治の
　正統性の確証

　これをよく見てみると、これらの機能が実効的に作用することはかなり困難であるとともに、相互に矛盾する面があり、それが様々な弊害の原因とも

なっている、ということがわかる。例えば①、⑤、⑥については、一元的な統治機構内の上層部が、同じ機構の不当・違法について正しく処断してくれるのか、という疑いがあるだけでなく、結果としてその処理は「中」、そして「下」に戻されることになる。これは、直訴制度に往々に見られる特徴⑦を生み出し、それを悪化させるのである。これは②、そして③により抑止が試みられるものの、直訴制度による混乱の抑止を強調しすぎると、①による監督の実効性が失われ、ひいては⑨が持つ統治の安定化・正当化作用が損なわれることになる。それは、⑧のような必要を生み、再び奨励と拡大が行われ、上記のような悪循環が繰り返されることになる。

　しかし、このような矛盾した構造に関わらず、直訴制度は一貫して維持され、折につけ盛んに用いられることとなった。それはなぜか、と考えるとき、まず思い当たるのが、統治機構の一元的・一体的構造と行政的運用である。統治機構の一元性（階層構造）は、どのような問題であれ、とにかく「上」に命令してもらえれば解決する、という構造（認識）を助長する。また、司法を含む統治機能の一体的構造と行政的運用により、如何なる問題であれ、常に柔軟な調整が可能となる。このような、「上」からの強権的・裁量的な「正義」の実現を容易に招く制度構造こそが、人々の期待を支えるものであったといえるだろう。

　では、統治者の側はなぜこのような制度をとり、人々の要求に答える必要があったのか。それに対する答えは、上記機能の④と、各王朝で直訴を奨励する皇帝の、何か自分は関係ないかのような姿にある。一元的・一体的統治機構の行政的運用の下で手続外の非常審査を行うには、その統治機構とは何かしら切り離された、超越的存在（と認識されるもの）が必要となる。まさにM・ウェーバーがいうように、それは世俗的権威だけでなく、それよりも圧倒的に優勢な精神的権威（＝「徳」）を集中した皇帝に他ならない（ウェーバー／木全訳［1971］42頁以下）。

　このような位置づけは、本来統治機構の究極的責任者であるはずの皇帝を、統治機構から超越した正義の実現者という存在になさしめる。と同時

に、それは正義実現に適合的な制度を要求することになる。それが、訴訟の確定の概念を持たず、正規手続終了後も「正義」の実現可能性を常に残す、という伝統中国の紛争解決の在り方に決定的に作用し（滋賀［2003］380頁）、そこでの「正義」実現のための重要な手段として、様々な直訴提出ルートが設けられ、必要に応じてそれが盛んに用いられたのだ、と考えてよいのではないだろうか。

さらに、寺田浩明が指摘するように、このような皇帝の「徳」は、その任命する官吏の権威序列を下にいくにつれて減少し、最終的に無徳な民に至ることとなる（寺田［2007］70頁）。つまり、権威序列の高い官吏ほど、皇帝の「徳」により濃く「染められる」ことになり、同時に、世俗的権威による「不正義」から離れていくことになる。正にこのような思想こそが、直訴制度を支えたいわばイデオロギーである、ということができるだろう。

そうだとすると、ブルジョア革命とその後の各政権において、内容的に伝統中国と類似したやり方が見られるとしても、そこには既に、伝統中国の直訴制度に不可欠の「徳」の担い手ないし「正義」の実現者が見当たらない。つまり、そこには、直訴制度を必然的なものとし、それへの信仰を強固なものとする要素が欠けているのであり、少なくとも制度上、上記⑩（議会への請願、要求、意見提出などを中心とした国民の権利行使）のような請願権の構造は、やはり伝統中国の直訴制度とは根本的に異なるものだ、ということが確認できるのである。

さて、以上の分析から、伝統中国の直訴制度が新中国の陳情制度の起源と言えるかは、主にこれら諸機能または特徴が実際に新中国の陳情制度にどのように表れているか、とりわけそこに超越的な「徳」ないし「正義」の担い手が存在するのか、ということにある、ということが明らかになった。また、直訴制度と陳情制度の狭間に出現した請願権の構造とその「超越者」との関係が、その後陳情制度にどのように現れたのか、という点も、その本質を見極めるうえで重要である。そこで、以下では「新中国」、すなわち共産党の統治下での陳情制度について、従前の制度の機能・特徴との異同を意識

しつつ、分析を行ってみよう。

(3) 新中国の陳情制度の形成

革命時代からの伝統

中国共産党（以下単に「党」とすることがある）は、大衆との一体化と親密性を強調するとともに、官僚主義や腐敗の防止と摘発を重視し、それを実現する一手段として、現在の陳情制度に類似する制度を早くから用いていた。

それは一面では、監督制度における摘発手段の実効性を高める、という方向に働いており、早くも江西省の中華ソビエトの時代から、党員に対する監視の手段として官吏・公務に係る腐敗摘発制度が設けられ、大衆が告発を行う仕組みが整えられている（李秋学［2009］191頁）。

この監視・摘発制度の根拠規定を見ると、腐敗や消極的サボタージュに加え、ソビエト政府の綱領・政策に反すること等が広く対象とされ、しかも告発行為の態様・範囲は不明確で、さらに実名での告発以外は受け付けず、捏造や誣告については厳罰に処すと規定されている。この内容からみると、大衆は「権利者」「主人」というよりも「義務者」「監視補助員」というべき位置づけとなっている。

これに対し、日常的政治運営の場面で、人民からの手紙や来訪に対する指導者の「親密な」対応と処理が行われた、ということがしばしば強調されている（李秋学［2009］192頁）。このようなやり方には、支配地域の拡大とその統治の安定化にともなって、制度の重点にも変化が生じ、人民との一体性・親密性の形成及び維持が、統治の正統性を確証するための重点となった、ということを見出すことができる。

とはいえ、この所謂「親密性」の証左として繰り返し語られる物語は、人民の陳情に毛沢東がわざわざ自ら返事をし、対応し、時に慈悲深い情けを与えてやり、民衆は深く感激・感謝した、というものである。これは、「一元的権力者の慈悲による特別措置」という側面を鮮明にするものであり、近代以後の憲法上の請願権という位置づけからの乖離と、専制王朝期の直訴制度

への接近という傾向を印象付けるものといえよう。

新中国での制度化

建国前後の陳情・請願の増加を受けて、毛沢東は度々陳情活動についての指示を出しており、これに基づいて各地で「投書」「訪問」体制が整えられていたが、1951年には政務院（当時）により「人民の書面陳情と訪問陳情の業務に関する決定」（以下「決定」とする）が出され、1957年には国務院により「人民の書面陳情と訪問陳情業務強化に関する指示」（以下、「指示」とする）が出され、「書面」と「訪問」の名称を冠する規定が成立している。

内容を概観すると、1951年の「決定」は、「大衆との密接なつながり」を目的に据えて、各地の人民政府に投書を処理する特定担当者を置き、訪問に対しては接待室等で対応し、各部局責任者等の指導者が日常的に検査する、という方針を出している。また、業務に応じた申立ての転送と、転送先での即時処理が強調され、さらに告発に対する報復の禁止なども規定されているが、規定は概ね概括的・原則的で、政府・公務員の注意規定または心がけ、というべき内容となっている。

これに対し、1957年の国務院の「指示」では、各国家機関に陳情処理担当の責任者を置き、その他の上層指導者も自ら「訪問」大衆に対応するよう規定するなど、「指導者」の直接的関与を求めるとともに、県級以上の政府に陳情専門機関または専従職員の配置を義務付けるなど、陳情体制の整備が目指されている。また、人民民主の発揚と政策・法令の遵守、各階級・階層の情勢・要求の把握及び大衆との連携の確立、そして真摯・忍耐・即時かつ責任ある対応など、処理の原則と現場の具体的心構えが再三強調されている。

この「指示」ではさらに、陳情の性質ないし機能についても明確な規定が置かれ、人民大衆の投書または面談を通じた各種の要求・願望・意見・批判の提出は「人民の一種の民主権利」である、とされるとともに、「人民が政府の活動を監督する一種の方法」である、とされている。これは、「人民が主人」であり、「人民が政府を監督する」という基本思想を反映するもので

あり、少なくとも規定上、陳情は「人民」の「民主権利」として高く位置づけられることとなった。

規定と実践の矛盾

このように、規定上は、陳情の「権利行使」という機能が「民主」という正当化根拠に結び付けられて高らかに謳われ、それに対する国家機関・公務員側の様々な対応が義務付けられた。とはいえ、それは要するに現状で行われている陳情にしっかり対応するように、という確認なり政治的宣言と言うべき内容に過ぎない。

ではこの陳情の実務はどうだったのかというと、それは政治的運動という色彩の濃い「党」・「政府」の統治手段、というべきものであった。大衆運動という形式で繰り返される政治キャンペーン・闘争の中で、陳情は宣伝・教育の手段として重視され、積年の「冤案」（冤罪など不正・不当に処理された事件）が指導者自らの手で解決された、といった事例が盛んに宣伝される（李秋学［2009］263頁）。それは明らかに、陳情を通じた「正義」の実現により、党・指導者への信頼・信仰を高めるという意図の下に行われたものであった。が、同時に、これは従来から批判の的となりがちであった司法機関の地位を一層低下させる効果もあった。

さらに、このような政治キャンペーンには、政治目的達成のため一定対象についての陳情を極端に奨励する「上」の姿と、そのような「上」の顔色を伺いつつ、その要望に全力で応じようとする「下」の姿が浮かび上がる。そのような光景は、「百花斉放・百家争鳴」とそれに続く「反右派闘争」において顕著である。周知のように、これらの運動では、毛沢東の掛け声により政権への批判が湧出したにもかかわらず、それが行き過ぎと感じられるや途端に「右派」の「反革命」であるとされ、弾圧と処罰の対象となった。

ところが、弾圧された者はというと、その不当に押し黙ることとなる。「反右派闘争」での処罰・評価は、（現在からみると）その9割以上が誤りであった、とされるにもかかわらず、「反右派闘争」後に陳情の件数は激減した、とされるのである（宋箐［2011］7頁）。ここに映し出されるのは、「下か

ら」の慈悲願いと「上から」の恣意的・裁量的処断という伝統中国の直訴制度に見られた（精神）構造であり、「人民」の「（憲法的）権利行使」という「請願権」の構造ではない。

なお、陳情制度もまた他の制度と同様、「文化大革命」（以下、「文革」とすることがある）期に「破壊され停滞した」とされているが、政治的目的に照らした告発・摘発に基づく恣意的処断が横行した、という点からすれば、制度としての陳情はともかく、その機能は存分に発揮された、ということもできるだろう。

陳情制度の回復

文化大革命期に行われた処罰ないし不名誉な評価を覆す所謂「平反」（名誉回復）において、陳情制度は再びその活躍の場を見出すことになる。文化大革命期に、あらぬ容疑・罪状により何らかの処罰等を受けた者、そしてこれらの事件で巻き添えになった人々については数千万にも及ぶとされる（小島［1989］124頁）。そして、個人の受ける教育・就職・人事・福祉等々が、党・国家機関等が持つ個人ファイル「檔案」の内容にかかっている、という事実により、「反革命」「右派分子」等の評価はその者（及び家族等関係者）の生殺与奪を決することとなる。このようなことから、名誉回復を求める声は様々な形で無数に沸き起こることとなったのである。

しかし、このような陳情は当然多くの困難を伴うことになる。「革命」の熱狂の中で、多くの者は被害者であると同時に加害者でもあったであろうし、各地の指導部では、「革命」を推進していたはずの者が突然「反革命」であるとして糾弾され、のちに「革命」の側に戻っている、ということも散見される。このように混乱した状況においては、頂点からの「鶴の一声」ならともかく、中層・下層レベルで名誉回復を期待することは難しい。

さらに、名誉回復の難しさは、そこで問われる問題の質にもある。名誉回復を求める人々が問題とするのは、往々にして「反革命」「右派」「走資派」「実権派」といった、政治的・イデオロギー的マイナス評価を覆すことである。これは裁判所や行政機関が判断できることではなく、またそれらが行っ

ても意味がない。

　この点について、最高人民法院が扱った行政訴訟事件を一例として挙げてこう（1997年最高人民法院行政裁定書：(1997)行終字第12号）。同事例は、文化大革命期に受けた不当な評価について、文革後に裁判所で無罪の判決を得たものの、党機関の「檔案」（個人履歴ファイル）の「右派」という評価が変わらなかったため、その後も極端に不当な扱いを受け、強制的に戸籍を変更されてまともな職を得ることもできなかった、として、省の党委員会組織部に「檔案」の内容修正を求めたものである（省の党委員会組織部は「行政機関ではない」ため「行政訴訟の被告適格がない」として却下されている）。

　ここで注目されるのは、この事件の原告は、裁判所では無罪を勝ちとっている、ということである。つまり、このような政治的評価の問題については、往々にして裁判所の判決は実効的ではなく、上級の党委員会等に評価の回復を求めることがどうしても必要となるのである（本件は行政訴訟における党機関の被告適格についても興味深い判断を示しているが、ここでは割愛する）。

陳情の利用と抑制

　このような理由により、名誉回復は党中央の強力な推進なしには実現しないものであった。同時に、文化大革命の失敗、ひいては指導者（毛沢東）の誤りを公式に認めた党にとっては、強力な「上から」の「正義」実現により、再度その「徳」を確証し、「正統性」を獲得する必要があった。そのようなことから、文革後の名誉回復は、党中央により強力に推進されることとなるが、それは同時に、名誉回復を求める陳情を一層増加させることになり、とりわけ北京への陳情は「史上前例のない」激増を見せたとされている（応星［2004］61頁）。

　これに対し、党中央は陳情の状況及び必要に応じて徐々に対応を変化させている。具体的にみると、まず1978年の第2回「全国陳情業務会議」で名誉回復が主要議題となり、陳情における名誉回復推進の大枠が示される。そして、1979年には「陳情問題」の指導組織が設置され、各省級政府に中央から幹部を派遣して陳情対応の指導に当たらせている。そして、同様の形式

が下級にも順々に形成されることになり、全国で20万に及ぶ幹部が地方各級で陳情業務の指導組織を構成し、主な問題発生源に赴いて問題を解決した、とされている（呉超［2009］49頁）。

　ただ、このような上からの強力な指導・介入による問題解決、という様相は、80年代に入り変化を見せはじめる。それは、1980年の国務院による「陳情業務秩序の維持に関するいくつかの規定」のように、一方で陳情の原因となるような問題の放置・遅延を防止することを強調するとともに、他方で陳情者による過激な陳情行為の抑止を目指す、というものである。これは、名誉回復期における陳情の特別扱いを終結させ、末端での問題解決を徹底すると同時に、陳情者にも適法・妥当な方法で陳情を行わせようとするものであり、その後の陳情法制化の基軸となる枠組みの萌芽を見ることができる。

　さらに、1980年党中央弁公庁が出した事務分担に関する規定、そして1982年の「党政機関陳情業務暫定条例（草案）」では、いずれも「レベル別の責任と原局における処理」の原則が強調され、末端まで至る下級への差し戻しにより、党中央等への激しい陳情を解決する、という方向性が確立している。

　なお付け加えておくと、1982年制定の「都市部浮浪者・物乞い収容送還弁法」（以下「収容送還弁法」とする）は、凡そ戸籍地以外の都市に在住する者は、いつでも公安機関により強制的に収容・送還されうる規定となっていた。実際に、地方政府は陳情対策として公安機関等の担当者を北京に送り、党中央等への陳情者の収容・送還に当たらせており、これが現在も一般的な陳情対策となっている。

まとめ——直訴的陳情の必然

　このように、新中国における陳情制度は、一面において、「主人」たる「人民」による権利行使と位置付けられており、これは近代の請願権の位置づけ（上述の機能⑩）に類似する。しかし全体の様相は、党・指導者が「正義」を実現して民の「冤」を晴らしてやる、というもので、これは旧中国の

直訴制度に酷似している。そして、それが持つ各種の機能もまた、「下」からの情報提供による「上」からの行政監督（上記①、②）、名誉回復など司法手続外の非常再審査（＝④）など同様で、また「上」の命による「中」、「下」の再審理（＝⑤）、さらには中央からの派遣（＝⑥）という構造も驚くほど一致している。さらに、政治目的による恣意的利用（＝⑧）により混乱が生じるや途端に陳情秩序の維持が叫ばれる（＝③）、という特徴を有し、何よりもその究極的目的、すなわち「情理」に基づく「正義」により「息訴（息訪）」（＝訴え、来訪が収まること）を実現し、以て統治の「正統性」を調達する（＝⑨）という点に、直訴と同質の陳情、いわば「直訴的陳情」というべき姿が見出されるのである（①〜⑨の内容は105頁を参照）。

　では、なぜこのような構造が出現したのだろうか。考えてみると、建国の英雄と革命の正しさ、そして過渡期という位置づけは、正に国民党がその「超越性」の根拠としたものと同じであり、また請願と陳情の権利行使的位置づけも同じである。ではなぜ、共産党の陳情制度では、再度「超越的地位」からの「正義」実現による「正統性」の確証が必要となったのだろうか。

　その答えは、両者の決定的違い、すなわち共産党政権における「正統性」根拠の別の一面と、権力分立の不在とにあるだろう。解放区において出現し、その後広く浸透が進んだ毛沢東崇拝は、それを利用しようとする「毛沢東の意思」と、「伝統的皇帝崇拝に培われた多くの中国人の政治権力観」に支えられ、「最強の政治手段」と化していった（辻 [1990] 77頁）。また国家建設後も、法制度の整備はなおざりにされ、むしろ重要な決定は党（ひいては毛沢東）の政策・方針ないしは単なる発言に依拠することが常態化し、党に直結する行政機関がこれを執行していく。このような状況下で、司法だけでなく、あらゆる組織が一体化・階層化し、上命下服の行政的運用が遍く行われるとともに、党ひいては指導者への絶対的服従が徹底されることになる。それは、党・政府の権力者に対する直訴的陳情を行うインセンティヴを、否応にも高めることになるのである。

このように、直訴制度を支えたものと同様の、一元的・一体的統治構造とその行政的運用、さらには「徳」に基づいて「正義」を体現する超越者としての指導者と、それを末端まで遍く行きわたらせる党の構造は、偶然またはやむを得ない選択というよりも、必然かつ意識的に形成されたもの、というべきである。付け加えれば、皇帝＝官吏構造に比して、党＝政府構造では、精神的権威の純粋性、すなわち世俗的権威からの超越性が、見かけ上一層高まることになる。このように、「新中国」の陳情制度が、直訴的陳情になったのは、目的及び構造に適合的なものであったのであり、あまつさえ、その制度構造は伝統中国よりも一層強化されたもの、ということすらできるだろう。

しかし、正にこのような構造が招いた文化大革命の悲劇は、その再発防止を強く意識させることになった。もちろん、それを必然的に招く根本的原因である精神的権威、すなわち「徳」や「正義」の体現者たる超越的存在を否定することは、一党独裁という大前提の下、許されるはずもないが、一元的・一体的統治構造とその行政的運用については、その改革が徐々に進められることになる。その中で、このような組み合わせに適合的で、かつそれによる必然というべき陳情制度についても、「法による陳情」の意識の下、改革が進められることになるのである。

以下では、このような意識の下での改革を経た現行制度について、陳情条例及び関連の規定の内容を中心に分析し、その改革の様相について考えてみたい。

2．現行規定の様相

（1）陳情条例

制定の背景

周知のように、党は自らを文化大革命の陰影から解き放ち、正常な国家建

設へと移行するため、まず政治的な実力の行使により文革人員を一掃し、新しい政治方針を打ち出した上で、「無法無天」(アナーキー状態)の再発を防ぐため、法制度を整備して法による行政・国家運営の実現を目指す、という道筋を経ることとなった。

陳情についても、「国家による過ちを国家自身が覆す」という非常事態(=文革後の名誉回復)が1982年に「基本的に終息」(応星［2004］61頁)したことを受けて、その「正常化」が目指されるようになる。それは、各機関の業務の正常な運営を前提に、陳情を原則的に末端の行政苦情・意見提出手段とし、例外的な違法・不当の告発についても、原因機関(及びその周辺)での処理を徹底する、というもので、陳情担当部局の職務・責任を明確にし、違法・不当行為を適切に処罰・処分することを手段とする。つまり、陳情に関する一般的法規を定め、「法による陳情」を実現することが求められることになる。

その結果として成立したのが、「陳情条例」である。同条例は国務院の制定した「行政法規」であり、1995年に制定され、2005年には全面改正されている(以下、1995年制定の条例を「旧条例」、2005年改正の条例を「改正条例」とする)。以下では、現行の「改正条例」の目的と内容を理解するために、まず「旧条例」の規定内容を概観しておきたい。

「旧条例」

1995年制定の「旧条例」を見ると、そこでは陳情行為の法的位置づけについて規定がなく、これが憲法に基づくものなのか、また陳情権といえるものなのか、といったことは、いずれも規定からはわからない(この点は「改正条例」も同様である)。

陳情の担当部署については、「級ごとの責任」を原則とし、「主管する者が責任を持ち、法により即時にその場で解決する」(4条)とされ、さらに陳情は「処理決定権限を有する機関またはそれより一つ上級の機関」に提出しなければならない(10条)とされるなど、末端の責任機関での処理が再三強調されている。しかし同時に、重大問題については各級行政機関指導者の直接

対応が求められ（5条）、さらに「上級行政機関が必要と考えるとき」は「直接受理することができる」（19条）とされるなど、「上」の裁量的介入の余地も広く残されている。

陳情の対象範囲については、公務員の職務上の違法・不当や合法的権益の侵害など（8条）、司法管轄事項が広くカバーされているが、人民法院、人民検察院の職権の範囲内の陳情事項はそちらに提出せよ（9条）、と規定されるなど、内容に矛盾・重疊する点が見られる。

陳情者の権利については、上記の陳情事項について、批判、意見提出または告発等を「おこなうことができる」（8条）と規定されるのみで、陳情者の権利保障という意識は希薄である。これに対し、陳情者には国家機関や公務車両への直訴、5人以上での訪問、事実の捏造や誹謗中傷、国家機関の業務に影響するような行為など、幅広い項目の禁止事項が規定され（いずれも第2章）、これに違反する行為については、収容・送還、没収、治安管理処罰条例及び刑法による処罰、さらには関連行政機関による職権の範囲内での合法的措置による「果断な処理」（25条）も認められている。

なお、「自らの行為を制御できず、陳情秩序を妨害する精神病者」については、所在地の公安機関が収容または移送等を行う（21条）、との規定が置かれている。このような濫用の危険が頗る高い規定が、条文にすんなりと反映している点に、この段階での「法による陳情」の意識のレベルが垣間見られる。

「旧条例」改正の経緯

以上のように、「旧条例」は「法による陳情」の趣旨の下、下級での問題解決による上級への陳情防止と、過激行為の禁止及び処罰の強化等による秩序維持を主眼に制定されたものであった。この点、確かに過激行為の禁止及び処罰については多くの規定が割かれ、秩序維持に適合的であったといえる。しかしこれとは対照的に行政機関の不作為・不当・違法を抑止するための具体的な規定を欠き、また陳情行為は「権利」として位置づけられず、憲法の見地から問題のある実務の運用が無造作に追認されるなど、陳情者の権

利保障を全く意に介さないような内容となっていた。

　より重要な問題は、上からの介入を広く認める規定形式が、上級への陳情を一層魅力的にしていることである。実際に、陳情条例制定後も、陳情件数は2004年に至るまで10年以上にわたって上昇を続けた、と指摘されている（張麗霞［2010］145頁）。

　さらに、2005年の改正の理由として、北京への越級陳情、組織的陳情が激増し、しかも過激な方法で繰り返されている、としばしば指摘されることからすれば（李秋学［2009］330頁）、単に件数が増加していただけでなく、明確に禁止されたはずの過激かつ違法な陳情が増加していたことは明らかであり、それは間違いなく、「旧条例」の失敗を意味するものであった。そのため、改正の重点は当然陳情秩序の維持、そして違法な陳情行為を招くような規定構造及び実務の変革、というところにおかれることになる。

「改正条例」の内容

　改正後の内容を見てみると、まず気づくのが規定の詳細化・具体化である。「旧条例」との比較において、「改正条例」は、条文数では7条の増加にとどまるものの、文字数はほぼ倍増しており、各条項の内容が詳細かつ具体的になっていることがわかる。

　総則（第1章）の規定を見ると、大枠に大きな変化は見られないが、Eメールの利用や「全国陳情情報網」の整備及び情報共有の促進など（2、3条及び11、12条）、新時代のリスク管理という意識が強く感じられる。但し、規定には「科学的、民主的政策決定」「統一指導、部門協調」といった無内容のスローガンが目立ち、「統一計画かつ部分への配慮」「根本と表面の同時解決」など、総花的な理想論も散見される（いずれも5条）。

　また「法による行政」等により陳情発生を予防することが強調されるとともに、各部門列席会議等による紛争の即時解決、そして指導者自らの「陳情者接待」による「突出問題」の解決など（5条）、過激な陳情の予防と抑制という目的が強く意識されている。

　総じて原則・標語が目立つ総則の規定の中で異彩を放つのが、「陳情業務

機関・活動人員」に関する規定である。そこでは陳情者からの申立受理・転送、上級からの引受、重要陳情事項の協調処理、そして同級の他機関及び下級陳情機関への指導等の活動について、詳細な規定が置かれている（6条）。同様に8条でも、陳情規定の実効性保障という見地から、陳情業務責任制による責任追及と、業績評価・指標化について規定がおかれている。

陳情の受理態勢について定める第2章の規定では、「陳情応対日制度」を設けて指導者が陳情者に対応するとともに、指導者が陳情者の家を自ら訪ねる所謂「出張陳情受付」を規定するなど（10条）、上層部による直接対応が強調されるとともに、社会団体やボランティアまで含む広い「社会参与」による柔軟かつ迅速な解決が叫ばれている（13条）。

陳情の対象については、「違法行為」や「権益侵害」等の要件（＝「旧条例」）は見られず、行政機関、公務員、公企業、公益事業、そして村民委員会などの「職務行為」に対象が限定されている点（14条）、「行政法規」という位置づけに即した規定となっている。

陳情行為の秩序については、来訪先を「関連の機構が設立または指定する応対場所」に限定し（18条）、違法な集合や交通妨害、滞留・騒擾、他人の陳情の教唆または誘導、さらに障害者の置き去りなど（20条）、様々な行為が禁止され、最後に「公共秩序を攪乱するか、国家および公共の安全を害するその他の行為」（同条6号）まで幅広く捕捉される。これらの行為は、第6章の「法律上の責任」で処分・処罰の対象となり、その実効性が担保されることになる。但し、同章の規定は、政府側の職権濫用や不作為（40条）、手続上の過誤（41条）、情報の隠蔽や陳情者への報復など（45条、46条）、ほとんどが行政機関・人員の「法律責任」に関するものとなっている。

なお、「旧条例」に見られた精神病者及び違法・不当行為者の収容・送還に関する規定は、2003年に「収容・送還弁法」が廃止されたこともあってか、「改正条例」では削除されている。但し、「重大、緊急陳情事項」に対して「関連行政機関」が「速やかに措置を講じ、影響の発生、拡大を防止しなければならない」（27条）とされるなど、依然幅広い対応が可能となってい

る。

　このような「改正条例」の変化の中で、最も顕著な傾向は、末端陳情機関での処理が期限を伴って明確化しているところにある。そこでは、「属地管理、級ごとの責任、主管者による処理」の原則の下、陳情担当部局は申立て受領後15日以内に担当部署に転送し、同部署は転送を受けた後15日以内に受理決定の通知を行い（21条）、聞き取りや調査、さらに重大事項については公開ヒアリングを行って（31条）、60日以内（複雑なものは90日以内）に処理結果（支持、説明、不支持）を伝える（32、33条）、とされている。

　合わせて、関連機関による期限超過や処理結果の不実施・遅延などについて、陳情機関に監督・勧告権限及び行政処罰提案権限を与えることで（36、38条）、期限内での効果的な処理の実現が企図されている。

(2) 改正後の傾向

党中央の「強化意見」

　以上のように、2005年の「改正条例」では、末端の原因部署での紛争処理と指導者・責任者の直接対応を手段として、違法・不当な「陳情行為」の抑止と減少が目指されている。

　それが功を奏してか、国務院の報告によると、2004年まで10年以上にわたって増加していた陳情の件数は、この後は毎年連続して減少したものとされ、とりわけ「非正常陳情」（集団、越級、過激な陳情行為）が減少した、とされている（張麗霞［2010］145頁）。つまり、「改正条例」はその目的を一定程度実現した、ということになる。

　ところが、陳情に関してはその後も例年のように党や政府から文書が出され、様々な指令が行われている。それは一般に、経済発展の深化・広域化による問題の激化など、所謂「新状況、新矛盾、新問題」に対応することを目的に掲げるものとなっている。その端緒ないし中心的規定とされるのが、2007年に党中央・国務院により出された「新時期の陳情業務をさらに強化することに関する意見」（以下「強化意見」とする）である。それは、「調和社

会」の実現に向けて、陳情業務を「党の大衆工作の重要な構成部分」と位置付け、各級国家機関に、党委員会の指導の下で陳情業務をしっかりと行っていくよう求めるもので、陳情業務を行う上での訓示・心得、という様相を見せる。

とはいえ、そこで示される内容は、指導者への直通郵便・ホットラインそしてメール等による民意との直結、人民意見徴収制度の推進、知る権利、参加権、監督権の保障、そして指導者による定期的「接待」「直接訪問」と指導者責任追及制度に加え、オンブズマン制度を意識したと思われる「陳情監督査察専門員制度」の提案など、各地での試行・応用を踏まえ、時代に適応した様々な方策を具体的に提唱し、新たな陳情を共に模索するよう呼びかけるものとなっている。

この「強化意見」が持つ重要な意味は、それが人民政府とその業務機関のみに向けられているのではなく、人民代表大会と法院・検察院、さらには軍隊や人民団体など幅広い範囲を網羅し、何より地区の頂点にある党委員会もこれに拘束される、という点にある。それは正に、「党中央」という超越者にのみ可能なことであり、貫徹実施を叫ぶ号令者の「権威」の高さこそが、この「強化意見」の価値の所在であると言える。

実質面での諸規定

このような「精神面」での号令は、さらに「実質面」で実現保障が図られている。それは、2008年6月の国家陳情局、監察部等による「陳情業務紀律違反の処分に関する暫定規定」(以下「暫定規定」とする)、そして同7月の中央紀律検査委員会による「陳情業務紀律違反への『中国共産党紀律処分条例』適用上の若干問題に関する解釈」(以下「解釈」とする)である。

このうち、まず「暫定規定」は、行政機関・人員の懲戒処分を定めるものであり、直接責任者に加え、「主要指導者」が懲戒の対象とされるだけでなく、関連の指導者も「重要指導者」として懲戒対象となるなど、指導者層が幅広く懲戒対象とされている。またその対象行為も、「速やかに処理しなかった」(5条)、「無責任に引き伸ばし、矛盾を激化させた」(7条)、「なすべ

き作為を行わなかった」(8条)と極端にあいまいで、要するに「重大な結果」のみが実質的要件となっている。

　これに対し、「解釈」のほうは、その冒頭に規定されるように、党、国家機関そして人民団体から企業に至るまで、あらゆる組織の党員に対する責任追及・処分に関する規定である。その内容は、名称が示す通り、個別・具体的な陳情業務紀律違反を、既存の紀律処分条例に照らして処分する、というものである。

　1つ興味深い点は、「解釈」の実体面での規定内容が「暫定規定」と瓜二つ、ということである。また、指導者の分類や懲戒の程度にも、全く違いが見られない。これは、上記2規定が、2004年に設置された党中央政治局と国務院各部の列席会議により、陳情の「指導者責任」を網羅的に追及することを目して一括して制定されたためである。この点にも、党を中心とした全領域での強力な陳情遂行、という意識が再確認される。

　このほかにも、2009年には党中央弁公庁と国務院弁公庁による通達という形式により、「指導幹部が大衆の訪問陳情を定期的に応対することに関する意見」「中央および国家機関が幹部の出張陳情受付を定期的に組織することに関する意見」「矛盾・紛争の検出・解消工作を制度化することに関する意見」が同時に出されている。これらの意見では、まず地方各級の「党委員会及び政府の指導幹部」について、直接「接待」の頻度の指標が定められ、座談会など各種形式の「直接訪問方法」が具体的に示されている。そして、党委員会の指導の下で「各地区各部門」が協調して「全範囲をカバーする漏れのない大検査網」をとり、「重大な結果」については「関連責任者の責任を徹底的に追及する」よう命じるなど、党委員会の主導と責任による「安定維持」「調和要素の増加」が重ねて強調されている。

「訴訟関連陳情」への対応

　このように、昨今の陳情関連規定には、総じて広範化・一体化という傾向が見られている。これは昨今の訴訟関連陳情に関する規定において、一層顕著である。

「改正条例」では、陳情とは行政機関またはそれに類似する機関の職務行為について、人民政府（またはその部門）に提出された請求等を関連行政機関が処理する活動とされている。そのため、訴訟関連陳情は本来陳情条例の管轄範囲ではない、ということになる。実際に、「改正条例」では、人民法院・人民検察院に関わる陳情はそちらに提出するよう求めるとともに、訴訟で解決すべきものについては窓口でその旨を告知すると規定されており、そこから先は各機関任せ、ということになるはずである。

ところが、問題はこのような訴訟関連陳情は、往々にして何らかの形で訴訟手続を経ており、それに納得しない者が訴訟関連陳情を行っている、というところにある。例えば、中国社会科学院の于建嶸が天安門の「陳情者」に対して行った調査では、陳情前に訴訟を行っていた者は63％にも及んでいた、とされている（于建嶸［2005］26頁）。

また、紛糾する陳情の多くが犯罪・違法の告発という様相を見せることからすれば、訴訟関連でない陳情を探すほうが難しいようにも思われる。実際に、最高人民法院院長が2003年の全人大で行った報告では、1996年から2002年まで全国の人民法院は4200万人超の陳情を受け、2003年の最高人民法院への陳情件数も前年より42％増加した、とされており、2004年には最高人民法院により「全国訴訟関連陳情業務会議」が開かれるなど、この問題への対応は焦眉の急となっていた。

このような背景の下で、訴訟関連陳情を対象とした規定が多数出されるのであるが、その重点は、主にこのような陳情の抑止または終結というところに置かれている。それは2005年の党中央政法委員会による「訴訟関連陳情事件終結弁法」（以下「終結弁法」とする）に則ったものと考えられる（実際に、最高人民法院は2010年にほぼ同名の「人民法院訴訟関連陳情事件終結弁法」を制定し、党中央政法委員会の指示に従い、事件の終結・整理を行っていくことを明らかにしている）。

この「終結弁法」の内容を見ると、まず「訴訟関連陳情事件」の定義について、「法により人民法院、人民検察院、公安部門及び司法行政部門の処理

に属する陳情事件」（2条）と網羅的に規定され、特に訴訟に限定するものとはなっていない。次に、「終結」の要件については、判決が正確で新証拠もないのになされた陳情や、政策・法規を超える要求をする陳情のほか、未解決事件に対する陳情も、捜査が適切・十分であったという限定つきではあるが、「終結できる」ものとされている（3条）。なお、「終結」の審査・判断については、中央または省の政法部門による再審査・承認が必要である（4条）。

　このような訴訟関連陳情に関しては、さらに2009年に中央政法委員会が「訴訟関連陳情業務をさらに強化し改進することに関する意見」（以下「強化改進意見」とする）を出しているが、注目されるのはこれに伴って同弁公室が編纂した「訴訟関連陳情問答」（以下「問答」とする）である。

　これは、「広大な大衆と警官」が正確に「強化改進意見」の精神を理解するために出されたもので、一問一答のわかりやすい形式で書かれている。その内容は、各級政法機関の「トップ」による月1回の「大衆接待」（問2）、最高人民法院等による巡回接待班の派遣（問3）など、「強化改進意見」の解説というべきものも見られるが、「北京のどこに陳情してはいけないの？」（問11）「何回も『陳情』すれば、多くの部門に行けば、より重視されるの？」（問16）といった、一般的な事項についての教育・説示的内容も目立つ。

　内容でとりわけ注目されるのは、「法律問題は解決したが生活に困難がある場合は？」という問い（問13）に対して、「一時的司法救助」を含む様々な形で「生活保障」を行うとの答えが示されていること、そして「違法な騒擾的来訪行為をいかに処理すべきか？」という問い（問17）に対して、「異なる状況に応じて」「拘留、労働矯正」等に処するよう答えていることである。ここには、「安定」「調和」の維持・実現のため、硬軟織り交ぜてあらゆる方法により陳情を沈静化させる、との強い意志が表れている。

　なお、前述の「終結弁法」同様、「強化改進意見」についても、例えば公安部によりこの「強化改進意見」を「貫徹実施することに関する意見」が出

されるなど、各部門で、訴訟関連陳情の抑止と減少及びその指標・業績化の徹底が目指されている。

(3) 規定及び現状の問題点

「改正条例」の効果への疑義

上記のように、「改正条例」については、これにより陳情件数、とりわけ「集団陳情」等過激かつ違法な陳情行為が減少した、とされている。では、条例の何が件数の減少をもたらしたのかと考えると、それはやはり、陳情の業績指標への算入と指導者引責制度の導入ということになるだろう。この仕組みにより、上級への陳情阻止・陳情の件数減少、といった指標が、地方各レベルの指導者・担当者の評価・進退に直結することになり、畢竟その指標の達成が強力に求められることになる。

さらに、「改正条例」後に出された「強化意見」及び「解釈」等により、指導者の責任範囲の拡大と、指標・業績評価の詳細化・実効化が徹底されており、そのような規定に沿って、各地で「大接待」「指導者直接訪問」等と題したキャンペーンが繰り返され、そのたびに90％、95％といった抜群の「解決率」が達成されたとの記事が散見されているのである（国家陳情局HP［2009］）。

ただそうすると、ここで疑問が生ずるのは、このような数字の信憑性である。例えば解決率については、これを0.2％とする指摘も見られるなど（趙凌［2004］）、発表者によって著しい懸隔が生じている。これは陳情の件数減少についても同様である。上記于建嶸の紹介する公安部門の数値では、天安門地区への陳情、「集団陳情」は、2005年から2007年まで、その件数・人数ともに増加しているとされており、これを以て「改正条例」は「功を奏していない」との評価（毛里［2010］2頁）も見られているのである。

このような数値の懸隔に面すると、例によって、多くの陳情がまたぞろ「暗数化」し、黙殺ひいてはもみ消されたのではないか、という疑いが、どうしても生じてくる。確かに、件数にせよ解決率にせよ、どの数値が正確な

ものであるとは断定できない。とはいえ、北京の「闇監獄」（地方政府が民間警備会社等に委託して「陳情者」を秘密裏に監禁・送還させていた施設）や「被精神病」（「陳情者」が精神病者として強制収容される）、そして「陳情者」を酒食でもてなす「花銭買平安」など、違法な人権蹂躙と太っ腹な懐柔策を駆使した地方政府のなりふり構わぬ「陳情阻止」が頻繁に報じられる現状で、陳情の数値が正直に報告されていると信じることは非常に困難である。実際に、虚偽・もみ消しへの疑いが人々の間に根強くあることは、否定しようのない事実であると思われる。これは、人民との「親密性」を制度の根本に据える陳情制度にとって、無視できない問題であるといえよう。

規定の矛盾

このように、陳情件数という見地からの規定・制度評価は疑問であり、またそのようなやり方は上記のような弊害を招く危険すらある。しかしそれ以上に問題なのは、現状の規定内部に、明らかな不合理ないしは矛盾が存在する、という点である。

「改正条例」の規定だけを見ても、それは明らかである。そこでは、「属地管理、級ごとの責任、主管者による責任」と「即時、その場での解決」が強調され、その実現を指標化・業績化を通じた評価・処分により担保する、という仕組みがとられている。ところが、規定では同時に、指導者の直接・積極的な関与と、関連機関指導部の列席会議など上層の一体的取組みが強調される。それは必然的に、指導者への陳情をより魅力的なものにし、結果として末端・担当者による解決を一層困難にすることになる。

また、「改正条例」では、陳情の検査・監督権限が陳情担当部局に与えられている。つまり、陳情業務を担当する部局が、自らの業務の遂行の監督権限を持ち、さらに他機関・部署の検査・監督も行う、ということになる。これは一見当該部局に強い権限を与えたかのようであるが、同部局は「責任が重く権力は軽い」（張永和［2009］160頁）、と常々指摘されることから考えれば、それによる検査・監督が実効的に作用するとはとても思えない。この点を意識してか、「改正条例」は、陳情担当部局に「関連行政機関」への「行

政処分の提案」権限を与え、実効性の確保を図っている。しかし、自らの業績・処分にも直結しかねない提案を受けた行政機関が、そのような処分を実際に行うのか、甚だ疑問である。

さらに、「改正条例」とその後の「強化意見」等との矛盾は一層甚だしい。上述のように、「強化意見」及びその後の各規定の重点は、陳情問題の責任範囲の拡大、とりわけ指導層を広く責任範囲に取り込み、以てその直接的関与・処理を促す、というところにある。これは「改正条例」の目指す末端機関（またはその一級上の機関）における迅速な解決と矛盾するばかりか、指導層を中心に「共同責任者」網が形成されることにより、陳情担当部局による検査・監督を凡そ不可能なものとすることになる。

このような問題は、陳情制度における諸機能が発揮されるには、「上から」の絶対的命令・介入が不可欠であるという、いわば直訴制度と異ならない構造（ないし意識）があるにもかかわらず、「改正条例」では、法による陳情の原則の下、二級以上「上」への直接陳情が原則的に違法とされ、「上」の介入を排する規定となっている、というところに原因がある。このような矛盾は直訴制度にも見られたものであるが、「改正条例」等では、そのような矛盾に十分な考慮ないし対応がなされぬまま、矛盾した理想がいずれも強調され規定化したことで、その矛盾が拡大したとすらいえるのである。

陳情の「無法」

とはいえ、陳情の現状を見ると、そこでの問題は、往々にしてもはや条文上の重畳や矛盾といった法理・法構造の問題ではなく、単なる違法、あまつさえ「無法」というべき類のものであるように思われる。

上述のように、「改正条例」では、「旧条例」で問題となった「収容・送還」や「被精神病」などの規定が明確に排除されていた。ところが、「被精神病」の問題はいつまでたっても問題であり続けている。また、陳情についてだけでなく、2003年の「収容・送還弁法」の廃止により根拠規定すらなくなったはずの「収容・送還」も、相変わらず頻繁に行われている。さらに、陳情に対する適用など規定していないはずの「労働矯正」（行政拘禁制

度。犯罪にまで至らない軽微な違法行為者等について、警察内部の処理で最長3年間拘禁可）までもが、広範かつ公然と用いられている。

　これについても、「収容・送還」の根拠を公共安全危害罪など刑事犯罪に求めれば、警察が身柄拘束してこれを戸籍地等に送還することは、適法な公務の執行ということになる。また、「労働矯正」については、そもそも「労働矯正」の規定が非常に漠然としているため、「陳情条例」違反の「陳情行為」を繰り返す行為は、「理不尽に騒ぎ立て、公務の執行を妨害する（犯罪未満の）行為」として、「労働矯正」規定の要件を満たす、と考えることもできる。

　しかし、このような現状について、そもそも法的な根拠の有無という問題が、執行側の意識の片隅にでもあるのだろうか。「陳情者」の「収容・送還」にせよ、「被精神病」にせよ、また「労働矯正」の適用にせよ、執行者の意識としては、いずれも現実的な必要に応じて効果的な手段がとられているだけのように思われる。上述のように、これらの措置は、根拠ないし関連の法規の変化・廃止等に関わらず、相も変わらず用いられているのであり（于建嶸[2009]）、そこで「収容・送還」を行う者が、その法的根拠をいちいち意識して、合法かどうかを確認しているとはとても考えられない。

　また、上述のように、党中央等による各文書は、「安定」「調和」の維持を最優先に、あらゆる方法・手段を用いて陳情の抑止と減少を目指すことを強調する。そこには、対象行為の要件を明らかにもせず、端的に拘禁や「労働矯正」を認めるようなかのような内容も見られるのであり、このような中央の姿勢こそが、合法性など気にもとめない取締りを後押ししているのである。

　さらには、昨今の訴訟関連陳情対策の強化により、党委員会や政法委員会の指導の下、裁判所・検察・警察が「訴訟関連合同陳情接待」を行い、迅速かつ適切に問題を解決したことが、各地で競って報道されている（河北法制ネット[2009]）。しかし、これは捜査・訴追機関と裁判機関を一体化させるもので、裁判所の独立や当事者主義といった基本原則に違背し、公平な第三

者が行う「法による裁判」など期待すべくもない。

　総じて、昨今の陳情規定とその実務には、党の通達的「意見」等が下級機関・指導者のやり方を決定づけ、行政法規や法律、さらには憲法規定の内容を実質的に制限し、あまつさえ無効化すらする、という構造が存在する。ここには、「法治」が強調され、「人権」の保障が謳われる現状の下で、憲法上の権利行使（＝陳情）が実質的に著しく低く位置づけられ、立法ヒエラルキーの外に真の最高法規がある（＝党の文書）、という問題が浮かび上がるのである。

根本的原因──一元的支配

　このような問題の解決策として、「条例」の位置づけの低さ（＝「行政法規」）や実用性の低さに原因があるとして、形式・内容とも実効的な陳情法を制定すべきだ、との答えがしばしばみられる（張永和［2009］368頁）。しかし、低レベルで漠然とした規定でも、例えば「労働矯正」制度に関する一連の規定や、「収容・送還弁法」など、頗る実効性を発揮している（た）ものは少なくない（いずれも違憲の疑いが強く叫ばれる（た）規定である）。

　思うに、中国である規定が遵守され、ある規定が無視される原因は、往々にして、規定の形式や内容ではなく、その規定の背後にある。権力を有する人々が、それでも誰かの言うことを聞かなければならないのは、要するに誰を最も恐れているか、すなわち、現実的な権威と実力がどこにあるか、というところにあるのである。

　上述のように、中国では一般に、国務院や全人大よりも党中央が命ずるほうが、たとえ法的効力を持たない「意見」であっても、それは「より高いレベル」であって実効性があると考えられている（李秋学［2009］336頁）。また、各地の政府がこぞって中央の方針に沿った「直接訪問」「指導者応対日」などを大々的に行っていると強調し、その「解決率」の高さを自画自賛するのも、党中央の権威を恐れるからこそである。

　このような「権威」は、一方で、党委員会または上級の紀律部門による「両規」（身柄拘束による取調）をはじめとする実力行使により担保され、他方

では、統治機能の違いや機構の別に関わらず、あらゆる機関の人員に遍く及ぶ党の業績評価により担保されている。これは、相互に協力・依存関係にある各統治機関内部の自己監督、という陳情の一般的構造に比して格段に実効的なもの、ということができる。

このように考えれば、陳情において、一方でその秩序を維持し、他方で各機関への監督を実効的に行っていくには、党中央による強力な監督と介入が望ましい、ということになりそうである。

しかし、これは結局、では有無を言わさぬ実力を持つ党（特に地方の頂点にいる党委員会書記などの上層部）を誰が監督するのか、といういつもの問題に行き着く。考えてみれば、中央から省、市、県、郷鎮、そして自治組織とされる村にいたるまで、党の指導者が絡む腐敗・汚職の問題は後を絶たず、それが摘発された後になって、実は陳情のもみ消しと陳情者への報復が行われていた、という事実がようやく明らかになる。「上」であればあるほど、その者を告発する陳情が難しくなるということは、もはや知らない者のない事実なのである。

最近中央の巡回組織による「直接訪問」が華々しく報じられているが、これはこのような「上」の問題（ないし人々の認識）に対する一つの答えであろう。しかし、一時的に「下」を訪れるのみの巡回組織にどれだけの問題解決能力があるのか、とりわけ中央の大臣と同レベルの省党委書記など、高い地位にある指導者の問題に迫れるかは疑問である。そして、それよりさらに「上」については、やはり何の答えも得られないのである。

3. 陳情と正統性——暫定的展望として

以上の考察からも明らかなように、現状の陳情制度においては、陳情の規制と実効性確保のために用いられる様々な手段が、逆に新しい陳情、ひいては過激な陳情を必然的に生み出し、それを抑えるための手段がさらに問題を拡大させる、という悪循環が見られている。では、この循環はどうしたら解

決できるのだろうか。

　上述のように、「新中国」の陳情制度では、伝統中国の直訴制度との質的相違が再三強調されながら、結局は直訴制度の制度構造、すなわち一元的・一体的統治機構の上に、「徳」「正義」を体現する超越的存在が乗っかっている、という構造が維持されていた。しかし、文化大革命でその問題性があらわになったことで、統治機構の構造及びその運営の在り方については、一定の改革が進むことになる。そのような意識から、陳情についても、行政末端による問題解決の徹底と、司法関連問題を陳情から切り離そうとする方向性が、規定・文書の形式で明確に示されたのである。

　しかし、統治機構とその運営の在り方は、重要な問題であっても、しょせん表面に現れた症状に過ぎない。その根源的な要因は、やはり「徳」「正義」を体現する存在、すなわち党の超越的位置づけにある。「正義」実現者が超越的に存在する限り、統治機構の独立はいわば業務部門の分化に過ぎず、いったん「正義」実現による「正統性」確保の必要が生じれば、即座に超越者の命令の下に一元化・一体化する、ということは、党中央による上記の文書とそれに基づく各地での実践により証明されている。つまり、このような党の超越的位置づけの転換こそが、根本的な問題解決の要点なのである。

　このような中、注目されるのは、党自身が自らの主導で訴訟関連陳情に関する正義追及の「終結」を試みていることである。これは、すでに党の「徳」や「正義」（だけ）で統治の正統性を調達することが現状適合的ではない、ということを、超越者たる地位にあるはずの党自身が意識していることの表れ、ということができるのであり、それは「直訴的陳情」の根本的改革の兆しとも映る。

　しかし、それは同時に、超越的正義の実現以外の形で、新しく「正統性」を確保しなければならない、ということを意味する。では、現在何に「正統性」の保障が求められようとしているか、というと、それは正に当初毛沢東が共産党統治の根本に据えようとした、人民による民主的監督である。これは、共産党・政府の政策にも強く表れているところであり、現在、「民主」

の受け皿として人民代表大会の権限強化が強調されるとともに、末端自治体や下層政府・党組織の指導者直接選挙、情報の公開、そしてパブリック・コメント制度など、様々な形で、民主的監督の強化が試行されている。陳情についても同様であり、公聴会などにより審査・処理の透明性を増すとともに、民間・社会団体の参与を促すなど、社会に開かれた陳情を目指す方向性が見られているのである。

とはいえ、このような民主的監督を実効的なものとするには、①裁判所系統の権限強化と機能の健全化、②国家機関内部の職能分化・権限分散、③メディア・NGO等の独立性の確保、④民間・第三者による政治参加と権力コントロールの強化、そして⑤人民代表大会の選挙の自由化、といった様々な条件が必要であり、さらにこれを通じて、人民自身が、自らを規律するルールとして「法」を受容し利用する、という意識改革が必要である。

現状からみれば、上記①～③は徐々にではあるが進行しつつある面も見られ、民主的監督という正統性確立への模索が感じられる。しかし、③への厳しい締め付けや有無を言わさぬ弾圧など、その傾向を否定する事態がしばしば報告されるとともに、④、⑤については一向に改革が進まないばかりか、「民」側の動きを封じ込めようとする「上」の強い意思すら感じられる。加えて、昨今の「紅い記憶」や「革命歌」キャンペーンにあからさまに顕れているように、党は自らの「徳」や「正義」を懸命に主張しており、旧来の正統性に固執する姿勢もまだまだ根強い。

このように、正統性の転換の行く末については、いくつかの矛盾した要素が見られており、その予測は困難である。これらの矛盾は、陳情制度の矛盾した構造と機能と相関的に作用しつつ、陳情制度に拡大と縮小の波を生じさせている。とはいえ、陳情制度の縮小と行政苦情窓口化という方向自体は、長い時間の流れの中で明確に進行しつつあるように思われる。そう考えると、指導者総出の「大接待」や中央からの「派遣直接訪問」といった枠組みは、「上」の「慈悲」や「温情」ないし「民との一体性」を強調しつつ、肝心の実効性を「説得と教育」や「一時的救助」に止めるための、大げさな舞

台装置であるかのように思われてくる。

　こうして、陳情の実効性確保と根本的原因の除去、という矛盾した要求の中で、党・政府は、時に「お上」の「お慈悲」を声高に宣伝し、時に「法による陳情」を連呼する。逆に人々のほうは、一方で強権的・超法規的介入に期待しながら、他方でそれがもつ抑圧的・恣意的側面を嫌悪する。このような党と人民双方のせめぎあいの中で、事態は少しずつ沈静化と「正常化」へ向っているように思われる。その意味では、「花銭買平安」（政府関係者が陳情者を酒食でもてなしたり、金銭を与えて陳情をやめてもらうこと）や「党委員会書記の土下座」といった異常な光景は、この後もしばしば見られることになるのであろうが、それもある種の生みの苦しみ、というべきものなのかもしれない。

　もちろん、これも１つの予測に過ぎないものではあるが、それが本稿の検討した制度・規定が示す全体の流れの先に見える可能性の１つである、ということを、暫定的ではあるが、１つの答えとしておきたい。

おわりに

　中国で激しく論じられる多くの問題と同様に、陳情問題もまた、一元的・一体的統治機構と超越的存在という組み合わせに適合的であるとともに、それが生み出す必然であった。とすると、これもまた従来の問題同様、陳情のみを取り外すことは、この支配構造のバランスを破壊することになるか、または他の手段の有用性を増すのみで、根本的な解決にはならない。そして、根本的な解決への道は、依然として遠く険しい。

　とはいえ、状況は既に危険なところにまで来ているようである。昨今の各地での暴動の頻発は、従来人々が辛抱強く陳情に訴えていた問題が、即時的な暴動に転化しているのではないか、と思わせる。つまり、人々が超越的な権力に信頼し、（違法な手段を通じてであれ）それによる「正義」の実現を求める、というメンタリティーに変化が生じ、権力への敵対的センティメントの

充満した「不正義」への報復（=「暴動」）へと変わりつつあるのではないか、との懸念を禁じ得ないのである（松戸［2011］31頁）。

　もちろん、人々の考え方ないし行動に見られる変化は、陳情の捉え方ないし実効性と相関的であるとは断定できないし、またそれが主要因であるとも言えない。とはいえ、暴動の頻発という状況は、「調和」と「安定」を絶対とする統治側にとって絶対回避しなければならないものである。とすると、このような暴動・破壊の種・萌芽状態とされる陳情に対しては、一方で早期・事前の抑止が必要となるが、他方でそれを有効に用い、情勢の把握と意思疎通を行っていくことが求められる。

　このように、陳情には、その法的位置づけや機能以外に、政治的・社会的な状況に応じた様々な役割があり、その在り方を考えるには、各方面での複合的影響の軽重を考えた総合的なバランス感覚が不可欠であろう。とはいえ、それは筆者の能力の及ばぬところであり、また本章の担当範囲を超えるものである。

参考文献

阿風 2011「清代の京控──嘉慶朝を中心に」（夫馬進編『中国訴訟社会史の研究』京都大学学術出版会）

小口彦太 2003『現代中国の裁判と法』成文堂

小島朋之 1989「中国共産党──一党独裁の存続と変容」野村浩一編『現代中国の政治世界（岩波講座現代中国　第1巻）』岩波書店

滋賀秀三 2003『中国法制史論集（法典と刑罰）』創文社

滋賀秀三 1984『清代中国の法と裁判』創文社

谷井陽子 2011「なぜ『冤抑』を訴えるのか──明代における告状の定型」夫馬進編『中国訴訟社会史の研究』京都大学学術出版会

辻康吾 1990「『四十年体制』の崩壊と民主化の可能性──転換点としての天安門事件」野村浩一編『民主化運動と中国社会主義（岩波講座現代中国　別巻1）』岩波書店

寺田浩明 2007「『非ルール的な法』というコンセプト──清代中国法を素材にして」

『法学論叢』160 巻 3・4 号

マックス・ウェーバー／木全徳雄訳 1971『儒教と道教』創文社

松戸庸子 2011「合法的『信訪制度』が何ゆえに行政拘禁を招くのか」南山大学『アカデミア』社会科学編 2011 年 6 月

毛里和子 2010「上訪／信訪——圧力型政治体制論から」(信訪研究会 2010 年報告原稿)

公丕祥 2004『中国的法制現代化』中国政法大学出版社

胡銘 2005「我国古代申訴制度之演進及現代影響」『西南政法大学学報』2005 年 5 期

季衛東 2005「上訪潮与申訴制度的出路」『青年思想家』2005 年 4 期

李秋学 2009『中国信訪史論』中国社会科学出版社

李艶君 2010「清代民事上控制度述論」『保定学院学報』2010 年 3 月 (23 巻 2 期)

李玉華 2001「我国古代的直訴制度及其対当今社会的影響」『政治与法律』2001 年 1 期

宋箐 2011「人大信訪制度的法律、政策依拠及評価」『人大研究』2011 年 2 期

杜斌 2007『上訪者 中国以法治国下幸存的活化石』香港明報出版社

王永傑 2007「論清朝京控的結構性缺陥：歴史考察与当代借鑑」『学海』2007 年 3 期

呉超 2009「新中国六十年信訪制度的歴史考察」『中共党史研究』2009 年 11 期

応星 2004「作為特殊行政救済的信訪救済」『法学研究』2004 年 3 期 (本書第 1 章に翻訳収録)

于建嶸 2005「中国信訪制度批判」『中国改革』2005 年 2 期

于建嶸 2009『中国労働教養制度批判——基於 100 例上訪労教案的分析』中国文化出版社

張麗霞 2010『民事渉訴信訪制度研究——政治学与法学交叉的視覚』法律出版社

張琳婧 2009「中国古代的直訴制度——兼論当代中国信訪制度」『法制与社会』2009・3 (中)

張永和　張煒等 2009『臨潼信訪：中国基層信訪問題研究報告』人民出版社

趙凌 2004「信訪改革引発争議」『南方週末』2004 年 11 月 18 日

趙曉耕 1998「略論晩清的京控制度」『清史研究』1998 年 3 期

Jonathan Ocko 1998, "I'll Take All the Way to Beijing", The Journal of Asian Studies, 47, No.2, May 1988

河北法制ネット「聯合接訪破解渉法渉訴信訪難題」http://www.hbfzb.com/html/article/200912/57522.html

国家陳情局 HP「http://www.gjxfj.gov.cn/2009-11/11/content_18195915.htm

第5章　労使紛争からみた陳情

御手洗大輔

要旨：中国の労使紛争は対中リスクの増大として認識されてきて久しい。しかし労使紛争の実態について十分に理解しているとは言えず、ハッキリしないリスクに脅えているのが正直なところであろう。それは中国自身とりわけ各級政府にとっても同じことが言える。現在、労使紛争は高止まりの状態にあることを統計データが示しており、リスクをうまく管理できていないことがわかる。労使紛争リスクに対して陳情はどのようにアプローチしてきたのか、そもそも陳情制度はリスク管理の手段として位置づけられる制度なのか、労使紛争の減少に寄与できるのか。本章は、中国法の理論を前提にして労使紛争からみた陳情の実態を解説し、リスクヘッジするための視点を示すものである。

はじめに

　題名からあきらかなように、本章は、現代中国社会で発生する労使紛争の中に存在するさまざまな陳情を研究対象とするものである。「さまざまな」と書き加えた理由は、法令が規定する合法な陳情と違法な陳情のほかに、法令が規定しない非法な陳情を確認できるからである。原告の陳情が所定の手続を経るとき、通常、それはすべて合法な陳情であると推測される。しかし、現代中国社会においては、法令が違法な陳情を規定し、また、実際に合法な陳情が違法な陳情へと変化する場合がある。そのため、所定の手続を経ていても違法な陳情になる場合があることに注意しなければならない。

　本章は、労使紛争という具体的な案件の中に現われた合法な陳情、違法な陳情および非法な陳情を分析し、陳情制度のもつ意義を解明することを課題

とする。はじめに、陳情を労使紛争の案件からみることによる特徴について、2つ指摘しておくことにする。

　第1に、労使紛争からみると、理論と実務の両面を見渡しやすいという特徴がある。後述する労使紛争案件からも明らかなように、法令が規定しない非法な陳情のほかに、合法な陳情も違法な陳情も確認できることが多い。そのため、労使紛争案件の分析をつうじて非法な陳情について法学上の意味としていえること、それが因果関係に与える影響とその実務上の役割として注目すべきことを客観的に区分して論じられる。

　第2に、労使紛争は労働者の生存（権）をめぐる争いであるから、時間の経過にともなう変化を、その賃金、物価指数、社会保障などの水準から定点観測しやすいという特徴がある。労使紛争案件における陳情の因果関係は、時間の経過にともなって変化してゆくため、それに対応して、合法な陳情、違法な陳情、そして非法な陳情の割合も変化することになる。この3種類の陳情の割合の推移を把握することは、一貫性を証明する論理の探究に有益であり、そして、陳情制度の今後を読み解く一般的視点の発見を期待できる。

　以上をふまえて、本章を次のように構成する。まず1において、陳情のもつ意味について論じる。具体的には、陳情のもつ法学上の意味としていえること、それが因果関係に与える影響およびその実務上の役割として注目すべきことは何かを論じる。次に2において、陳情研究にたいする別の視点を提示する。具体的にいうと、陳情制度の役割をとりあげて、当該制度がもつとされる諸機能にたいする既存の分析視点について批判的検討を加えた後に、労使紛争における陳情の因果関係の基本枠組みを確定する。この確定が別の視点の提示を意味する。そして3において、時間の経過にともなって変化してきた陳情の因果の関係を把握する。陳情制度は「陳情窓口の細分化→不信解消のための改革→陳情範囲の再定義」へと変遷している。この変遷の背景を探究する。最後に「おわりに」において、一貫性を証明する論理の探究という視点から、現代中国社会の今後を陳情制度の今後と重ね合わせて論じる。

1. 陳情のもつ意味

(1) 時効制度から考える

　社会主義法に希望を求める識者からみると、ここで提起する時効という切り口は、それだけで糾弾に値する行為であろう。なぜなら、時効という制度そのものを、現代中国法学すなわち中華人民共和国法学は、資本主義法（または資産階級の法）の用語であると激しく拒絶してきたからである。昨今、現実問題として時効制度は必要不可欠となった（後述）。しかし、その当初すなわち、時効制度を資本主義法の用語として拒絶していた頃から、時効制度は現代中国法における基本理論において必要不可欠であったし、当該制度に代替する「何か」を同時に用意していたと筆者は考える。

　論をはじめる前に、時効制度とは何か、また、その基本姿勢について確認しておこう。ある事実状態（例えば一筆の土地の違法な占有）が一定の期間を継続して存在すると、そこにさまざまな法律関係（例えば売買、賃貸借）が形成されてゆく。過去に存在しなかったものが、権利らしいものとなって出現し存在すると、これらの法律関係および「権利らしいもの」を保護する必要が生じる。逆に、存在しはじめた「権利」は、正当な権利者であった人にたいして、権利らしいものを否定しないのであれば対立するその権利を放棄するように迫ってゆくことになる。

　権利と権利らしいものいずれを保護すべきかを証明する作業は、非常に困難である。困難になる1つの原因は、集団（または社会）の価値観が当然に変わるところにある。過去に正当だったことが現在も正当であるとは限らない。ゆえに、人々が社会の中で共生するうえで過去にさかのぼっての議論に限界を設ける必要がある。時効制度の講義でよく耳にする「権利のうえに眠る人を法は守らない」という法諺は、この点を明らかにしている。

　時効制度の基本姿勢を社会の側からみると、それを集団ないし社会に配慮

する制度として意識すればするほど、個人との緊張関係を鮮明にさせる制度であるといえる。個人が主張する権利がどんなに正当で合法なものだったとしても、その権利と対立するもので、新たな共生の秩序を形成する権利らしいものを肯定することが、共生するうえで最低限に必要となる秩序を脅かす行動に映ることがあるからである。逆に、権利を歴史的に変わらない価値観のうえに置くと、共生の秩序そのものが不毛な秩序として扱われることになる。

　この両者（集団または社会と個人）の間に理想的な緊張関係は存在しない。なぜなら、社会の価値観が変化する原因が、他人を意識して適応する個人もいれば、頑として変わらない個人も存在するという多様性に由来するからである。このような多様性をもつ個人の集団が社会を構成するからこそ多数決という原理にその意義が認められる。社会といっても現実に考え行動するのは個人であり、個々人がその時々の環境の中で多数派を形成することによって最低限に必要な共生の秩序を規則づけるにすぎない（ある個人または一部の個々人が多数派の形成を促すことも含む）。

　時効制度をその効果からみると、それは一定の期間を経過することによって形成される事実状態を自動的に守る効果があるといえる。これは、現実の取引の安全を守ることになるし、不毛な争いが終わりなく反復することを防ぐことになる。その事実状態を前提にして行動し獲得した個人の権利らしいものを守る効果さえ認められる。しかし、見方を変えると、それは一定の期間を経過することによって形成される事実状態について異議を唱えることを禁止する効果があるといえる。異議申立てを封殺するかのように映る。社会と個人の間に理想的な緊張関係が存在しない以上、誰かが損をするか、それとも誰もが損をするかを決断しないといけない。

　個人を優先するか、それとも、社会を優先するか。究極の選択をせまられるとき、個人と社会のどちらを優先させるかの問題は、絶対的理由なき決断という政策上の判断でしかない。個人を優先して守るとすると、その権利を守るための義務を他人および社会に負担させることになる。逆に、社会を優

先して守るとすると、その権利を守るための義務を、その社会を構成するすべての個人が負担することになる。どちらを優先するとしても、そこに絶対的理由をみつけられない。どちらを優先するのが正しいかについて唯一の答えがあるわけではないからである。3人分の仕事を5人で行なうか、それとも、先に富める者から富めばよい（先富論）とするかの決断は、その当時の時勢にたいする決断者らの認識次第だったのではないか。

　以上をふまえて時効制度を切り口とするにあたり確認しておく点は、次の2つである。第1に、時効制度とは法がその社会と個人の間の適度の緊張関係についてさだめる制度である。ゆえに、時効制度を切り口として労使紛争における陳情を分析することは、現代中国社会における労働者（個人）と社会、その窓口としての雇用組織ないし政府との緊張関係にたいするその時々の決断を明らかにすることになる。そして第2に、中国憲法が、中華人民共和国はこの労働者らで構成する労働者階級が指導する社会主義国家であると堅守し続けていることをふまえると、その時々の決断と陳情制度の因果関係を整理して、その連続性を確保する論理を探究できる。結果として、これが陳情制度の今後を展望することになろう。

(2) 時効制度と現代中国法

　時効制度は社会と個人の関係を調整することになるので、それは、一国の法制度において不可欠である。しかしながら、現代中国法は、土地の個人所有を禁止し、公有制をずっと維持していたので、時効制度として把握する必要がなかった。ゆえに、土地の所有をはじめとする所有制度を構築する「物権法」の制定は、重要な転機であった。そのため、時効制度の研究について、中国では物権法を制定する必要にせまられて発展した（合作編集［2008］111頁）といわれる。なぜなら、時効制度は資本主義法に特有のもので、社会主義法では取り除かれるべきものであると考えられていたからである。

　しかし、理論レベルの問題として注釈しておくと、改革開放政策を国是とした後に、時効を資産階級が使用してきた概念だからといって拒絶すれば、

刑事事件であれ民事事件であれいつ発生しようといずれも審判することになるので混乱することになる（張友漁［1982］50頁）として、物権法の制定論議よりも前から認識されていた。今日からみると、実際の必要にせまられて発展したようにみえるだけであろう。いずれにしても現在、現代中国法の理論および実務においては、時効制度の活用について以前のような圧迫は存在せず、正面から取り組めるようになっている。

　そこで時効一般について補足しておこう。（民法における）時効とは、ある事実状態が一定の期間を継続したことを要件として、その事実状態にあわせて、権利ないし法律関係の変更を発生させる制度をいう。講義する上でその効果を説明するために取得時効と消滅時効に分類することが多い。たとえば、日本民法はその144条以下に規定がある。権利取得の効果を認める取得時効と権利消滅の効果を認める消滅時効の両方をさだめる。時効についての学説は、実体法上の権利の取得または消滅を生じさせる制度として把握する立場（実体法説）と訴訟上の証拠を立証する困難さを救済するための制度として把握する立場（法定証拠説）がある。

　現代中国法がさだめる時効制度について一瞥してみると、現代中国法のそれは、取得時効をさだめていない点に特徴がある。現代中国法がさだめる時効は、「民法通則」がその135条以下にさだめる訴訟時効と一致しており、消滅時効を代替したものである（梁展欣［2010］1頁）といわれる。要は、ある事実状態が一定の期間を継続したとしても、それによって権利らしいものをもつ人を法が一律に守るわけではないという思考が現代中国法の通底にある。もし実体法説に親和するならば、取得時効をさだめるべきであるし、訴訟時効を積極的にさだめないだろう。したがって、その思考は、法定証拠説に親和するものであるといえる。

　法定証拠説に親和するという意味は、権利のうえに眠る人でも守るということである。すでにのべたように時効制度には2つの基本姿勢がある。1つは権利をもつ人を守るというものであり、もう1つは、権利らしいものをもつ人を守るというものである。前者は権利を否定しなければ権利らしいもの

を放棄したとみなすということであるから、一定期間を経過した後に、権利らしいものをもつ人が権利をもつ人にたいして、異議申立てすることを封殺することになる。この思考が、現代中国法の通底に存在している。

　民法通則135条は、「人民法院へ民事上の権利の保護を請求するときの訴訟時効を2年とし、法律が別途規定するときは除く」とさだめている。少なくとも条文解釈のうえからは、2年間を経過すると、現存の法律関係について異議申立てを当然に封殺できることになる。因みに、労使紛争をめぐる権利の保護を請求する場合の訴訟時効は、「労働争議調停仲裁法」(2007年12月公布) 27条が1年としている。したがって、現代中国法のさだめる時効制度は、訴訟時効が経過したかどうかによって社会と個人の緊張関係を安定させようとしているといえ、労使紛争の場合、それはわずか1年という短期間のうちに封殺されてしまうのである。

(3) ある労使紛争案件の概要

　では、ある労使紛争案件を題材にして、陳情のもつ法学上の意味について検討する。ここで紹介する案件は、河南省温県人民法院が2009年9月にくだした判決である。本件は計画経済期の中国社会における個人と社会のありかたのほか、レイオフの実際、労働者概念の変遷など、案件を分析する前提として確認しておくべき論点が多い。必要最小限の論点について、適宜、説明を加えることにする（河南省温県人民法院［2009]）。

　本件の原告王某が温県人民法院へ請求したことは、温県労働争議仲裁委員会がくだした仲裁裁決の取り消しと原告が享受すべき年金および失業保険などの逸失利益の補塡である。まず事件の経緯を確認しておくことにしよう。

　王某は、75年11月より温県工作機械工場で就労する。このとき、正規の従業員募集手続を経ていた。そのため就労するまでに、職場となる温県工作機械工場との間で労働契約を締結できたうえ、食糧関係を職場へ移転した。

　食糧関係を職場へ移転することは、穀物をはじめとする食糧や各種加工品の配給切符を職場が支給することを意味する。このような配給切符制は、と

くに都市における需給均衡が安定しないで物が不足していた50年代以来の制度である。切符がなければ物にありつけなかった。それは、農村から都市への人の流入を抑制し、その需給均衡の安定を確保する意味があった。その一方で農村は、相互の助け合いのなかで生活させることを基本とした。そのため、食糧関係の有無は、都市戸籍を有するかどうかを意味したといえる。80年代中葉以降、配給切符制は廃止されてゆく。そして、93年2月に国務院が通知した「食糧流通体制改革の加速に関する通知」によって40年余りにわたり都市で実施されてきた配給切符制は取り消された。

95年末に工場の経営が悪化したことによって、王某は、職場の現場主任から自宅待機を命じられる。いわゆるレイオフである。とはいえ、職場との労使関係を維持する形でのレイオフであり、実際に王某は、97年2月までその賃金の支給を受けた。その後、経営難を理由に賃金の支給がとめられる。つまり、レイオフといっても、王某は75年11月から97年2月までの間、職場から賃金を受け取っていたことになる。問題は、王某がどんな身分の人として受け取っていたかである。この点については、法廷審理をつうじて、75年11月から85年4月までの期間、王某が臨時工として温県工作機械工場で就労していたこと、そして、85年5月以降、従業員募集手続を経ないで農民契約工として就労していたことが認定されている。

臨時工、農民契約工として認定されたことは、法廷が原告王某を労働者としてみていないことを意味する。このような身分的属性が如実に影響する点は、建国当初から確認できる。そして、これが現代中国法における個人的権利の基本理論の核心を構成すると筆者はかんがえる。この案件では、身上調書から賃金支給表、雇用者リストや契約労働者リストに基づいて原告の身分認定をしている。これは、法廷が慎重に審理したといってよい。なぜなら、都市戸籍の有無から機械的に認定する場合が多いからである。その例として、「御手洗［2011］74頁以下」をあげておく。なおここで確認しておきたいことは、現代中国法がさだめる労働権は労働者の権利であり、労働者でない人（例えば農民）の権利ではないというのが基本となる点である。王某は

労働者ではないと法廷がみているので、労働権を当然に享受できないと予測できる。

レイオフを命じられて以降、王某は工場側へ職場復帰を何度も求めたが、工場側は拒絶する。そして04年9月に工場は破産宣告をうけて清算手続にはいる。清算組は王某が職員・労働者でないことを理由に失業者リストから除外し、労働者へ提供する年金や失業保険などの保障手続をとらなかった。

現代中国の社会保障制度は、51年2月に国務院（当時は政務院）が公布した「労働保険条例」よりはじまる。その給付対象者は正規の従業員、すなわち労働者である。それ以外の従業員、すなわち臨時工や契約工などを給付対象にしなかった。また、それは都市の社会保障および福祉制度にすぎなかった。農村は相互に扶助し合う互助組のような制度に依存させてきた。因みに、農民へ国民待遇を与えよという主張はくりかえされている（杜潤生［2008］1147頁など）。昨今、新型農村提携医療制度や新型農村社会年金制度が新たに展開されてもいる。しかし、都市と農村の区分が根強く存在していることは事実であり、農民はまだ国民待遇を享受できていないと考える。なお、現代中国における社会保障制度の変遷については、「王文亮［2010］597頁以下」が関連の法令や史実を加えて整理してある。

以上の審理を経た後に、判決文は次のようにのべる。まず、温県労働争議仲裁委員会がくだした仲裁裁決の効力については、法定の期間内に原告が訴えを提出しているので、所定の手続を経ているといえるが、破産にかかわる問題について未だ処理されていないので、その効力は発生していない（そのため、仲裁裁決を取り消すことはできない）。つぎに、原告が労働者であるかどうかについては、原告が臨時工として75年11月より就労したことを認めつつ、「労働法」（95年1月施行）にもとづいて労働契約を締結していないこと、農民契約工から労働者へ切り替わっていないこと、および95年から04年の破産宣告までの間、職場で就労していないことから、原告は労働者であるとはいえない。原告は労働者ではないので、原告が請求する年金および失業保険金をはじめとする逸失利益の補塡請求には理由がない（そのため、原告の請

求を法によって守らない)。

こうしてみると、河南省温県人民法院は、原告の請求をほぼ認めていないことがわかる。唯一の救いとすれば、破産関連の問題の未処理を理由に仲裁裁決の効力発生に猶予をもたせたぐらいである。しかし、これを原告の請求を一部認めたものとはいえない。この企業破産について付言しておくと、条文上は、破産申請書などの必要書類を人民法院へ提出すれば人民法院は受理することになっているが、すみやかに受理されることは実務上少ないといわれている。なぜなら、正式に受理するまでに、破産にともなう悪影響（たとえば、失業者の再雇用や財政収入の補填など）をできる限り除去しようとするからである。そして、原告は労働者ではないのだから、失業者として救済を期待できる立場にはないといえる。この点をふまえると、判決文が仲裁裁決の効力発生に猶予をもたせたことは、原告にとって何もありがたいことでもない。原告の請求をまったく認めていないといってよい。判決文の論理は簡単である。王某は労働者でないので労働権による保護を認めない。これだけの簡単かつ非情な宣告である。

(4) 陳情の概要

本件について、感情論を抜きにして考えると、判決は法がさだめる規定に合致している。ここでは、前提となる法そのものに問題があると論じるつもりはないし、実質的な問題の先送りを問題として取り上げるつもりもない。また、本件が都市と農村の間の格差によることは否定しないけれども、格差それ自体を問題として論じるつもりもない。筆者が本件をつうじて論じたいことは、原告王某がみずからの要求を実現しようと多くの陳情を行なったこと、そしてその法学上の意義および王某のさまざまな陳情について温県人民法院がくだした評価から期待される個人の対策について、である。この点を論じるにあたり、時効制度が分析視点となる。

原告王某は、06年5月に職場復帰を求めたときに破産したことおよび失業者リストに原告の名前がないことを知る。関係する政府機関である労働部

門および企業年金機構の検査をつうじて自分の名前が従業員に関する身上調書、人事に関する身上調書および社会保険手続上にないことを確認した後に、06年7月16日に温県労働争議仲裁委員会へ仲裁を申請する。王某が求めた内容は、未払い賃金16,891元、74年から06年までの年金保険金の納付、失業保険金7,000元のほか、自分がレイオフ中であることの証明と医療保険手続の処理であった。07年3月7日に温県労働争議仲裁委員会は、王某の請求をすべて取り消すとする内容の仲裁裁決をくだす。この仲裁裁決を原告は07年4月4日に受理している。ここで注目したいことは、その頃より王某が行なったさまざまな陳情と、これらの陳情にたいする人民法院の評価である。

王某がとった陳情は、3つの類型に整理できる。1つは、非法な陳情に整理できる類型である（第1類型）。もう2つは所定の手続を経た陳情に整理できるが、その性質上から、行政上の陳情に整理できる類型（第2類型）と、それ以外の、司法上の陳情に整理できる類型（第3類型）である。

第1類型に属するものは、王某の陳情をうけて、06年12月18日、07年4月21日、07年1月9日付けで温県人民代表大会（以下、温県人代とする）が人民法院に送付した書簡である。06年12月18日の書簡は仲裁裁決がくだる前のものであったので、「原告が仲裁する前にすでに非法な陳情を開始したことを証明できる」（判決文）との評価を受けた。現行法上、仲裁の審理中にその他の行動をとってはならないとの規定はない。ゆえに、第1類型の陳情自体が違法な、または社会にとって危険な行動であるとは必ずしもいえない。しかし、第1類型の陳情にたいして人民法院が違法な陳情を開始したとの理解を示さず、非法な陳情を開始したとしている点が重要である。ひらたくいうと、仲裁裁決がくだる前の陳情について、現地の人民法院として不快感を示したといえよう（裁判官の独立との関係については後述）。

第2類型に属する王某の陳情の記録としては、08年4月15日付けの焦作市政府陳情不受理通知書、同記録表、陳情事項通知状がある。人民法院は証拠調べを経てこれらの証拠から「原告が陳情したのは、従業員募集処理の身

上調書に関する問題であった」（判決文）との評価をあたえた。このたぐいの陳情は、労働部門と企業年金機構の検査によって判明した身分的属性の訂正がおもな目的であったといえる。行政上の陳情に整理できると筆者は考える。ただし、前述したように王某の身分的属性は結果として訂正されず、それが敗訴判決へとつながった。とはいえ、第１類型にたいする評価と違い、非法な陳情とは言っていない。

第３類型に属する王某の陳情の記録としては、07年6月15日、08年4月15日付けの焦作市労働局訪問陳情事項不受理通知状、07年12月18日付けの温県人民政府訪問陳情事項不受理通知状、08年5月15日、08年11月20日付けの河南省労働庁の陳情事項告知状、08年11月19日付けの河南省労働庁の陳情事項不受理告知状がある。これらの陳情について人民法院は、「07年の労働仲裁の後に、原告が法院へ訴えたけれども法院は立件（民事事件の起訴も含む）しなかった。しかし、原告の再々にわたる陳情の後に立件できたので、原告による起訴は、訴訟時効をまだ経過していない」（判決文）との評価をあたえている。王某がとったさまざまの陳情の中で唯一この箇所のみ人民法院が積極的な評価を示している。

以上から、陳情のもつ法学上の意義として、少なくとも２つが確認できる。第１に、陳情を再々にわたり繰り返すことは、その陳情そのものが成果をあげなかったとしても、時効制度という天秤のうえで個人が社会と対等に闘争できる空間を確保できるということである。王某の陳情は、その結果からしてもことごとく門前払いにあったとしか判断できないが、訴訟時効を経過していないという積極的な評価の獲得につながった。いわば自らが社会と闘争できる空間の確保は許容されるという法学上の意義を確認できる。

第２に、陳情行動が目的別に異なる評価を与えられているということである。第１類型に属する陳情すなわち非法な陳情については、好意的な態度がとられているとはいいがたい。そのため、ときには弾圧的な対応に遭遇することも容易に想像できる。我われの目からみてそれが適切な対応であるかどうかは別にして、法秩序を喪失させうる行動は、人民法院の存在価値を失わ

せるおそれがある。付言すると、秩序を乱す行動は騒乱行動と区別しにくいので、社会を統治する側からみると秩序が乱される行動はすべて脅威に映る。個人と社会の緊張関係がナマの対立を生じやすい論理は、法的論理の中でも通用することを確認できる。

これらを止揚するならば、秩序ある陳情行動であること、すなわち所定の手続を経る陳情であることが、自らの請求を実現するために重要になるということであろう。本件に則していうと、王某がとった陳情行動の中で、第2類型および第3類型の陳情がこれに該当する。これを法廷戦略の一環としてとらえると、身分的属性を自らに有利なものに替えておくことがとても重要であるので、第2類型の陳情を積極的に活用すべきといえる。また、時効制度という天秤をつうじて社会と合法的に闘争する空間を確保しておくことが個人の生存権確保のために重要であるので、合法な陳情か違法な陳情かを自覚しながら行動すべきであるといえる。

陳情を研究対象とするときに基本となる視点がここから導かれる。すなわち、所定の手続を経る陳情を望まない個人は自らの生存権の保護を望まないことが論理的帰結となるのである。個人的責任の自覚がないので、そのような個人に法による保護を与える必要はない。これは現代中国法がさだめる時効制度の基本姿勢と重なることを看取できる。

2. 陳情にたいする別の視点

(1) 陳情論争の原因と分析視点について

第3類型の陳情に注目すると、我われは、そこから「求めない人に与えるべきでない」という命題を看取できる。また、第2類型の陳情に注目すると、我われはそこから「正しく求める人に正しいものを与えるべきである」という命題を看取できる。そして、第1類型の陳情からは、「不正に求める人に与えるべきでない」という命題を看取できる。すなわち、労使紛争案件

から陳情をみると、「不正に求める人に正しいものを与えるべきである」という命題および「正しく求める人に正しくないものを与えるべきである」という命題は看取できない。これを労使紛争案件における陳情の因果関係に当てはめると、単純な因果の関係を抽出できる。法がさだめる所定の手続を経た陳情（原因）と法がさだめる保護方法（結果）という因果関係である。

　労使紛争案件における陳情の因果関係の枠組みは、このように単純である。合法な陳情もしくは違法な陳情しか評価の対象にならないからである。しかしながら、陳情制度の改廃論争からその実効性問題まで幅広く議論されている。筆者は、この背景に非法な陳情も含めて問題視する議論が混在しているからであると思う。なぜそれが幅広い議論を喚起するのかは、人権などの世界的に通用し、普遍的な原理であると思われている概念と非法な陳情に現れる迫害的な現象が共鳴するところに求められよう。とはいえ、現代中国社会が適用している独自の原理もないとはいえず、それを排除すべきではない。

　先行研究の中で、陳情制度を前提とし、当該制度のもつ法定の機能との関係から現代中国社会における陳情を分析する論考がある。その代表的な例として、陳情制度は権利救済機能、政治参加機能および情報戦略機能をもつと整理する論考がある（松戸［2010］359頁）。松戸によると、陳情にかかわる一般法である「陳情条例」は、陳情を法がさだめて政治参加や監督機能を尊重することを義務化したほか、関連業務を担当する機関にたいする義務および禁止事項について細かくさだめていると評価できるという。そして、これらの点が05年の改正の要点であるとして一定の評価を与えている。

　権利救済機能とは、侵害される権利を救済することをいう。さきにみた労使紛争案件に即していえば、原告が逸失した年金および失業保険などの利益がこれにあたる。身上調書の記載内容の訂正願なども含めてよいと思われる。政治参加機能とは、自らが政治に参加することをいう。所定の手続を経ない非法な陳情に整理できるものがこれにあたる。さきにみた案件に即していえば、法廷闘争をめぐって温県人代に働きかけて、その法廷に書簡を送付

させるというような司法におけるロビー活動なども含めてよいと思われる。異質なのが情報戦略機能である。これは情報を収集して分析し、それを戦略的に活用することをいう。情報戦略機能には2つの顔がある。1つは、権利救済機能や政治参加機能と同じように、個人が更に効果的な行動をとれるように情報を収集するという顔である。もう1つは、社会（または国家）の側が更に効果的な行動をとって秩序を維持できるように情報を収集するという顔である。つまり、情報戦略機能は、前二者が「個人の」に限られていた点と違って「誰の」という条件を複数加えられる。さきにみた案件に即していえば、法廷審理による陳情の整理は社会の側のそれといえるし、原告による労働部門などへの照会や身分的属性の訂正請求は個人の側のそれといえる。

　これら3つの機能を、原因と結果という因果関係の枠組みに対応させると、いずれも結果から整理し直したものであると筆者は考える。誤解なきように付言しておくと、例えば前述した松戸も原因に対応する部分について触れている。しかし、非法な陳情も対象とするので、前述1.で検討したように、第1類型から第3類型までのものを前提としている。しかしながら、あらためて因果関係の枠組みに対応させると、結果の面が色濃く反映されてみえてしまう。権利救済機能、政治参加機能および情報戦略機能というように陳情制度の機能面から分析すると、どうしても結果から整理し直したものであると理解せざるをえない。

　陳情の因果関係から分析すると、陳情制度の機能面からの分析は、実効性問題について対処するためのものに思える。そこから拡げて、例えば現代中国社会における構造問題について対処するには、世界的に通用している人権などの普遍的原理を分析の視点に持ち込むか、あるいは、中国史に通用する「包青天」などの文化的原理を分析視点にするしかない。これは複眼的な分析視点を習得する必要を迫るものであろう。

　例えば、陳情制度が注目される背景には、法そのものや人民法院・人民検察院、さらには地方人民政府にたいする不信があるという分析視点を示し、その理由として、なぜならば陳情制度は法治体制が未成熟な社会において、

その文化にまで昇華された救済願望、この制度を支持する世論、非法な陳情をする側の肥大した救済要求のほか、「司法権」を超越する権威への依存にささえられる制度だからである（松戸［2009］120頁）というようにである。

(2) 法治国家とは何か、「三権未分」が問題なのか

ところで、陳情論争の中には、現代中国の1つの特徴をなす「三権未分」に注目するものがある。

仮に、「三権未分」に問題があるという前提でこれを分析視点として陳情制度に注目すると、中国社会が法治と無縁の社会であり、成熟していない国家であるようにすり込まれてしまう。確認しておくべき点は、「法治国家とは何か」という、いわば法治国家の概念問題であると思われる。法治体制が未成熟な社会、すなわち法治国家をめざしていると想定するにしても、目標とする法治国家がみな同じであるとは限らないからである。

そもそも法治国家は、絶対主義国家において、君主の執行権が法律の拘束を受けないで自由に人の権利や自由を侵害できるという思考に異を唱え、このような執行権も議会が制定する法律に服さなければならないという思考が生じたことから始まる。そして、このように法律の制限の下で行動する国家を法治国家と呼ぶにすぎない。

論理的にいうと、法律に従うことを要求するだけなので、法律の根拠さえあれば、国家が人の権利や自由を侵害できることになる。このような思考を形式的法治国家と呼ぶことがある。日本の法学では、第二次世界大戦後に、形式的法治国家という思考を反省するとともに、現行憲法がさだめる基本的人権を尊重する精神にもとづいて根拠となる法律自体も人の権利や自由を尊重しなければならないという意味で、一定の制限があるという思考が唱えられている。これを、形式的法治国家にたいして実質的法治国家と呼ぶ。

法治国家をめぐる概念問題を自明のものとすることはできない。法治体制が成熟した社会を形式的法治国家であれば十分とするか、それとも実質的法治国家でなければならないとするかを、現行法の条文解釈からは導き出せな

いからである。現代中国法において議論が分かれる点であるといってよい。この点にたいする基準の分岐を確認せずに「陳情」を論争の題材にすると、それが学術上の論争か、それとも、政策上の論争なのかがあいまいになり、どこにも向かってゆけない「囲繞地」(御手洗［2011］71頁)に居る錯覚を覚えてしまう。この概念に注意して議論を改めて検討すると、実は、形式的法治国家か実質的法治国家かの問題が、私たちにとって特殊に映る統治構造である「三権未分」にたいする評価と密接に関係していることを看取できる。

　陳情制度がうまく機能しない原因、そして「陳情」が注目される背景問題も囲繞地に入り込んでいる。所定の手続を経ない非法な陳情を取り扱わない陳情条例にたいして、非法な陳情の問題を投げかることになるからである。これでは同じ土俵で議論できない。そのために、例えば、「一元的権力構造(すなわち民主集中制のこと)」や「下からの監督の不在」が問題であるという一見するともっともらしい帰結が常に導かれることになる。

　陳情条例が取り扱わない非法な陳情を問題とするときに人権、基本的人権などの理念や文化を前提とするのであれば、同じ土俵にいない。また、そこには対等に議論できる空間を設けられないと筆者は考える。それは、ロビイストたちが利益者・利益団体から彼らに依頼する内容に叶う価値観を浸透させるために議論し、活動することと本質的に同じである。

　学術上の議論とロビイストたちの議論とを選別すべきであり、そのために実質的法治国家であることと、「三権未分」の問題視を絶対の前提にすることとを検証する必要がある。三権未分の問題視は、三権未分が結果として民主の生長不良を招くという危機意識にもとづいている。この危機意識から、三権分立という分権モデルを採用するかどうかは権力構造の問題にすぎないので、政権を転覆させるものでないという論考(周永坤［2006］61頁)がある。また、三権未分構造の象徴である議行合一制度について、それが司法権にとって理論的な不足があるという論考(張沢濤［2003］21頁)なども、この危機意識を共有するものといってよい。では三権未分が生長不良を招くと論理的にいえるかについて、これを否定する論考から検討しておこう。

三権未分が民主の生長不良を招かないという論証を支える論考として、民主集中制を司法権にまでおよぼせるのか。およぼせるとして、それはどこまでおよぼせるかを検討した論考（程乃勝［2003］）がある。それによれば、民主集中制とは政権機関の組織および活動に関する原則である。普通選挙を経て選出する人民代表大会（以下、人代とする）は、民意機関であり、かつ、権力機関である。人代が国家の大事を決定し、人民政府を組織する。人民政府が人代の委託する行政事務を処理して人民の民主を保障するという思考にたつ。ゆえに、民主を基礎にした集中とは、行政機関によって集中的に行使される行政権が人代に由来するものであるというにすぎない。

　程は、中国憲法（例えば現行憲法3条1項）がこの民主集中制を国家機構に限定しており、司法機関もこの国家機構の一部であると確認する。その構成員である裁判官の法律にたいする責任とは、民主集中制の思考に照らせば、その実際の責任を裁判官が負うことにならない。人民法院がその責任を負うことになる。実際に作成する判決文は裁判官の名義でおこなわれる。しかし、論理的にいえば、人民法院が集中的に行使する審判権も行政権と同じように人代に由来するので、裁判官が案件の判決にたいして決定的な役割をもつことはできないことになる。

　一瞥すると、程の帰結は裁判官の独立の否定であるので、三権分立の構造において当然のように述べられる裁判官の独立が三権未分の構造においては論理的に否定されることを確認できる。しかし、上記の論理によると、裁判官の独立が否定されるからといってそれが民主の生長不良を必ず招くとはいえない。民意機関の委託を受けるのが人民法院であるとの論理が組み込まれているからである。三権未分の構造の下であっても、そこで選挙によって人代が運営され、その人代が委託する司法事務を処理して人民の民主を保障することを期待できると論理的にはいえる（ただし、この論理にしたがえば、司法に公正をもとめることは、民主と公正の優劣問題という非常に哲学的な問題を持ち込むことになる）。要は運用の問題であり、理論の問題まで含んでいないと筆者は考える。三権未分が民主の生長不良を招くとはいえず、その危機意識は運

用の問題から生じるにすぎない。

以上の検証から次のことがいえる。すなわち、理論問題として考えると、「三権未分」が問題であるという前提は、論理的に導けず、現代中国法が実質的法治国家を前提に置いているともいえない。現代中国法がさだめる民主集中制はその司法権におよぼせるが、およぼせる対象は人民法院までである。とはいえ、民主集中制を裁判官にまでおよぼせないからといって、それが民主の生長不良を必ず招くとはいえない。したがって、陳情制度の役割に注目するときに、「三権未分」の問題視や実質的法治国家を前提にして論じる場合は、きわめて慎重に取り扱う必要がある。

(3) 陳情の因果関係の基本枠組み

労使紛争からみた陳情の因果関係について整理しておくことにする。

まず、労使紛争そのものが労働者個人の生存権をめぐる争いであるので、労使紛争は、労働者の生存にたいする侵害が前提となる。それは、通常は、不法行為や違法行為のたぐいによる侵害を想定できるが、合法行為であっても侵害しないとはいえない。次に、侵害を認識することによって陳情がはじまる。その行動は、書信、電子メール、ファックス、電話、訪問などを想定できるが、法がさだめる所定の行動だけが陳情として分類される。この所定の行動の範囲は、法改正のたびに、非法な陳情である行動の中から陳情に組み込まれる場合もあれば、逆に、陳情である行動の中から非法な陳情へ外される場合も想定できるので、固定概念ではない。最後に、陳情制度に取り込まれた行動は、「正しく求める人に正しいものを与えるべきである」という命題に沿った結果を期待できる。それは「不正に求める人に与えるべきでない」という命題、「求めない人に与えるべきでない」という命題と重なる。

以上の整理から明らかなように、結果の範囲は固定できるが、原因である陳情の範囲は固定できない。それは、労働者の生存権そのものの基礎が変化するものだからである。たとえば、北京市のある街道弁事処に設置した陳情制度を利用する公民の6割が相隣権紛争または生活保障などの政策問題を訴

えている（白杰［2010］132頁）という。この記述の中の公民には、字義上、労働者が含まれるので、労働者が自らの生活保障の問題や相隣権紛争から当該制度を利用するだろうことも想定して読み込む必要がある。さらに重要なことは、これらの問題が労働者の生存権の基礎として一貫していたとはいえない点である。飢えに苦しむ社会における生存権の基礎は「パンを求める」ことのようであっただろうし、就職難の社会における生存権の基礎は「職を求める」ことそのものが生存権の基礎とされるからである。

以上から、分析視点に組み込むべきは、その時々の法がこれらの労働者の陳情を所定の手続を経る陳情（合法な陳情と違法な陳情）と定めたかどうかにあることを、看取できる。

3. 制度変遷の分析

（1）これまでの陳情制度——窓口の細分化

労使紛争における陳情についてさだめる法令で、現在でも有効とされる最も古い法令が「中央各部門の大衆訪問陳情の接待に関する暫定弁法」（以下、暫定弁法とする）である。暫定弁法は、85年2月に、中共中央、全人代常務会および国務院の3つの弁公庁が共同して通知したものである。その内容は、陳情制度全般におよぶ。労使紛争における陳情にかかわる項目については、3つ確認できる。

第1に、幹部にたいする行政処分の不服申立てについてである。暫定弁法三は、このような不服申立てについて、その職場の管理が中共中央による場合は、中共中央組織部を窓口にするとさだめた。その管理が国家行政機関による場合は、人力資源社会保障部（当時は労働人事部）を窓口とし、その管理がそのほかの組織（例えば、事業組織と呼ばれるものなど）による場合は、行政部門の業務別に中央政府の関係部門を窓口にするとさだめた。なお、管理主体として「そのほかの組織」を統計上で確認できるのは84年からである

(国家統計局国民経済綜合統計司［2009］7頁）。

　第2に、（職員および労働者を含む）従業員の労働問題の陳情についてである。暫定弁法十二は、賃金、就業年数、労働衛生・福利厚生問題についての陳情で、その職場の管理が中共中央および国家行政機関以外の組織による場合は、業務別に政府の関係部門を窓口にするとさだめた。そして、問題の処理が難しい場合については、労働人事部や全国総工会と協力して取り組むこととした。また、労働政策や人事政策についての陳情、都市における求職者の求職についての陳情は、労働人事部を窓口にするとさだめた。このほかに、暫定弁法二十七は、在職中の従業員の間で生じる紛争で、現地の公安部門、人民法院による処理を経ていない場合は、被告人の所属する職場に照らして政府の関係部門を窓口にするとさだめた。

　第3に、（職員および労働者でない従業員、すなわち）働く人の労働問題の陳情についてである。暫定弁法二十五は、臨時工、契約工および出稼ぎ労働者という身分をもつ働く人の労災、それにともなう治療費、死亡にともなう義捐金などの問題についての陳情である場合は、行政部門の業務別に、中央政府の関係部門を窓口にするとさだめた。

　以上から明らかなように、最広義の働く人がおこなう陳情は、第1段階として、その身分性による仕分けが機械的におこなわれる。そして、第2段階として、その陳情の内容による仕分けがおこなわれることになる。陳情する人の身分とその内容によって陳情を細分化すると法がさだめたといえる。その生存権侵害が致命的になればなるほどその救済要求が肥大化するのは人の性であり、一般に陳情する内容が複数の項目にわたることは当然である。ゆえに、暫定弁法の目的は、窓口の細分化にあったと考えられる。

（2）変革期の陳情制度——不信の解消のため

　窓口を細分化する目的には、事情ごとに適切に処理するためとか、身分的属性が個人的権利の基本理論の核心であるためとか、当時の社会構造に適応させるためとか、陳情する側の利用コストを増大させて眩惑による統治を行

うためである等というようなことを想定できる。もっともらしい理由もあれば、邪推の域を出ない理由もある。とはいえ、その後の実務の視点からみると、窓口の細分化は陳情する側に不信を募らせる結果をもたらしたことは確かなようである。これが変革期において陳情制度に影響を与えた。

　影響を与えることになった論理は、次のようなところである。これまでの陳情制度は、労働者からみると、その陳情内容（とその肥大化）によって陳情先の窓口が複数個に分かれた。そして労働者自身がその窓口すべてを相手にしなければならなかった。労働者は国家の主であると喧伝される一方で、自己の生存のために東奔西走しなければならない現実を経験していた。このような現実が実際の窓口職員をはじめとするその組織自体にたいする不信を増大させた。不信の増大は社会秩序の破壊をもたらすおそれがあるので、その事態を回避するために、監督官庁側は侵害された労働者の権利を救済すること、すなわち権利救済機能の強化に重点を置くことになった。

　人力資源社会保障部（当時の労働部）弁公庁が92年12月に通知した労働陳情業務検討紀要に関する通知（以下、通知とする）は、まさにこの機能の強化を打ち出したものだった。通知は、92年11月24日から同月26日にかけて北京市宣武区労働局で開催した労働陳情業務検討会の要旨を告知するものである。しかし、このような告知がなぜ通知されたのかを考えると、それはこれまでの陳情制度の弊害（窓口の細分化）がもたらした労働者の、さらには働く人一般の不信（原因）の解消を意識したとみるのが適当であろう。

　通知の内容を検討すると当時の利用状況の一端が垣間みられる。すなわち、ここ数年の陳情業務の80％以上が企業指導者の職権乱用または私物化の問題、生産停止・破産による従業員の生活保障の問題、余剰人員の配置の問題、退職者または障害をもつ従業員にたいする待遇の問題、医療保障の問題、労働争議にかかわる問題、就業の問題である。そしてこれらの問題について窓口への持ち込み方が陳情型や相談型にシフトしていること、集団化や連名による持ち込みが増加していること、さらには中共中央や国務院、指導者にたいして直接に訴え出るといういわば非法な陳情が増加している、と。

変革期の陳情制度を労働者の不信の解消を目的にすると読み解く理由は、ここにある。そこでは前述1.で検討した中で人民法院が非法な陳情にたいしてとった評価と同じ態度を確認できるし、陳情する側の組織化を意識していることも看取できる。法秩序を喪失させうる非法な陳情が人民法院の存在価値を失わせるおそれがあるのと同じ問題も確認できる。それは、陳情秩序をなし崩し的にお上への訴えを常態化するものにさせ、その結果、陳情制度とその窓口の存在価値を失わせることになる。しかし、非法な陳情の取り締まりの強化を打ち出せず、通知は、権利救済機能の強化を優先させた。

その後の経過として、深圳市竜崗区労働局担当者による陳情の利用状況の報告がある（李忠強・馮文輝［2000］）。この報告によると、99年1月から同年9月までの間に信書607通、訪問6,549件、訪問者数のべ29,232人、電話8,000件余を受け付けたという。陳情の内容としては、賃金支払いの遅延問題が最も多く、そのほかにストライキ、非法な集団陳情および越級陳情、デモ行進、サボタージュ、夜逃げ案件の問題、建築業における労使紛争の問題が突出している。そして、アジア金融危機の影響などについて言及しながらも「経営者による法律や従業員の利益の無視」と「労働者が法律による解決手段を理解しておらず、経営者にたいして暴力で訴える傾向がある」ことを指摘する（李忠強・馮文輝［2000］42頁）。この頃の論調は、この報告の論調と大要一致するといえるが、問題意識の変化が重要である。

通知から8年を経て、実務の視点からみると、問題が不信の増大からシフトしたとみているといえる。ここで注意したい点は、不信の増大が問題視されなくなった一方で、実務担当者による意識の中で非法な陳情にたいする警戒が増大していることである。これを非法な陳情の存在による陳情制度の存在価値にたいする脅威と読み解ける。すなわち、窓口の細分化の問題に対処したことによって不信の解消が一定の成果をあげたと考え、今度は、陳情窓口の存在価値から陳情制度そのものの存在価値が失われないかと原因の重点を移し始めたのである。

少なくとも非法な陳情にたいする警戒心が増大したのは、構造転換にとも

なう適応現象の1つにすぎないとはいえよう。これは、90年代前半のソ連・中東南欧の社会主義法の終焉が社会主義（法）の研究に与えた影響を考慮してのことである。しかし、この評価を超えて、それを現代中国の体制転換や現行体制の限界であると評価するとすれば、その論理の破綻を証明した後でなければ論理の飛躍であろうと筆者は思う。そして、管見の限り論理の破綻を証明した論考はない（現代中国法における基本理論の解明が未完であり、論理が破綻したと証明する前提がないからである）。

(3) これからの陳情制度——陳情範囲の再定義

窓口の細分化により増大した不信の解消が一定程度の成果を上げた後に問題となることは、飢餓から救われて飽食の時代を謳歌する人が更に良い生活を求めて質の向上を意識すること、あるいは、貧乏人が金持ちになってその既得権益を守るために法による保護を意識することと本質的に同じである。それは、我欲を外面的に集団優先という価値で覆い隠すことであり、集団優先の中で個人優先をいかに最大限に確保するかの我欲にほかならない。

陳情に即していえば、構造転換に適応するために非法な陳情である行動の中から何を陳情に組み込むべきかの問題であり、また、陳情である行動の中から何を非法な陳情に組み込ませるかの問題である。それは統治者・統治層の我欲が露出してすべての矛先が向かう的になることを回避する工夫ともいえる。労使紛争における陳情制度についてみると、労働者の生存（権）を基軸に非法な陳情と合法・違法な陳情を計量化して配分し直す（個人と社会のいずれを優先させるか）という政策上の判断過程を経ることになる。この過程は、労働者を主人公とおだてていた側の既得権益を露出させ、働く人の利益を既得権益化（すなわち権利として合法化）する動きを誘発することになる。

では、現在までのところ現代中国法はどのような動向を示しているのだろうか。まず、陳情制度に政治参加機能を加えたと評価できるものとして、政務公開業務の推進を受けて制定された一連の法令がある。例えば、人力資源社会保障部（当時の労働社会保障部）が03年5月に通知した「政務公開業務

基準(試行)」(以下、基準とする)がそれである。基準(十)は、陳情制度にかかわる政務公開をさだめている。そして担当組織の職責として、陳情制度の処理手続のほか、陳情者が訪問陳情したときの対応方法、関係する窓口の所在地と連絡先の情報を公開するとさだめている。

　基準は中央政府レベルのものである。このような動きは地方政府レベルのものも確認できる。例えば、河北省労働社会保障局が03年6月に通知した「河北省労働保障系統の政務公開基準に関する通達」は、基準がさだめる内容をほぼ踏襲している。また、広州市労働保障社会保障局が03年5月に通知した「広州市労働保障陳情通報弁法」のように、基準がさだめる内容をほぼ踏襲したうえで、労使紛争における陳情制度による通報を受けた問題がすでに労働争議仲裁、行政不服申立て、または訴訟などの手続に入っている場合は受理しないとさだめるものまで確認できる。

　陳情制度に政治参加機能を加える動きからいえることは、中央政府レベルで個人が自らの権利を守るための方法を公示する一方で、地方政府レベルでは、政府(とくに行政機関および司法機関の)業務の重複処理を避けるために非法な陳情と違法な陳情にたいして一定の制限を加える姿勢を示していることである。すなわち、中央と地方に共通していえることは、所定の手続を経た陳情のみに絞り込む傾向を示していること、そして、非法な陳情を行なう個人に社会と合法的に闘争できる空間を確保させないことである。

　次に、陳情制度に情報戦略機能を加えたと評価できるものとして、上海市高級人民法院が05年9月に通知した「陳情管理系統Ver4.0の入力規則(試行)」(以下、入力規定とする)がある。入力規定は、各レベルの人代からなる立法機関が制定したものでなくて、地方レベルの人民法院が制定したものであり、厳密にいうと法令ではない。とはいえ、国家機関の一部を形成していることは同じであり、既得権益の露出という視点からは適当であろう。

　入力規定は、陳情により持ち込まれる問題の振り分け方法とそれをデータ化する入力方法についてさだめている。具体的にいうと、前者(振り分け方法)は管轄の問題であり、後者(入力方法)は立件の問題である。

人民法院が受理する訴訟範囲により確定する案件の性質を訴訟類型とよぶ。振り分け方法は、この訴訟類型を確定する前提の作業である。「訴訟類型の確定は、陳情する人が陳情の中に反映させている問題の性質」によって確定すべきものであり、陳情内容が「案件に関わるかどうかに関係なく、すべて相応する訴訟類型を反映させる」とさだめる（入力規定）。考えてみるとこれは当然の規定である。陳情内容がどのような法律上の問題をもつかについて素人が必ずしも正確に示せないからである。医者と患者の関係にたとえると、病気と自覚する患者が問診の前に具体的な病名を医者に伝えるようなものである。
　陳情が法廷に持ち込まれるためには訴訟類型を確定しなければならない。入力規定は、それが法廷審理にふさわしいものかどうか、そして法廷審理にふさわしい審判活動にかかわるものである場合に「訴訟事件類」「非訴訟事件類」「申立て類」に整理して入力するとさだめる。訴訟事件類とは「陳情する人が反映させる問題と、人民法院が受理して審判・執行できる訴訟事件とが直接に関連する陳情行為」であるものをいい、非訴訟事件類とは、その直接の関連がない陳情行為をいう（入力規定）。申立て類とは、「陳情する人が人民法院の業務や職員にたいして不満を示す陳情行為である」とされる（入力規定）。案件の進捗状況の問い合わせから担当者にたいする不満の表明まで幅広く入力できるようにさだめられているといえる。
　陳情制度に政治参加機能を加える動きからいえることは、提供側からは業務の遂行管理および現在の社会状況の把握のためであるほか、将来にわたる履歴管理や勤務評定の用、さらには利用者の満足度調査の一環であろう。逆に利用する側からは進捗状況の照会や不満の解消のためであるほか、提供側が不正をしないように監視するためであるといえよう。
　以上から明らかなように、現行法がさだめる陳情制度をつうじた労働者の陳情は、制度が担う権利救済機能、政治参加機能および情報戦略機能のすべてに対応している。そして、窓口の細分化によりもたらされた不信の増大がピークをすぎさり、現時点における個人と社会の適度の緊張関係を模索して

いると言える。言ってみれば、最近の立法動向は、合法な陳情、違法な陳情、非法な陳情の範囲の再定義を問題にしているにすぎない。

おわりに

本章では、労使紛争からみた陳情から陳情のもつ意味を具体的な労使紛争案件の分析をつうじて確かめ、陳情制度をめぐる法学的議論に一石を投じたうえで、陳情制度の変遷を分析した。理念や理想を基軸にして分析することを避け、従前の理論とのぶれに注目した。

まず、1. において、所定の手続きを経る陳情を行わない個人は、自らの生存権の保護を望まない個人として見られることが論理的帰結となることを明らかにした。次に、2. において、陳情にかかわる法制度を理論問題として分析するときは、合法な陳情か違法な陳情かに注目すれば足りることを明らかにした。そして、3. において、今後を展望すると、それは統治する側と統治される側の間または個人と社会の間の緊張関係をどのように描くかにかかっていることを見た。すなわち、現在、陳情制度はその再定義を行っている途上にある。

陳情範囲の再定義過程は、既得権益である権利と現に存在する権利らしいものの衝突過程である。それは確かに変動とは言えるものの、転換とまでは言えない。これが陳情制度の変遷を分析した本章から導ける暫定的な帰結である。この帰結は「現代中国の法変動」（季衛東［2001］）にも対応すると筆者は考える。正確に言えば、そこで対応する部分は、個人的権利の基本理論の解明にとどまるので、そのわずかな部分にすぎないが。

参考文献

王文亮 2010『現代中国社会保障事典』中国書店

季衛東 2001『現代中国の法変動』日本評論社

松戸庸子 2009「信訪制度による救済とその限界」『中国21』2009 年 30 号

松戸庸子 2010「改正条例に見る「信訪制度」の意図と成果の乖離」『アカデミア　人文・社会科学編』2010年

御手洗大輔 2011「中国法における労働者について」『比較法学』2011年第44巻第3号

白杰 2010『街道弁事処権力運作邏輯：対宜南的実証研究』中国商業出版社

程乃勝 2003「論民主集中原則在憲法中的地位」『法制与社会発展』2003年第6期

杜潤生 2008『杜潤生文集（1980-2008）』山西経済出版社

国家統計局国民経済綜合統計司編 2009『新中国六十年統計資料彙編：漢英対照』中国統計出版社

河南省温県人民法院 2009「王某訴温県煤砿機械総廠破産清算組労動争議糾紛案」[(2009) 温民初字第390号]

教育部人文社会科学重点基地＝法学基地（9＋1）合作編集 2008『中国法学三十年（1978-2008）』中国人民大学出版社

李忠強・馮文輝 2000「対当前労資糾紛案情的分析」『創業者』2000年5号

梁展欣主編 2010『訴訟時効司法実務精義』人民法院出版社

張沢濤 2003「議行合一対司法権的負面影響」『法学』2003年第10期

張友漁 1982『関於社会主義法制的若干問題』法律出版社

周永坤 2006「議行合一原則応当徹底抛棄」『法律科学』2006年1号

（付記）本章は「科研費（23683001）」による研究成果の一部である。

第6章　陳情制度をめぐる権利擁護と安定維持の力学

呉　茂松

要旨：ある労働争議から始まった陳情事例の分析と量的調査データを併用しながら、利用者と運用者の視点から、権利擁護と安定維持の力学のジレンマに置かれている陳情制度の実態を描いた。まず、権利救済を求める人々が陳情に執着し、かつ不正常な陳情を行う理由、目的、結果を明らかにした。次に、上級部門の指令だけに責任をもつ制度運用の特徴や安定維持を重視する方針の下で、陳情の阻止までに走り出す地方政府の動機とその実態を解明した。その上、拡大する民の諸要求に対応しきれない現行の権利救済システムの矛盾と、民からの支持ではなく、上級部門からの授権によって成り立っている地方政府の権限のあり方に、陳情政治が生まれる原因があると指摘した。

はじめに

　市場経済の導入に伴う経済発展がもたらした重要な変化の一つが利益の多元化と利益主体の多元化である。改革の過程において、ないし改革の結果、従来の利益構造の再編とともに、利益配分システムも変化した。それに伴う一部の人々の経済的、政治的地位の低下、あるいは開発をめぐる利益主体間の衝突などは、新たな社会問題を生み、とりわけ弱い立場に置かれている人々の権益が侵害される問題が深刻化している。顕著に見られるのは、国有企業改革に伴うリストラされた労働者の待遇の問題、不動産開発により、立ち退きを強いられた住民、土地開発で農地を失った農民たちの利益保障の問題などである。

一方、人々の利益主体としての権利意識、法意識の向上に伴い、侵害された利益の補償や権利の救済と表出を求める動きも観察できる。権利擁護行為、または諸行為の総和として「維権」運動と表現されるこの現象[1]は、全国範囲で活発に行われている。それに便乗し、直接の権益損害、相対的な剥奪感、政治・経済的地位の喪失感をベースとする社会的な不満が相俟って、集団騒擾事件も各地で見られるようになった。これには社会側のさまざまな要請に対し、既存の利害調整メカニズム、利益表出のチャンネルがうまく機能していない制度側の問題もある。ここで、近年、権利救済の手段の1つとして再び注目され、さらに研究者たちの議論の的になっている[2]のが、国家の政治システムの中で、組み込まれてから60年以上の歳月が経つ陳情制度である。

　本章は、陳情制度をめぐる関連行為、いわば制度の利用者と運用者の行為の実態、それを支える理由、および両者の力学を解明することを通じて、陳情制度の権利救済機能を検証することを目的とする。その上で、制度が抱える諸問題を抽出し、その制度をめぐる行為の見取り図を描く。最後に、中国政治における陳情政治の意義について一考を加えたい。ここでいう制度の利用者は、陳情を行う「民」であり、制度の運用者は、中央から地方まで確立された陳情システムに直接、間接的に関わる関係者を包括する「官（主に政府）」を指す。行為を分析する説明要素として、その出発点（原因、理由）ないし動機、支える原理（正統性、正当性、合法性）、目的（その変化を含む）、方法、資源（メディア、ネットワーク、知識など）、政治的機会（恒常的、一時的）、結果に対する予測とその結果などを用いる。一連の作業を通じて、民がなぜ陳情行為に執着するのか、制度を運用する原動力はどこにあるのか、何ゆえ、民と官がせめぎ合うのか、などの問いに答えたい。

　検証にあたり、具体的には、陝西省西安市蓮湖区にある西安整流変圧器工場の従業員たちの事例[3]を中心に、西南政法大学の「中国基層信訪問題研究」プロジェクトが同じ西安市臨潼区で、2003年から07年にかけて一般民衆470人、陳情部門関係者120人、陳情者60人を対象に行った陳情問題に

関するアンケート調査と、インタビュー調査、事例分析でまとめた資料[4]（『中国基層信訪問題研究』課題組［2008］）、その他の事例を併用、整合しながら上記の問題を解明する。

　本論に入る前に、陳情制度について概観しておこう。中華人民共和国建国初期に作られたこの制度は、いまは中央から省、市、県まで構築されており、大きく党、政府、人民代表大会、司法部門と企業、社会団体、メディアを含む社会の五つの系統に分類できる（李紅勃［2011］32頁）。現行の政治体制における陳情制度の位置づけについて、童之偉（華東政法大学）は、憲法の枠組みの中の政治法律制度を核心的なものと補助的なものに分類した上で、人民代表大会制度を根本とする核心的な政治制度（行政、司法、立法など）に対して、陳情体制は人民代表大会政治制度以外の補助的制度として構築され、核心的な制度を補完する役割を発揮してきたという。憲法第41条に規定した公民の国家権力に対する批評、建議、提訴、告発の権利からは、陳情を認可する意味は抽出できるものの、憲法には「陳情」という文句が盛り込まれてない（童之偉［2011］4頁）。建国してから60年間、陳情制度の機能は時代とともに変化してきた。応星（中国政法大学）は、その制度の機能変遷の歴史を「大衆動員」期（1951年6月〜79年1月）、「世直し糾正」期（混乱をしずめ、正常に戻す）、（1979年2月〜82年2月）、「安定団結」期（1982年2月〜95年10月）、「安定維持」期（1995年10月〜現在まで）の4つに区分している（応星［2004］、本書第2章収録論文）。特に、「安定維持」の時期は、権利救済をめぐる陳情問題が新たなピークを迎えた時期でもある。それを後押しした要因の1つには、2003年の「都市部浮浪者・物乞いに対する収容送還弁法」の廃止、2004年の憲法改正における人権、私有財産、所有権の保護の明文化などの動きであった。利益をめぐる争議が多発する時代に適応するために、国側も2005年1月新しい「陳情条例」を発布し、2007年6月、中央と国務院は「新時期陳情業務強化に関する意見」を通達するなど、陳情制度の法制化と業務能力の向上を図った。他方2000年2月13日、中央弁公庁、国務院弁公庁は「国家陳情局職能配置・内部機構配置と人員編制に関す

る規定」を公布し、中央弁公室、国務院弁公室の陳情局を国家陳情局と改名すると同時に、副大臣クラス級部門に昇格させた。さらに、2004年8月、陳情問題に関する処理能力を増強するため、中共中央、国務院は陳情における突出問題と集団騒擾事件を処理する合同会議制度を作るなど（呉超［2009］51頁）、制度建設にも力を入れていた。

　本章の論考の材料となる事例も、このような時代背景の中での出来事である。陝西省西安市にある30数人規模の集団所有制企業で、従業員と工場長との間で発生した社会基本保障と失業問題をめぐる労働争議である。従業員たちは、工場長との直接交渉から始め、地方の陳情部門から国務院陳情局まで、5年以上にわたって陳情を続けた。その間、定年退職者の孫礼静（女、1943年生まれ）の引率の下で、2度も従業員代表大会を開催し、関連法律に基づいて工場長を罷免し、新たに経営陣を選出し、企業の経営権を求めていたが、親会社と主管部門に認めらなかった。この労働争議は、政府の腐敗を訴え、労働者の選挙の権利、集団所有制企業の所有権を求める権利擁護運動にまで発展した（詳細には、プロローグ③の「西安市の工場従業員による陳情のケース」と表1を参照）。

　中国で労働者たちの唯一合法的な労働組合である中華全国総工会の弁公室が2000年に行った調査によれば、労働争議が集団騒擾事件にエスカレートする原因には、①退職者およびレイオフされた労働者の基本的生活の保障に係る国家の政策の不履行、②都市部の失業率の上昇および再就職難、③賃金の遅配、④不完全な社会保障システム、⑤企業再編に伴う従業員の権益の侵害、⑥大型鉱山企業の閉鎖・破綻の処理に伴う問題、⑦一部外資企業・私営企業による従業員の合法的権益の著しい侵害、⑧企業幹部の腐敗と官僚的体質の蔓延、⑨収入格差の広がり、⑩一部従業員のデマなどに起因する労働者の動揺、が挙げられる（中華全国総工会弁公庁［2001］438頁）。本章で分析する事例も、上記の要因のうち、①、③、⑤、⑧と④に関わる問題である。

1. 利用者にとっての陳情制度

(1) 出発点、権利擁護活動の全体像

陳情制度の利用者である従業員たちは、争議の発生当初から、陳情に奔走したわけではない。陳情行為に関する先行研究において、陳情の目的が論点の１つとなっており[5]、その多くは権益侵害への抵抗から始まった権利擁護活動の中に、陳情行為を位置づけて論じている[6]。このことは、一般的に見られる陳情行為の出発点が当事者たちの利益侵害であることの証左でもある。今回の事例においても、労働争議にまで発展した直接要因には、一部の従業員に退職金が、数年間にわたって給付されず、しかも退職金の上前をはねられたこと、従業員たちの医療費の清算ができないこと、一時帰休者たちが失業保険を受け取れないことなど、利益にかかわる諸問題であった。これらは、工場長の専横と腐敗、年金保険の支払い義務の不履行に起因していた。従業員たちの活動の原因、目的、内容（訴え先、方法）、争点、成果などを三段階に分け、全体像としてまとめたのが表１である。分析の便宜上、従業員たちが個別に陳情活動を行った時期（02年８月～04年７月）、孫礼静と従業員たちが団結して活動した時期（04年７月～06年３月）、孫礼静が他の集団所有制企業の従業員とともに活動した時期（06年３月～08年２月）の３つに区分しておく。

(2) 陳情行為の変化

当初の陳情理由、目的

ここからは、従業員たちの権利擁護活動の中で、多くを占める陳情活動に主眼を置き、それに関わる諸々の理由を見てみたい。結論を先取りにすると、1994年から累積した問題の解決に向け、従業員たちは当初から陳情行為を選択したのではなく、ほかの有効な手段がなかったが故に、陳情制度に

【表1】西安整流変圧器工場従業員たちの権利擁護活動の全体像

	初期段階 (2002年8月～ 04年7月)	中間段階 (2004年7月～06年3月)	終盤 (2006年4月～ 08年2月頃)
行為者	孫礼静個人、一部の従業員	従業員たち(退職者、未退職者)、従業員代表	集団所有制企業の労働者たち(陳情者、従業員代表、政治運動家)
理由	退職金の未給付、企業が養老・医療・失業保険金の支払義務不履行、失業証明書の未発給	社会基本保障金の未解決、工場長の腐敗(保険支払い義務の放棄、公約の不履行、独占的な管理、公的資産の着服)、既得権益の固執、上級部門の不関与、不当な管理に関する不満	集団所有制企業の従業員たちの共通な問題、関係部門の不関与、労働者の政治的待遇、全社会に蔓延する腐敗
目的	社会保険金の補償と生活安置金、最低賃金保障、合法的な手続きによる労働関係の解除	社会保障基本金の補償、従業員代表大会の決定の補償、工場長の罷免、政策の実行、腐敗の取り締まり、従業員の権利の尊重、	腐敗の取り締まり、民主選挙の権利、労働者の合法的な権利の保障、集団所有制企業の所有権問題の解決、憲法の遵守、公民権の保護、言論の自由
陳情先	工場長、親会社、主管部門、市の労働局、工会、陳情部門	裁判所、労働局、労働仲裁、省の人代、工会、国資委、省の信訪局、陝西省駐北京事務所、親会社の駐京事務所、国家陳情局、国務院国資委、中央紀律調査委員会、最高検察院、中南海、釣魚台、天安門広場、人民大会堂、温家宝の自宅、中央指導者たちの避暑リゾート、北京市公安局など	左の訪問先+北京の主要大学、国内外のメディア、インターネット、天安門広場、人民大会堂、革命英雄記念碑、陳情村(馬家林、南駅)西安市内
方法	直接交渉、親会社・主管部門への告訴、裁判所への提訴、労働仲裁の申請、検察への検挙	労働仲裁、検察に検挙、上級主管部門への陳情、従業員代表大会の開催、工場の占領(2年以上)、親会社の包囲、工場長の拘束、工場側と討議、合同会議の開催、公聴会の開催、書面による異議申し立て、遊説、デモ申請、街道演説の申請、メディアに訴え、	ネットワークの構築、替え歌、ビラの配布、大学生に訴え、法律支援を求める、遊説、政治活動の展開(民間監督会)、街道演説の申請、中央主管部門の関係者との議論
争点	社会保障金、労働関係の解除の根拠と手続き、工場長の腐敗(私的領域)	従業員代表大会の権利、罷免された工場長の権力移譲、集団企業の所有権問題、関係部門の不当な管理、(半私的・半公的領域)	腐敗の取り締まり、清廉政治の提唱、労働者たちの合法的な権利、公民権(公的領域)
結果	一部の従業員たちが一次的な退職金、生活費をもらう、直接交渉による書面約束	人々の意識が向上、二回の選挙を実施、政府部門との交渉を実現、合同会議、公聴会の開催、部分的経済保障(18人の年金問題解決、二年間400元／月の生活保障を配給される)	集団所有制従業員の社会保障問題の公開化、労働者問題の政治問題化

行き着き、それがまたさらなる陳情行為を生んでいたのである。そのプロセスを簡単に記すと以下の通りである。

　2002年頃から個別に主管部門、親会社、地元政府に陳情し、問題解決を求める従業員が見られた。2002年8月、彼らは工場長との直接交渉に臨み、社会保障金問題解決の書面公約（条件付き）を取り付けたものの、工場長が約束を果たさず、その後、裁判所の提案で、臨んだ労働仲裁も実現せず、最後に工場長の汚職（公的財産である黄金の横領）を理由に検察に告発した。2度の捜査の結果、検察は「汚職容疑の主管的な犯罪意識が充分に証明できない」と判決し、その後は「処理済み」という理由で、受理することはなかった。

　このように、当事者たちは利益関係者との直接交渉の失敗後、利害調整を行う公的機関がうまく利用できず、「裁判所、労働仲裁、検察の間で駆け回る一方だった」（孫の口述）。つまり、有効な解決方法がなかったことが、陳情行為に流れる外因となっていた。

　臨潼区で行った陳情問題の調査でもそれを裏付ける結果が出た。「陳情行為を選択した理由」のうち「別の方法では解決できない」が24.4％を占めていた。同じ質問のその他の回答を見てみると「政府を信頼する」（30.8％）、「金銭的なコストが少ない」（16.7％）、「トップに会える」（9.0％）、「その他」（19.2％）という結果である。ここからも陳情行為を選択する主観的な理由も現れている。政府に対する信頼が高い背景には、市民たちの利益争議に直面する前までは、公安局、人代、裁判所を含む公共機関の機能、問題解決のチャンネルについての低い認知度があるという調査結果が出た。そのため、問題を抱えた時に、まず認知度が最も高い基層政府に直接解決を求めるのであり、このような公的機関に関する認知度の高低が陳情行為の選好を左右するのだ。金銭コストよりも時間、精力、労力を惜しまないこの地域の陳情者の特徴もその一因に加わる。要するに政府に関する信頼、金銭的コストの低さ、限られた選択肢などが陳情を選択する主な要因となっている。

　以上の理由から、個人の年金給付をめぐる争議から5年余りの間、孫礼静

は西安市、陝西省、北京での陳情を繰り返すことになり、陳情専業者というレッテルまで張られた[7]。

　言うまでもなく、従業員たちにとって、陳情行為は、侵害された利益の弁償を含む問題解決のための手段であった。では、彼らが陳情を通じて、どのような解決を望んでいたのか。彼らが誰に何を訴えたかを明らかにすれば、彼れらの要求が分かる。孫礼静が2003年4月～08年2月まで、断続的に陳情したのは、親会社、西安市の労働部門、市の工会、市の国有資産監督管理委員会（以下、国資委と略す）、省の国資委、省の労働部門、党中央、国務院、全人代、国務院国資委、中央紀律検査委員会、最高裁判所、温家宝首相の自宅、中央指導者たちの避暑リゾート地などである。陳情行為は利害関係者に対して管轄権限を持っている「上級」市、省の段階を経て、中央政府、トップリーダーへと上へ上へと上っていった。訴えるのは、問題を提起し、下級政府の無為と腐敗を摘発して、善処を求めることであった。しかし結果的には、解決を求めて始めた陳情行為が、出口の見えない新たな陳情のサイクルにおちこむことになった。

陳情の目的、方法の変化

　陳情を繰り返す過程において、その争点、方法、一部の目的が変わってきた。当初の目的については前述した。だが、権利擁護活動の進展に伴い、その争点が集団所有制企業における従業員たちの所有権問題、従業員代表大会、および労働者の権利に関わるもの、関連部門の不当な管理への批判に変わり、最終的には、腐敗の取り締まりに加えて清廉政治の提唱、知る権利、労働権、監督権、公民権まで訴求するようになっていた。いわば争点が個人利益をめぐる私的領域から、従業員たちの共通利益に絡む半私的・半公的領域に、最後には、労働者の権益、市民の権利などの公的領域にまで拡大していた。これらの変化は、従業員たちが抱えたスローガン、あるいは「権利擁護ソング」（革命歌曲の替え歌）、党への公開状などの資料からでも顕著に見られた。

　目的の変化は、陳情のプロセスと直接関係しており、手段、方法にも変化

が見られた。初期段階では、直接交渉、主管部門への告発、裁判所への提訴、労働仲裁の申請、検察への告発など既存の制度的なチャンネルを利用した。ところが、陳情部門に訴えたところ、政府部門にたらいまわしにされ、時には受理さえしてもらえなかった経験が、利用者たちの行為を正常な陳情から、不正常な陳情行為[8]にと変形させた。「上」に対する期待と正常な陳情を通じて経験した失望が不正な陳情に走らせたのである。

　陳情失敗はこの事例だけに見られたものではない。臨潼区の調査で、陳情制度に関する陳情者の綜合評価の1つ「陳情機構は実際問題を解決できるかどうか」に対する質問に、「できる」という答えは16.1％に止まり、「できない」、「どちらとも言えない」がそれぞれ、60.7％と23.2％であった。事前の高い期待感が失望に変わったことが分かる。孫の次の言葉は陳情制度への失望を示している。「…04年7月、私は第5回目の上京をした。それまで私は非常に行儀のよい陳情活動を行っていた。ところが、それは何の効果もなかった。激怒した私は完全に不正常な陳情活動を展開した。彼ら（親会社、地元政府）が北京にまで追いかけにきた時に、私は頑固に帰らず、却って人が多い所に赴き、そこで叫んだ。中南海、釣魚台…」この孫の口述からも、当事者の心境の変化を読み取れる。ここで看過してはいけないのは、当事者が正常ではないことを自覚しながら、それを敢えて行うことである。その根底には、業務執行妨害を含む過激な行動をしても、自分の目的を正当化できる個人的な信念があったとも言える。

　孫が北京での陳情活動で知り合い、その後、連携を取っていた桑文英（西安市石棉総工場摩擦分場の従業員代表）が不正常な陳情を行った理由で拘束された[9]際に、孫が自ら執筆し、陳情村（プロローグ①参照）に配布した資料からもその信念が見て取れる。

　「…法に基づいて国を治める中国において（憲法5条）…公共財産は神聖不可侵である（憲法22条）…人々は根拠を持って、法に基づいて陳情するが、地方政府は、新『陳情条例』の規定どおりに施行していない…国家は法律を制定したが、役人は、率先して法律を犯し、司法部門は違法行為を摘発せ

ず、却って、国家権力部門が合法的な陳情者を拘留、拘禁している。…陳情者たちを不正常な陳情に追い込んだものは誰なのか、実際に罪を犯したものは誰であり、本当に反省すべきものは誰なのか…、共産党は人民のために服務するというが、陳情者たちの合法的な要求はなぜかくも長い間容れられないのか、…陳情局の権利は誰が与えたのか…」

この文面からも垣間見えるように陳情行為の正当性基盤とも言うべき信念を簡単に帰納すれば、次のようなものである。法律に定まっている諸権利の保証、党中央、国家への信頼と忠誠、労働者の合法的な権利の保護、イデオロギーに立脚した政治的な地位の保障、党中央の施政方針に呼応する形での腐敗の反対、清廉政治の提唱、および「正義は必ず悪に勝つ」という諸要素から成り立つ。

ただし、陳情者たちがいくら自分の行動を正当化するとはいえ、不正常な陳情行為は、結果的に社会秩序の混乱や公務執行の妨害をもたらす。工場長を拘束、親会社社を取り囲み正常な業務を妨害、温家宝自宅の前で寝泊まり、天安門広場での焼身自殺の試み、人民大会堂への突入計画などは、陳情行為から派生した違法行為であり、運用者が取り締まりを強化する理由でもあった。

陳情の効果

では、正常・不正常な陳情はどのような効果をもたらしたのか。次の点を挙げることができる。1つは、陳情部門から、関連企業、部署宛の問題解決を指示、監察する内容を盛り込んだ「紹介状」を受け取ったこと、次に、責任者、ないし主管部門と利害調整の交渉の場（五者会談、直接会談、労働仲裁など）を設けたこと、さらに、上級政府（工会を含む）の指令の下で、関連部門が参加した合同会議、公聴会を開催させたこと、である。その結果、一部の従業員たちが、争点の1つである侵害された利益の弁償ではない、調整金として、生活費などの名義のお金を受け取ることができた。ところが、問題を反映し、責任者を引き出せた結果、政府を対応（譲歩を含む）に追い込んだことが、次の陳情活動つまり反復陳情を生みだす、誘因にもなった。

第6章　陳情制度をめぐる権利擁護と安定維持の力学

　注意すべきなのは、責任者、政府主管部門が表に出て、問題の解決、あるいは利害調整に乗り出したことは、陳情者たちの要求に答える能動的な反応ではないことである。政府を動かしたのは、従業員が上級部門に訴えかけたことにより、上級部門が所轄の関連部署に「問題の解決を促す」指令・通達を出したからであった。陳情行為は、行政機関内部における「上から下へ」の指令を促す外部からの圧力であり、あくまでも二次的な原因であった。

　とはいえ、全てが下級政府に対する圧力に転じたわけではない。結果的に、従業員たちの権利擁護活動に根拠を与えるなど、有利に働く場合もあった。その一例が、従業員代表大会（04年11月23日）が、親会社と主管部門に認められず、国家陳情局に陳情した際に、受付係員から受けた「従業員代表大会の開催に対する公証部門による証明が得られれば、諸決定事項は有効である」という助言が、彼らの権利擁護活動にとって重要な意味を持った。この提案に基づき、西安市公証処の監視の下で、開催した従業員代表大会（05年3月25日）で、工場長を罷免し、新工場長を選出した。陝西省西安市公証処からの公証書も発行された。これは、従業員たちが自分たちの行動の合法性を主張し、陳情活動を長期間継続させる重要な根拠となった。孫礼静自身も、この時期から従業員のリーダーと自称、自任するようになった。

　このように、陳情者たちが得た認識（上からの下への指令こそが政府を動かす動因である）と経験（正常な陳情は無効である。陳情行為が地方政府を動かす圧力になる）が、陳情行為の目的の変化をもたらした。当初は手段となっていた政府に圧力をかけることが、目的になった。特に北京政府が治安維持に最も神経を尖らせている全人代の開催期間中、天安門事件が起きた6月4日、共産党創立記念日の7月1日という日を選んで、上京し、意図的に人を騒がし、しつこい陳情行為を行ったことからも、圧力をかけることを目的化する意図が読み取れる。戦略的に言えば、利用者にとっては政治的に敏感になっている時期こそ、問題は注目されやすく、中央政府を通して、より効果的に地方政府に圧力をかけられる政治的機会でもあった。

　以上、利用者の視点から陳情の理由、目的、不正常な陳情に流れる原因、

そこから派生する違法行為、陳情の効果、結果を簡単に記述した。一言でいえば、利用者にとって陳情制度は、既存の利害調整メカニズムがうまく機能していないが故に、仕方なく行き着いた最終手段であった。陳情行為の本質は、陳情制度を通じて政府に圧力をかけることをもって、一定の目的を達成する権利擁護手段の1つであった。それは、制度が設計した手続きとは異なる権利救済の方法であり、利用者にとって高いコストと大きなリスクを要するものである。

2. 運用者にとっての陳情制度

(1) 運用側の対応

　本節では陳情活動に対する制度の運用側の対応、方針、特徴などについて見てみよう。この制度は、苦情の申し立てなどの合法的な制度である以上、正常な陳情活動による投書、請願を受付、対応する責任と義務が当局側にあることは言うまでもない。制度設計上、陳情に対する基本的な対応には、受理（または受理拒否）、面談、立案、担当部門に処理依頼、処理の監察、返信、資料の保存、統計などがある。国務院陳情局の陳情手続きの流れについてはプロローグの「陳情フローチャート」を参照されたい。

　西安整流変圧器工場のケースにおいて、陳情部門は、通知書・紹介状の発行、利害調整の打診、政府の直接関与、陳情活動の阻止、生活費の支給などを行った。まず政府が対応に乗り出すきっかけを見ておく必要がある。今回の事例には2つのきっかけがあった。1つは、『人民日報』の記者孟西安が人民日報の内部情報誌である『信息専報』（2005年6月2日）の形で、「従業員代表大会で合法的に罷免された工場長が交代を拒み、主管部門はダンマリ」の事実を陝西省党書記と省長に報告したことである[10]。それを受けた党書記が陝西省国資委に調査を命じ、安定維持を図るように指令した。省国資委が調停役を買って出て、合同会議と公聴会を開催することになる。もう1

つのきっかけは、北京市の警察部門が孫礼静の陳情活動に困り果てて、西安市政府（と親会社）に所轄地域の陳情者を抑え込むように説教したことである。

　陳情部門の具体的な対応を見てみよう。まずは、関連部門に陳情で訴える問題の適切な処理を望む内容を記載した紹介状の発行である。05年7月から12月までの5か月の間、陳情者たちは省の陳情局、国資委陳情局、国務院陳情局の間で、往復を繰り返し、最終的に辿りついたのは、国務院国資委陳情弁公室からの「…孫礼静の陳情事項はD会社の所属会社であるA工場に関わる問題であるため、D会社の適切な解決を求める」という紹介状であった。利用者にとってこれは、運用側にたらいまわしにされた末に、振り出しに戻ったことを意味する。陳情が長引く原因もここにある。臨潼区の陳情期間に関する調査では、5年以上が30.4％、3年以上5年未満が3.6％、1年以上3年未満が26.8％という数字が出た（『中国基層信訪問題研究』課題組［2008］142頁）。

　次は、政府の直接関与を含む利害調整の役割である。労働仲裁部門による仲裁、合同会議と公聴会の開催などは、今回見られた運用側の最も積極的な対応であった。だが、実質的な問題解決には繋がらず、かえって孫礼静の身分、陳情行為の性質の解釈、工場長の罷免可否をめぐり、従業員たちと政府間の溝が深まる結果に至った。この溝が、従業員たちの逐級陳情、あるいは越級陳情に奔走する出発点にもなった。

　さらに、陳情部門が直接関与したとはいえないが、地方政府による陳情防止の動きである。北京での陳情、とりわけ、政治的に敏感な時期、敏感な区域での游説、ビラの配布などの扇動活動は何度も北京市の警察に拘束され、西安市駐北京事務所の関係者にも阻止され、陳情村、あるいは地元に強制送還された。07年3月の全人大開催中には、10数日間もホテルでの宿泊を強制されていた。臨潼区での調査でも、48.2％の陳情者は陳情過程において、脅迫、妨害、報復を受けた経験があると答えた（『中国基層信訪問題研究』課題組［2008］147頁）。

(2) 制度運用の特徴

上からの指令で動く制度

では、上記の対応をもたらす制度運用の特徴について、その他の事例も交えながら考察してみよう。陳情部門の問題処理の特徴の1つに、「上級の政府・部門に対してだけに責任を持つ」という習性がある。いわば行政の習性とも言うべきものである。そのため、問題の実際処理に当たるべき地方政府を動かす決定的な要素は、上からの指令であり、上から与えられる責任こそが、地方政府の原動力となる。合同会議、公聴会の開催も、『信息専報』という形での内部報告を通じて、事態を知った陝西省トップの特別指示があってから実現したものである。また、孫の退職金争議の処理において、市の労働局が初めて紹介状を出したのも、省の総工会の指示を受けての出来事であり、労働仲裁が実現したのも、孫が香山警察署（中央指導者たちの避暑リゾートを管轄している警察部署）にしがみついたため、警察が陝西省駐京事務所に電話したことをきっかけに、労働仲裁部門が政府の関与を約束したのであった。要するに、陳情制度を動かせる力は、利用者たちの問題解決を求める下からの要求ではなく、トップの指令に象徴される上からの圧力であった。陳情業務に携わる関係者たちも同じ認識を持っている。前述した西安市臨潼区で行った調査でも、57％の陳情部門関係者たちが「上層部にたよると迅速な問題解決が図れる」と同様の認識を示した（『中国基層信訪問題研究』課題組［2008］145頁）。

安定維持を最重要視する方針

次に、社会安定の維持が施政の最大原則となっている。これは近年に多発している争議事件、集団騒擾事件に対する政府側の警戒の表れでもある。後述するように、中央政法委員会を中心に展開している安定維持重視がさまざまな分野において最重要原則となっている。従業員たちの活動が活発になっていた2005年5月に出された『西安市人民政府広報』でも、市陳情局の業務は「安定の維持と陳情の処理を課題とし、党と政府の主要な責任者は自ら

関わり、『指導』という二文字を充分に体現しなければいけない」と、陳情問題処理における安定維持の原則と上層部の役割を強調していた（趙百川［2005］45頁）。陳情問題は常に安定維持と有機的に関連している。

ここで特筆すべきなのは、地方政府による陳情防止の動きである。新華社が発行している『瞭望』誌の紹介によれば、地方政府の駐北京事務所関係者たちは、3つの方式で陳情者を安置、鎮めるという[11]。1つは、北京駐在の役人が部屋かホテルを借りて陳情者を管理する。あるいは民間の警備会社と連携し、会社に場所の確保と陳情者の管理を委託する。または、直接社会の無職の人などを雇い、彼らに場所の提供と管理を任せる。これらの場所を臨時送還勧告場所というが、陳情者たちは「闇監獄」と呼び、ここでは、携帯電話、身分証明書を差し押さえられ、人身の自由が制限され、しかも虐待を受けていた。省と市が北京に設置した臨時送還勧告場所は73カ所で、その内、地（市）級レベルの政府が設置したのは全体の78％を占める57カ所である。46カ所が仮屋などの非営業場所であり、27カ所はホテル、旅館、招待所（機関・企業体等が来客や公務の出張者を止めるために設けた宿泊所、寮）であった。極端的な例では、地方政府、駐北京事務所、民間警備会社の三者により、陳情者の阻止・送還業務を回す「産業のチェーン」が形成されていた（詳細は、プロローグ②の「陳情者狩りを代行する民間警備会社」を参照）。事態が深刻化するなか、国務院弁公庁は2010年1月に、県級地方政府の北京駐在事務所を半年以内にすべて廃止する通達を出した。

3　陳情政治

(1) 権利擁護要求の台頭、権利救済メカニズムの機能不全

本節では民と官、ないし社会と国家の関係の視点から、陳情政治[12]について考察したい。今回の事例には、当事者たちの活動戦略、リーダーシップなどには、ある特殊性があるものの、労働争議という点では、他の事例と共通

性を持っている。つまり、陳情部門が受理する主なイシュー——①土地開発による補償をめぐる問題、②企業の再編に伴う労働者の権益保護の問題、③都市開発に伴う立ち退きをめぐる問題、④環境汚染の問題、⑤司法に絡む陳情問題のうち、②に関連する労使問題の個別事例なのである。孫礼静が権利擁護活動の終盤で、類似した問題を抱えている陳情者たちと認識を共有し、共同作戦を展開したことも、問題の普遍性を物語っている。

権利救済メカニズムの機能不全

冒頭でも紹介したように、労働争議[13]のみならず、その他の領域でも権利擁護の動きが活発になっている。この現象は、経済発展に伴う利益構造の再編、価値観の変化と権利意識の向上といった近代化過程に特有な事象として理解することができる。問題は、なぜ、利害紛争の解決、権利救済の要求が陳情制度に集中するのかである。その答えは、既存の利害調整、権利救済のメカニズムがうまく機能しておらず、拡大しつつある民の要求をカバーし切れないためである。例えば、労働争議事件が発生した際の制度的な処理メカニズムについては、「労働法」（95年1月施行）で規定され、「労働紛争調停仲裁法」（2008年5月施行）により具体的な手順が法制化された。それによれば、労働争議はまず、企業内に設置された労働紛争調停委員会による調停を受ける。調停により妥結に至らない場合には、各地の労働争議仲裁委員会による調停あるいは裁決を受ける。それでもなお妥結に至らない場合には、人民法院での法的判決に諮られる。看過していけないことは、ここには、陳情制度の利用は含まれていないことである。現状として、労働争議の処理制度はうまく機能しているとはいえない。北京市の場合、2004年に仲裁機関が受理した事案のうち、かろうじて解決に至った事案は、全体のわずか8％であった[14]。一部のストライキ、デモ、集団的暴動のような非制度的な行為、不正常な陳情に流れる現象は、まさに現行の制度の機能不全に起因している。孫の場合、当初は問題を解決してもらえる訴え先を見失ったことが、陳情に走らせた要因となり、陳情でやっと実現した責任者との会談、労働仲裁の失敗が、次の陳情を誘発する要因ともなっていた。

第 6 章　陳情制度をめぐる権利擁護と安定維持の力学

動員可能な資源の欠如

　また、社会にも問題がある。孫の活動が私的領域から、半私的・半公的領域、公的領域にまで拡散していったことはすでに言及した。孫が自分の活動を労働者の権利擁護闘争だと位置付けしていることからも推察できるように、彼らの活動は、まさに労働争議に端を発する労働運動でもあり、彼らは労働運動の担い手であった。だとすれば、その労働運動が形成される条件が整っていたのか。実際のところ、彼らの利益を代弁する利益団体、圧力団体の不在、もしくは未熟な社会環境で活動が個別、局部のレベルで終わる運命を決定づけていた。言い換えれば、企業、あるいは政府を相手に、対等に駆け引きができる組織力を基盤に持ち労働運動を展開できる空間も資源も存在しなかった。今回のケースでは、工会は一貫して従業員の利益を代弁するよりも、工場側、政府側の一員として振舞っていた。2006 年 6 月に、孫が民間の政治運動家と自称する人たちに出会い、全社会に支援を求める「従業員たちの権利擁護活動を支援する呼び掛け文」をネットで公開し、「民間監督会」の発足などの動きは観察されるものの、従業員内部での意見衝突などによりそれ以上の進展はなかった。さらに言えば、デモ行進、街頭演説の保障などのような社会運動のための必要条件の欠如も、陳情者たちを臨時的な政治機会の利用、あるいは自殺で異議申し立てをするような不正常な陳情に走らせたのであった。

　陳情の出発点は権益の侵害であり、既存の利害調整メカニズムの機能不全が、陳情行為に行き着く外因の 1 つである。そして、正常な陳情行為の行き詰まり、陳情行為の失敗経験、利用可能な資源の欠如、条件の不備などが不正常な陳情を生みだす内因であった。その延長線上、民間の「理」、「情」などの要素と「大きく騒ぐことで上級部門の関心を引く」という投機的な心理が絡み合い、一種の自己正当化の下での過激行動としての集団騒擾事件が生まれていた。取り上げた事例の一連の過程において、陳情者の訴える要求も権益の補償から、「党紀と国法の厳守を擁護し、集団所有制企業従業員たちの民主的に選挙を行う権利を擁護し、労働者たちの合法的な権益を守ろう」

(北京でデモ行進を申請する時のスローガン）という政治的な要求に変った。ただし、「上」に訴える原則と、「上から下への圧力を促す」権利擁護手段としての陳情の目的は変わっていない。その「上」にいる「責任者」、「トップ」を求め、最終的には温家宝という国家の最高指導者にまで至ったのである。これが、陳情制度を利用する側のモチベーションであり、行動を促す内在的論理であった。

(2) 陳情行政の実態

以下、運用者側のあり方を陳情機構の問題、陳情行政の問責制度、安定重視方針、地方における陳情工作の実態、ならびに法制化の動きなどから、考察したい。

まず、陳情行政機構の問題について、姜明安（北京大学）は、①機構の分散、②人員の不足、③権限の不充分、④処理の法的基準の未整備、⑤手続きの厳格さの欠乏などが存在すると指摘している（姜明安［2005］14頁）。今回の事例でも見られたように、機構が分散し、独立した権限がなく、処理の手続きも明確ではないため、結果的に、上から下へ、部門同士での、問題の処理義務と責任のなすり合いが生じていた。利用者にとっては、これは行政のたらいまわしとなり、時間、経済、労力ともに高いコストを払わなければならない。実際に受理されたとしても、問題が解決されるケースが少ない。陳情条例で定められている処理、再審議、再審理の三級終結手続きは、効果的ではなく、しかも、再審議に当たる最高の行政レベルが市級であるため、一定の陳情経験を持つ者にとって問題解決への期待値が高くないのが現状である（馬平、銭飛［2010］90頁）。

第2に、陳情行政の問責制度である。新しい「陳情条例」では、「属地管理、級別責任、責任主体の明確化、問題の現地解決」（第4条）という原則の下で、陳情業務の管轄範囲を明確にしたう上で、その成績を公務員人事考課評価システムに組み込む「陳情業務責任制」（第7条）を規定した。なお、「新時期陳情業務強化に関する意見」（2007年6月）、「陳情業務規律違反への

第 6 章　陳情制度をめぐる権利擁護と安定維持の力学

『中国共産党紀律処分条例』適用上の若干の問題に関する解釈」（2008 年 7 月）と「陳情業務規律違反の処分に関する暫定規定」（2008 年 6 月）などの一連の通達は、陳情業務責任の追及方法についても厳しく規定した。これは、地方政府、特に指導部の行動に強く影響しており、彼らは所轄区域内で発生した陳情問題に対して一層重視するようになった。処理結果に満足できない陳情者が地元政府を飛び越して省、中央に対して直接陳情した場合、その地方幹部は責任を負わなければいけない。

　このような陳情業務における問責制度は、栄敬本ら（中央編訳局）が提起した中国式「圧力型体系」の典型的な形式とも言える。圧力型体系とは、あるレベルの政治組織が経済のキャッチアップを実現し、上級行政機関が下級行政機関に対して決めつける各種の指標を達成するために採用している数値化任務配分方式と物質化した行政成績評価体系を指す。経済指標以外に、社会政治指標、例えば安全事故指標、社会治安指標、陳情者数などが指標となる。これらの任務の評価には一票否決制（ある任務と指標が達成できないと、その年の成績はゼロと査定され、罰則を受ける評価方法）が適用される。（本書、毛里序章参照。栄敬本［1998］28 頁、［2009］28 頁）。

　具体的事例を紹介しよう。江蘇省海安県孫荘鎮では、次のようになっている。北京への陳情が発生した場合、担当責任者の行政成績評価は 1 件につき 4 ポイントを減点され、繰り返し陳情、集団的陳情が生じた場合、その倍が減点される。なお、省、市、県への陳情が出た時には、1 件につき、3、2、1 ポイントを減点するという[15]。地方政府は、行政成績評価で減点されず、さらに一票否決による処罰を避けるためには、所轄地域内での陳情をゼロに押し込むために躍起にならざるをえない。地元住民による陳情があったとしても、できる限り基層のレベルで抑えようとするのが地方政府の習慣となり、万が一、北京陳情が発生した際には、利用可能な資源を総動員して、陳情を阻止しようとする。時には人員を派遣し、陳情狩りまで行っている。これが陳情問責制度の圧力の下で、陳情問題処理に当たる地方政府に蔓延する普遍的な実態であり、陳情狩りの原動力となっている。楊瑞竜（中国人民大

学) らが、経済学的なアプローチから行った陳情者、中央政府、地方政府の三者の行為に関する研究でも、現行の陳情問責制度下では、地方政府が陳情狩り行為を選択する経済学的な合理性が生まれるとの結論が出ている。(楊瑞竜ら [2010])。

　第3は、現政権の安定維持重視政策である。近年の治安と法律の実施に関する一連の政策、指導者の発言からも見られるように、政府にとって、安定維持、陳情、集団騒擾事件は有機的に関連のある至上命題となり、それへの組織的、金銭的、技術的取り組みが一層強化している。2008年下半期からは全国範囲で、県レベルの党書記が直接陳情を受け付けるキャンペーンが行われ、中央と国家機関の幹部が出張陳情受付にも力を入れている。これも安定維持業務の一環であり、政府が社会不安定要素となる矛盾を基層のレベルで察知し、治安をおびやかすような圧力を末端から緩和しようとする思惑の表れともいえる。これらの対応が、局部的に、個別的に功を奏することがあるのも事実である。2011年1月24日、温家宝首相が国家陳情局を訪れ、陳情者たちと交流し、問題が解決されたことはその端的な例である。

　とはいえ、全てが穏健に済んだわけではない。地方政府が「安定がすべてを凌駕する」というスローガンの下で、陳情の処理に当たり、より正確に言えば、陳情者への対応にあたり、経済手段を動員したり、時には、司法範疇を超え、労働矯正、有罪判決を下すことさえもある。陳情問題研究の第一人者である于建嶸（中国社会科学院農村発展研究所）が、2011年5月8日、瀋陽市郷鎮幹部50人に対して行った「当面の中国の社会安定と公共安全」と題する講演で、政府レベルにおける陳情処理業務には、①一斉捜査、②懐柔、③陳情狩り、④取り締まり、⑤お金で安定を買う、という5つの段階があると指摘した。②の懐柔とは、陳情者を学習させたり、旅行に行かせたりすることであり、④の取り締まりとは、拘留、労働矯正、有罪判決、精神病院への送還を指すという[16]。孫の場合、6月4日の北京での陳情が阻止され、別荘で接待を受けていた。まさに、懐柔である。陳情者が拘留、労働矯正、有罪判決、精神病院に送られることは前述のとおりである。

最後に、公安機関の陳情者に対する拘留、労働矯正、有罪判決などの行為を合法化する動きについて紹介する。2005年8月以後、公安部は「公安機関陳情業務規定」と「陳情業務の健全で長期的かつ効果的なメカニズムの樹立に関する公安部の意見」を通達して、警察が陳情について任務執行の根拠となる法規の制定を進めることで法制化、制度化の基盤を作った。2009年には「公安陳情業務を強化することに関する意見」を通達し、現在の公安機関陳情業務を指導する重要な文献となった[17]。中央の意見に照らし、地方でも具体的なガイドラインが作られた。安徽省が制定した「陳情活動中の違法犯罪行為への法律適用に関する意見」（2006年12月）の第1項目は、「陳情活動中の違法犯罪行為」を次のような行為を指すとした。陳情者が「刑法」「治安管理処罰法」「公安機関労働矯正案件処理規定」「陳情条例」などの法規に違反して意図的に公共秩序を乱したり、国家と公共の安全を妨害するような行為、人身権利や財産を侵害したり、社会管理業務を妨害し、公的・私的財物に損害を与える行為などで、法律法規に基づき、治安管理処罰、労働矯正あるいは刑事責任を追及される。江西省の「陳情活動中の違法犯罪行為への法律適用に関する意見」（2007年5月）でも同じように規定された。

理不尽な執拗陳情の解釈と処罰

取締まりの対象となるもう1つの「理不尽な執拗陳情」（「無理纏訪」）について見てみよう。山東省嘉祥県政府が定めた「陳情活動中の理不尽な執拗陳情などの違法行為処理の適用法律に関する意見」（2010年9月）では、「理不尽な執拗陳情」とは、陳情者が違法に利益を謀ることを目的に、陳情部門に悪意を持って、繰り返し登録、提訴する行為を指す。それには、①陳情をやめることにサインしたにもかかわらず、同じ内容で陳情を繰り返すこと、②陳情事項が処理、再審査、再審理を経て終結した後も陳情を繰り返すこと、③陳情条例の手順を守らず、処理、再審査、再審理を求めること、などがある。これらの行為に対して、警察や陳情受付部門は、陳情行為の悪質さの度合いによって、段階的に、訓戒、警告処罰、拘留（5～10日）、罰金（500元以下）、労働矯正、刑事責任追及、という処罰を定めている。いずれにせよ、

これらの定義、解釈は陳情が発生する原因、理由ではなく、その行為がもたらす不安定要素を問題視した内容であり、陳情者を取り締まる政府の行為を正当化するための明文化作業とも言える。中国社会科学院農村発展研究所が行った北京での陳情者560人に対するアンケート調査の結果、71.1％の陳情者は、新しい陳情条例が実施されて以来、地方政府の陳情者に対する取り締まりが強化され、63.9％が拘留拘禁された経験があり、18.8％が労働矯正あるいは有罪判決を受けたという（于建嶸［2007］14頁）。

いずれにせよ、陳情をめぐる行政では、民の権利救済より、安定維持を重視している現状が浮き彫りとなった。安定維持こそが陳情行政の出発点なのである。

(3) 民と官の相克

最後に、以上の議論を踏まえながら、利用者と運用者の行為の相関関係について整理した上で、中国政治における陳情政治の意義について考察したい。

権利擁護と安定維持のジレンマ

市場経済の導入による利益構造の変化、経済発展優先政策などにより、個々人の利益侵害は深刻だ。権利意識の向上に伴い、民の権利要求が高まった。既存の紛争解決、利害調整、権利表出のメカニズムでは、民の要求に対応し切れない。経済的コストの配慮、政府への信頼などの複合的な要素が絡み合い、民の要求は陳情に集中するようになっている。正常な陳情の受理拒否、不当な処理、処理への不満は一部の陳情者にとって正常なルートでの陳情の失敗を意味する。その結果、陳情受付部門内部の問題と陳情処理能力の限界が露呈される。陳情活動を通じて得られた認識と経験は、不正常な陳情を生みだす。それが直訴、反復陳情、集団陳情、越級陳情ないし業務執行妨害など公共の安全を脅かす集団騒擾事件にまで発展する。政府にとって、所轄区域内での陳情の増加、集団騒擾事件の発生は不安定要素であり、業績評価に直結する。社会安定維持に関する上級からの圧力が高まる中、地方政府

第6章　陳情制度をめぐる権利擁護と安定維持の力学

は一票否決制の適用から免れるために、社会管理を強化する。そこで派生するのが陳情受付、出張陳情受付、陳情狩りである。その内、陳情狩り、拘留、労働矯正などは陳情者にとっては、個人の人身を迫害する行為に当たる。これは国家公権力の個人に対する権利侵害に関わる。こうして当初の争点が、利益の侵害から権利の侵害へと変わる。よって、様々な価値が加わり、民衆の権利擁護の行動が正当化され、それが権利擁護行為の強化に繋がる。これに対して、政府も一方では利害調整メカニズム、諸手続きの改革、改善を進めると同時に、もう一方では、陳情部門の権限強化、法律、経済、政治などの資源を総動員した安定維持体制を強化する。特に安定維持体制の強化は、台頭する権利擁護運動と衝突する場合もある。いわば、民の正当性と官の正当性がせめぎ合う新たなジレンマが生まれる。これが、一連の議論を通じて浮き彫りとなった陳情制度をめぐる民と官が衝突する構造である。陳情制度は権利擁護と安定維持の力学のジレンマに置かれているともいえる。以上、紹介した陳情制度をめぐる利用者、運用者の行為を「陳情政治の力学の見取り図」で表現することができる。

　武漢市黄陂区陳情局戴漢民副局長の次の一言は陳情制度が抱える矛盾を典型的に表している。「…陳情問題の主要矛盾は、政府の安定維持と民衆の権利擁護の間の矛盾である。たとえば、土地の収用問題で農民に対する補償が少なければ、農民の不満を買う。企業改革において従業員に労働保険に加入させないと従業員の不満を買う。不満があれば、陳情を始める。個人で陳情できなければ、集団陳情に走る。集団騒擾事件が発生すれば、政府は安定維持を求める。そのため、民衆の問題を解決しなければいけない。安定維持と権利擁護の矛盾をいかに処理するかが陳情業務の主な内容である」。[18]

　前に指摘したように、利用者にとって、陳情制度利用の動機は、陳情のプロセスで得られた認識と経験に基づき、政府に圧力をかけることで問題解決の突破口を探ることにあった。政府に圧力をかけることは、陳情行為の手段であり、目的でもある。

　これは、現行の圧力型政治体制を前提としている。紙幅の関係で問題点だ

陳情制度をめぐる行為の見取り図

利用者のゾーン

陳情者側の問題
上級部門に対する過大な期待、陳情制度に対する知識不足、利益追求の肥大化、官に対する偏見、敵視、被害妄想、政治文化など

陳情に流れる理由
裁判所の受理拒否、司法への不慣れ、青天願望論、コスト削減など

陳情行為の目的
権利救済、利益追求、政府への圧力、鬱憤を晴らすなど

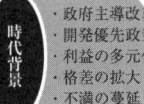

時代背景
・政府主導改革
・開発優先政策
・利益の多元化
・格差の拡大
・不満の蔓延

出発点・争点（侵害・権益）
・立ち退き問題
・国有企業改革
・農民負担過重
・労働争議多発
・土地紛争
・その他

権利救済・利益要求の手段・方法
・直接交渉
・労働争議
・司法
・行政再議
・陳情制度
・弱者の武器
・その他（直訴）

陳情利用行為（正常・不正常）
・投書
・集団陳情
・越級陳情
・重複陳情
・騒ぎ陳情
・執拗な陳情
・その他

政治社会構造の問題
圧力団体の未熟、不充分な利益表出チャンネル、利害調整メカニズムの機能不全、世論監督の限界、社会運動の未熟など

陳情行為が利用する資源、戦術
法律、政策、革命伝統、イデオロギー、臨時・常時な政治機会、通信手段、ネットワークなど

陳情行為の結果
部分的解決、労働矯正、人身被害、家族関係の崩壊、陳情行為の専業化、陳情村の形成など

不正常な陳情に流れる理由
上級・中央政府に対する期待、基層政府に対する失望、個人的信念、その他の手段がない

陳情から派生する違法行為
公務執行の妨害、社会秩序の破壊、集団騒擾事件、デモなど

第 6 章　陳情制度をめぐる権利擁護と安定維持の力学

```
                    ┌─────────────────────────┐
                    │     運用者のゾーン        │
                    └─────────────────────────┘
```

陳情制度の問題点
人員不足、機構の分散、独立権限の欠如、処理基準が定まってない、手続きの厳格さの欠如など

官僚政治の問題点
上級の政府にのみ責任を持つ、陳情部門の権限、民に対する偏見、監視システムの欠如、部門間の利権保護など

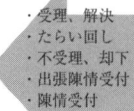

陳情制度

- 受理、解決
- たらい回し
- 不受理、却下
- 出張陳情受付
- 陳情受付
- 陳情狩り

官の対応

- 社会の安全弁
- 制度的慣性
- 民と官を繋ぐ架け橋
- 政府の監督
- 民生の把握
- 政策の建議

陳情制度を支える理論、期待する機能

- 社会管理課題
- 安定維持任務
- 大衆路線継承
- 行政主導政治
- 政治参加の道具

大局（政策、発展、安定）の関係

陳情を阻止する理由、条件
属地管理、級別責任、責任主体の明確化、現地解決原則、行政成績評価基準、経済コストより政治コストを重視、利用可能な経済・組織資源など

背景、条件：政法工作の重視
安定維持の重視路線、政法経費の保障、陳情・集団騒擾事件・安定維持の三位一体の思考回路

司法、立法、行政のあらゆる領域において代替メカニズムの欠如

不正常な陳情行為への対応
勧告、拘留、労働矯正、民間警備会社に拘束、送還業務を委託など

不正常な行為の判断、取締る根拠
刑法、治安管理処置法、集会游行示威法、陳情条例、公安部の意見など

（作成：呉茂松）

け簡単に指摘しておこう。官僚システム固有の上の指令、下の実行という関係は、一般的な現象である。だが、中国の場合問題となるのは、地方政府の制限された権力と過重な責任の非対称にある。というのは権力が上層部に集中しすぎた故に、政策の実行、幹部人事の任免などは、上級政府の関与を不可欠とする。換言すれば、地方政府の権限は、民からの支持ではなく、上級部門からの授与によるものである。まさにここに、投票とは程遠い、陳情を通じて圧力をかける民の政治参加が生まれる要因があり、また、治安維持の過重な責任と厳しい問責制度の間で、振る舞う地方政府の歪んだ自主性が生まれる要因がある。その上、陳情部門、ひいては地方政府を含む公権力に対する監視制度の欠如も多くの有識者が指摘している通りである。

おわりに

　ある研究者は陳情制度の機能には、政策提言を含む民意の表出、公民の権利救済、民衆による監督、社会の安全弁（ガス抜き）という役割などが期待されるという（陳豊［2010］）。本章では、権利救済機能に焦点を当てて、検証してきた。当然ながら、実際の運用において、制度を有効活用して権利救済を実現した事例も存在する。本章では、陳情制度をめぐる民と官との関係における対立する側面、その現状、成因、構造について分析してきた。

　権利救済の要求が高まる中、現行の利害調整のメカニズムがうまく機能しないため、それらの要求は、既存の政治体制において補助的な制度として位置づけられる陳情制度に集中した。だが、機構の内部の問題点、また権限、責任の非対称が陳情制度の限界を露呈し、さらに陳情受付機関の圧力型の体質が、地方政府の陳情処理における歪んだ行為を生みだした。根幹にある問題は、拡大する同じ権利救済の要求と陳情制度の能力の矛盾である。制度の機能不全に由来するこの矛盾は、時として陳情行為の異常化、暴力化、長期化をもたらした。なお、これらの行為は、政府を動かす民からの圧力となり、本来の制度設計とは異なる形での救済を果たしたケースもあった。だ

が、重いコストと大きなリスクを求められた。民にとって、官を動かして権利救済を叶える唯一の手段には、過大なリスクを背負って、政府に圧力をかけるしかなかったことを意味する。

　本章では、陳情制度だけに焦点を当ててきた。しかしより全面的に陳情制度、陳情政治を理解するには、中国政治社会に視野を広げる必要がある。陳情制度の矛盾を解決するには、制度そのもの機能強化より、利益の多元化に適応する核心的政治制度の機能の改善が先決問題である。それには、司法の独立による公正で有効な利害調整メカニズムの構築、人民代表大会の政治参加、利益表出機能の強化などが欠かせない。他方、官の暴走を監視し、対等な国家と社会の関係を構築するためには、利益団体、圧力団体の育成、メディアの自由を含む社会運動の合法化、ひいては市民社会の形成も求められる。

注

1) 維権運動の内容、定義、性質、国家との関係については拙論（呉茂松［2012a］）を参照されたい。
2) 近年に見られる陳情問題に関する研究は、陳情制度の分析と陳情行為の分析に集中している。前者は、制度が形成された経緯、機能、コスト、司法との関連性などが論旨となり、後者は陳情行為の出発点、手段、資源、目的などに着目し、「権利侵害―権利擁護」の枠組みの中で議論される。本論は両者の相関性に着目する。
3) 事例選定の基準は、陳情行為の成功、失敗ではなく、利用者、または運用者の行動と制度（制度そのもの、または制度運営の在り方）の相関関係、因果関係を説明するに充分な要素を有するかどうかである。事例に関する資料の出所などの詳細は本書の付録の部分を参照されたい。
4) 臨潼区は西安市の東部に位置、人口67万、ちなみに蓮湖区は、市の西北部に位置、人口64万（2009年統計）。2つの行政区の地理的な距離、人口の規模等から考えると陳情問題に関する意識には質的な相違があると考えにくい。

5) 陳情行為の目的の合理性を基準に、陳柏峰は、権利擁護型陳情、謀利型陳情、合理性曖昧な陳情の3つに分類している（陳柏峰［2011］）。田先紅は、権利擁護型陳情と謀利型陳情と2つに分類している（田先紅［2010］）。
6) 代表的なものには、于建嶸、応星、呉毅などの研究がある。
7) 「我們対孫礼静同志的看法」『西安電力機械製造会社労働服務総公司』がまとめた資料。
8) 不正常陳情行為についての政府の公式見解を明記したその1つが深圳市の「不正常な陳情行為を法により処理することに関する通達」（深公（指）字［2009］542号）であり、天安門広場などで陳情、坐り込み陳情含む業務妨害、陳情資料の配布、標語提示を含む扇動行為、自殺による陳情など、14種の行為を規定した（李宏偉［2011］など）。
9) 孫礼静の口述資料にも登場し、于建嶸（［2009］）が分析した100例の陳情案の中でも取り上げている。
10) 「関於対西安整流変圧器場職代会依法罷免工場状況的調査報告」でも、この報告を受けた省書記の指示で、調査に着手を始めたと記述している。
11) 「接訪『灰色産業鏈』追跡」『瞭望』2009年11月23日、8-9頁。
12) 陳情政治とは、陳情制度の利用者と運用者がそれぞれの行為の目的を最大限実現するために、様々な手段、資源などを活用しながら展開する営み、その力学のことを指す。これには、権力、政策、制度、ガバナンスに関わる政府も、それ以外の個人、社会集団も含まれる。
13) 労働争議の内容、数、それへの国家側の対応については、拙論（呉茂松［2012b］）を参照されたい。
14) 李天国（人的資源・社会保障部労働科学研究所労働争議研究室主任）が推計したもの。
15) 「基層信訪需吃降圧薬」『南方週末』2011年5月12日。
16) 講義を受けた地方幹部は、「我々はまさにその通りに業務をおこなっている」と語った。
17) 「中国公安信訪工作長効機制基本形成」中国新聞網（http://www.humanrights.

co/cn/wqfw/xinf/xfdt/t20100818_639071.htm）　2011年1月26日にアクセス
18）「区信訪局的酸甜苦辣」『南風窓』2009年第8期、40頁

参考文献

呉茂松　2012a「現代中国における維権運動と国家」『中国共産党のサバイバル戦略』
　　三和書籍
呉茂松　2012b「党国体制と労働問題——社会主義市場経済期を中心に」『党国体制の
　　現在——変容する社会と中国共産党の適応』慶應義塾大学出版会
松戸庸子　2011「合法的『信訪制度』が何ゆえに行政拘禁を招くのか」『アカデミア』
　　2011年6月
李天国「戦後日本の労働紛争処理システムの変化に関する研究」独立行政法人・労働
　　政策研究・研修機構 HP（http://www.jil.go.jp/profile/documents/Ri%20Tenkoku.
　　pdf）2011年5月20日にアクセス

陳柏峰　2011「無理上訪与基層法治」『中外法学』2011年2月
陣豊　2010「信訪制度成本：一個中国式社会問題」『東南学術』2010年第6期
姜明安　2005「改革信訪制度創新我国解紛和救済機制」『中国党政幹部論壇』2005年5
　　月
李紅勃　2011「走向国家人権機構：信訪制度改革的一種可能思路」『中国政治』2011年
　　1月
李宏偉　2011「転型期非制度化信訪的突出問題及原因剖析」『理論界』2011年第1期
馬平、銭飛　2010「信訪、実体正義与法治之路：関於信訪困局的一種思考——以寧波
　　市鄞州区為例」『寧波大学学報』2010年11月
栄敬本　1998『従圧力型体制向民主合作体制的転換——県郷両級政治体制改革』中国
　　編訳出版社
孫礼静　2009『工人之路——西安整流変圧器場職工的護場闘争』中国文化伝播出版社
田先紅　2010「従維権到謀利——農民上訪行為邏輯変遷的一個解釈框架」『開放時代』
　　2010年6月

童之偉 2011「信訪体制在中国憲法框架中的合理定位」『現代法学』2011 年 1 月

呉超 2009「新中国六十年信訪制度的歴史考察」『中共党史研究』2009 年第 11 期

楊瑞竜、尹振東、桂林 2010「上訪与対地方官員問責：一個新政治経済学的視角」『経済研究』2010 年第 12 期

応星 2004「作為特殊行政救済的信訪」『法学研究』2004 年第 3 期

于建嶸 2007「対 560 名進京上訪者的調査」『法律与生活』2007 年 5 月

于建嶸 2009『中国労働教養制度批判——基于 100 例上訪労教案的分析』中国文化出版社

趙百川 2005「信訪聯席会議是解決信訪突出問題的一種有効形式」『西安市人民政府公報』2005 年 5 月

中国基層信訪問題研究報告課題組 2008「中国基層信訪問題研究報告——以西安市臨潼区信訪状況為例」『雲南大学学報法学版』2008 年 5 月

第7章　退役軍人による陳情

弓野　正宏

要旨：中国で退役軍人の陳情問題が深刻化している。社会に復員する年間の退役軍人数（非軍人の職員も含む）は60万人ともいわれる。政府は元々退役軍人を「国の貴重な宝」と定義して、国家公務員として福利厚生を提供してきた。ところが経済に市場原理が導入されると、政府は彼らへの対策費用を軍から切り離し、地方や社会に転嫁し始めた。彼らは公務員ではなくなり、自分で再就職先を探すよう奨励される。こうした政策の転換に対し、彼らは陳情により異議申し立てをするが、軍人による不満表明は政府にとって言語道断であり、彼らを治安維持対象としてみなすようになった。命を懸けて国に奉仕してきたにもかかわらず、このような扱いを受けて屈辱感を感じている。彼らの不満の増大が政府の治安維持強化をもたらし、それが更に不満を掻立てるという悪循環になっている。

はじめに

　中国では退役軍人による陳情問題が深刻化している。大部分は退役後の福利厚生や再就職先斡旋を巡る問題の解決を求めるものだ。一般市民の陳情は、通常自分が要求する分野の陳情受付窓口に持ち込む場合が多く単一的だが、退役軍人のそれは、退役軍人という比較的まとまりのある集団であるにもかかわらず、再就職や住宅斡旋では民政部、保険等の福利厚生は社会保障部、所属等の人事問題は人事部とその担当部署が多元化している。軍にも陳情受付窓口があり、軍全体の陳情を統括する陳情局も政治任務を担う軍の幕僚部門である総政治部に設置され、受付窓口も開設されている。彼らの要求は増えるばかりで、集団騒擾事件に発展する場合もある。失業対策が議論される際には、大学生の就職難や農村から都市への労働者流入による就業難と

ともに退役軍人の就職問題も必ず言及されるほど、彼らによる異議申し立てが、政府にとって見過ごせない事態になりつつある。軍から企業に転職した「幹部」による陳情は、腐敗反対、立ち退き抗議と並ぶ「国内陳情の三大ホット・イシュー」(ネットBBS) とも呼ばれる[1]。国の安全保障を担う軍人という特殊性も、彼らの不満の高まりが直接安全保障に繋がり、共産党支配を揺るがしかねないため、市民による造反どころではない深刻さをはらむ。

そこで中国政治アクターの中で特殊な集団である退役軍人の陳情に注目する。政府は退役軍人の処置費用を地方政府に転嫁し、地方政府は福利厚生を切り捨て退役軍人に自力更生を求めるため (弓野 [2011]、[2012])、彼らの不満が高まり、陳情に訴えるようになってきた。退役軍人の陳情が増えたことで政府は危機感を募らせ、彼らを警戒対象として注視するようになった。退役軍人は、手厚い社会保障を提供され宣伝や教育によって盛んに「国と党の宝」と重要性がアピールされる国家公務員から治安維持や貧困対策の対象としてみなされる存在に変化したのである。

このような政府の治安維持対象とする方針は退役軍人たちを激怒させた。治安維持や貧困対策の対象として扱われることに我慢ならない。退役軍人の不満が鬱積し、陳情に訴えることは治安維持に影響し、政府がその対策を強化するという問題が先鋭化する悪循環に陥っている。本章では、退役軍人に対する福利厚生の切り捨てによって高まった彼らの不満と、治安維持強化という負の連鎖構造を分析する。

1. 退役軍人による陳情の増加

退役軍人による集団陳情が突出化するのは1990年代以降である。退役軍人の陳情問題の起点として2001年が挙げられる場合が多いが、これは軍人の住居手当補助制度や、退役軍人の再就職に自主選択制が導入されたことを主な原因とみるためである (馬喜軍 [2006])。ただ退役軍人の大量発生による陳情増加という流れを考えると、退役軍人の社会問題化は80年代半ばに

着手されて、社会への復員軍人を生み出すことになった軍の機構改革に負うところが大きいと言える。彼らは何を要求しているのか。陳情者の要求は大別して、1つは国家幹部としての地位回復と相応の待遇、もう1つは退役政策をしっかり実行に移し、医療待遇を向上させるという2点である。企業改革で国家幹部としての地位を喪失し、社会改革により大きなリスクを負わされ、彼らが公正に扱われなくなったことを改善されるべきだというわけである。

(1) 退役軍人の大量創出

建国当初600万ともいわれた軍人が、内戦終結で大量に社会に復員する状況が発生したし、その後も朝鮮戦争やベトナム戦争など中国が兵士を動員した戦争が続いたが、戦争が終結してからは兵士の圧縮が続けられた。そのプロセスで軍人の再就職斡旋が進められた。その数は累計で4000万人に上る。(周芹［2011］)。しかし、社会主義体制において彼らの不満が表面化することは稀であり、社会問題化しなかった。問題が表面化し始めるのは、軍の機構改革による兵員削減が本格化してからのことである。1980年代半ばに着手された大幅な兵員削減により、大量の兵士たちの社会への大量復員が各政府に大きな財政負担を強いた。この時期は中国の経済体制が計画経済から市場経済へと転換される過程でもあった。

軍の機構改革は復員軍人の大量発生という副産物を生んだ。機構改革に伴う兵員削減では100万人削減(1985-1987年)、50万人削減(1997-1999年)、20万人削減(2003-2005年)の措置が大量の退役軍人を生み出すことになり、大部分が徴兵された地方に戻されて、再就職先を探さなければならなくなった(弓野［2012］)[2]。それとは別に兵役年限による退役者もいる。退役軍人の再就職や住居の斡旋を行う民政部の統計では年間数十万の退役者が存在する。統計によると、2002年の54万人から緩やかに減少しているが、それでも2010年には38万人を超える(次ページグラフ参照)。この数にはもちろん将校や兵士が含まれるが、軍籍のない職員も含まれるようだ。

軍からの退役者総数

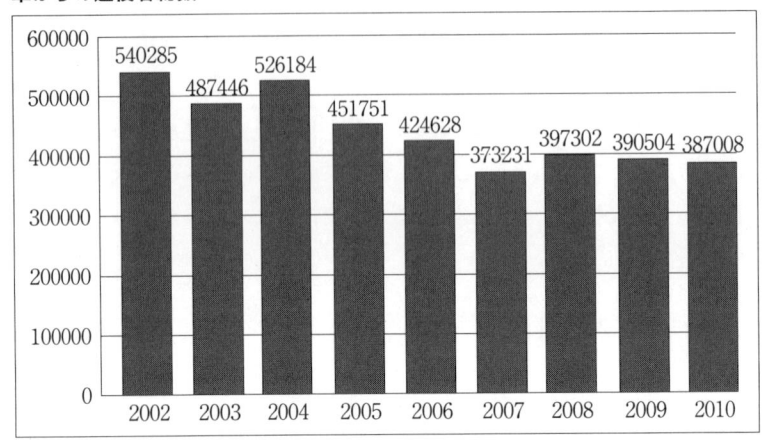

年	人数
2002	540285
2003	487446
2004	526184
2005	451751
2006	424628
2007	373231
2008	397302
2009	390504
2010	387008

(『中国民政統計年鑑』各年度から筆者作成)

　民政部の李学挙部長は毎年60万人の軍を退役する者がおり、そのうち35万人が政府に再就職し、傷痍軍人や建国前のゲリラ戦に参加した「老紅軍」などの重点的な慰撫対象は2004年までに468万人に上ると数字を挙げた（李学挙［2005］11頁）。中央政府による慰撫対策費は2008年に初めて300億元を超え、329億元に達したという（鄭伝鋒等［2009］）。

　退役軍人数の増加がどの程度の陳情数に比例するかは不明だが、多くの退役軍人の発生が政府にそれだけ多くの受入れを強いている事は間違いない。1998年に党中央が出した文書（中発［1998］7号文件）は、85年からの機構改革で発生した93万人の退役軍人に就職先や住居を斡旋したと記す。

　政府は退役軍人たちが都市に留まって集団陳情する事態を回避するため、彼らを徴兵された農村に戻す。民政部の羅平飛副部長によると、2001年に農村に戻され再斡旋されたのは、数十万人のうち49.5％だった（羅平飛［2006］）。兵士は国に奉仕してきという意識が強く、農村に戻された後の生活や仕事面の苦しい境遇に我慢ならない。また、農村に戻されてから再就職先や住居が斡旋されて望みどおりの待遇を享受できるとは限らなかった。一度企業に転職したものがクビになる場合もあった。彼らは陳情を起こし、待

遇改善を求めるようになった（陳小君等［2011］145頁）。退役軍人の集団陳情は、既に15以上の省・自治区・直轄市で発生し、地域に限定されず、中国全土で普遍化し、件数、規模も拡大している。2001年以降、特に企業に転職した退役軍人でこうした趨勢が強まり、地域、業界に関わらず大規模化するようになった（郭済等［2002］）。

(2) 陳情と集団騒擾事件の深刻化

退役軍人たちは改革開放以前は退役後、自動的に党や政府機関や政府に再就職先が振り分けられた。「軍からの転職幹部（軍転幹部）」と称されるように彼らは退役しても国家公務員だった。ところが改革開放政策が採られるようになって市場経済原理が導入されると、そうした待遇を政府が提供し続けるのは困難になった。政府への再就職斡旋を除いて、多くの者が私企業に活路を見出さなければならなくなっている。市場原理の浸透、国有企業の減少が退役軍人の再就職先縮小をもたらし再就職をより困難にしている。

1990年代初頭から陳情が徐々に増加し、陳情の発生場所も特定の地方から全国で普遍的に、そして人数も少数から数百人、数千人という大規模なものに発展するようになっている。そして単なる異議申し立てから、政府庁舎の包囲、警察との衝突といった激しい抗議行動へと変化した。集団陳情は瀋陽（遼寧省）、武漢（湖北省）、鄭州（河南省）、北京で発生している。山西省では2003年に500人近くの企業に転職した退役軍人が鉄道の運行妨害を行い、2時間余りにわたって列車運行がマヒする事件も起きた（鄭允岐［2008］57頁）。2009年1月には陝西省西安市、咸陽市、渭南市では2000名以上の退役軍人が省政府庁舎に赴き、集団陳情し、翌2月にも1000名以上が山東省の政府庁舎に赴き、待遇改善要求を行った（夏暁宴［2009］）。

軍を巡る陳情の問題は表面化することは少なく、軍内部の事項として機密扱いされているため、その実態や全体像を掌握することは極めて困難だ。ただ一部マスコミなどに漏れ伝えられ、報道される陳情の増加も問題の深刻化を示唆している。軍の陳情を受け付ける総政治部陳情局（総政治部弁公庁信訪

局来訪接待室)への陳情数も 2002 年にわずか 30 グループ 630 人だったものが、翌 2003 年には 53 グループ 825 人、2004 年には 142 グループ 2098 人、2005 年の 5 月までの 5 カ月で 56 グループ 1051 人と増加している（何忠洲 [2007] 36 頁)。ただこの数字や表面化する陳情は退役軍人たちによる陳情全体からいえば氷山の一角にすぎない。こうした陳情の増加、深刻化に対して行政機関では有効な対策を打ち出せていない。軍内部の陳情受付窓口は通常、軍級以上の規模の大きな部隊にしか設置されておらず、組織任務に携わる幹事が陳情担当となるが、一人で担当するには負担が大きすぎる上、組織、軍務、規律など幾つかの部門にも関わるため、担当者は消極的になりがちだという（邱隆軍 [2006] 39 頁)。また軍でも他の官僚部門と同じく陳情の多少が業績の良し悪しを左右する（軍隊陳情条例 6 条）ため、陳情受付が消極的になりがちでもある。退役した彼らの再就職先、住所、保険など福利厚生の斡旋は民政部、年金は社会保障部、所属変更等の人事問題は人事部と多くの部門にその分担先が分かれている。つまり彼らの陳情先も軍に止まらず、福利厚生を担当する地方の各政府部門に向かう。これは故意に矛盾の矛先を分散させているようにも見える。軍人が連携して集団で陳情することを回避したいようである。遼寧省の治安維持担当者である宋善雲（省維穏弁公室主任）によると、遼寧省では企業に再就職した者たちが「全国的に連携する傾向が依然としてみられる」と集団行動を警戒する（宋善雲、劉子陽 [2006] 14頁)。軍人の任務の性質からいっても退役軍人たちが連携する傾向があり、退役後も在郷軍人会や部隊の親睦グループなど集まる場面も多く、集団行動をとりやすいだけに政府はとりわけ彼らに気を使うというわけである。

(3) 困難を増す再就職、定住先の斡旋

2010 年 11 月に『軍営を出る古参兵』と題する書籍の出版記念式が大々的に行われた。軍系のメディアが大々的に報道したが、式典の開催は退役軍人を巡る処置がいかに政府を悩ませていることを示唆するものである。総政治部が編纂した兵士向けの問題要点冊子（『軍営の重要理論問題は何か』2011 年

版）では、兵士が把握しなければならない12項目の問題の1つに退役軍人の再就職問題が挙げられた（総政治部宣伝部［2011］147-161頁）3)。同書は「退役軍人の斡旋が困難な原因はなぜか」と問い、再就職先斡旋が困難になっていることを認めている。配置換えを終えた退役軍人が翌日に失業した例や、退役軍人受け入れに消極的な組織がある現実が列挙される。

　同書は、彼らの再就職が困難な原因について、計画経済から市場経済への変換という経済変革、地方を中心に就職難が深刻化する傾向、人事・労働政策改革によるダウンサイジング、就職時の実力以上の高望み、発展の不均衡、という要素を挙げる。

　2000年代に入って政府は退役将校の一部を「丸抱え」して政府機関や事業単位に再就職先を斡旋する政策をとり始めた。しかしその一方で「軍からの転職幹部」たちに自力で職探しをすることも推進している。つまり政府に再就職先が斡旋される者と自力で再就職先を探す者の二種類が出現するようになった。後者は「自主転職幹部」とも呼ばれ、地方政府は彼らを優遇する措置を採るようになった（例えば地方の都市で退役軍人が自主的に就職するため優遇政策を採ることに関する意見通達・国弁発［2004］10号文件）。基本的には一時的に補助を出し、後は自己責任での再就職を奨励して、地方政府に彼らへの優遇政策を採るよう促す。中央政府はなるべく懐を痛めず、退役軍人を再就職させたいのだ。

　ところが、企業は必ずしも積極的に退役軍人を受け入れるわけではなく、福利厚生などコストはカットされる場合が多かった。退役軍人たちの社会保障はおざなりとなり、彼らの権益は切り捨てられるようになった。彼らの社会的地位は「国家幹部」から企業の一般社員に格が下がり、職務面では仕事、作業が与えられなかったり、住居、医療面の待遇が大幅にカットされ、給与も下がり、生活保護対象になるものも少なからず発生した。企業でも仕事があれば良い方であり、企業改革によって企業が閉鎖され、一夜にして失業の憂き目に遭うものも多い。また、彼らが「手に職がない」ことも再就職を困難にしている。2007年に吉林省での就職フォーラムには500名近くの

退役軍人が参加したが、実際に就職できたのはわずか76名だった（陳孝[2008] 57頁）。退役軍人たちは学校を卒業してからすぐに規律の厳しい部隊に配属され、命令に服従することを強いられていたため、考え方が硬直しがちで、市場経済に適応できない者も多い。湖北省襄樊市の退役軍人再就職斡旋事務所（軍転弁公室）の責任者によると、特に解決が困難なのは考えが保守的な40歳前後の師団級幹部の再就職だという（何忠洲[2007] 36頁）。総政治部の李継耐主任は2007年6月に開かれた軍転職幹部の斡旋に関するテレビ会議で「師団レベルの幹部の転職を引き続き重点に起き、功臣の模範や艱難辛苦な辺境地域で兵役に就いた転職幹部を優先して斡旋せよ」と述べたほどだ（何忠洲[2007] 36頁）。指揮官レベルの幹部は功は大きいが、年齢も高く再就職が困難となっている。

（4）国有企業の減少による受入れ先の縮小

1949年から1999年までの間に現役を退いた将校は、計画経済下で一律に中央政府によって再就職先や住居、福利厚生が与えられた。その多くが政府部門や国有の企業に斡旋された。社会主義体制下では全てが政府機関だから、基本的には軍を退役して再就職しても別の部門への配置替えとなり、国家公務員としての地位は保障されていた。ところが経済システム変革が推進され、国有企業改革が行われると、市場原理が導入されて企業の整理整頓が断行された。こうしたプロセスで軍から企業に天下った者たちが解雇されるようになった。国有企業数は1989年の10万2300社から2002年に4万社まで減少し、職員数も8000万人余りから4000万人余り減った（何忠洲[2007] 36頁）。退役軍人を受け入れる国営企業というパイが急減し、市場原理が支配する私有企業がそれに取って代わったのだ。

私有企業に転職を余儀なくされた退役軍人たちは、給与面でも仕事面でも保障が受けられず、「もっともかわいそうな人々」に陥った[4]。1998年の中共中央文書（中発7号文件）は、「退役軍人の再就職は適宜斡旋せよ」と記し、退役すると自動的に再就職先や住居が斡旋されるのが普通だったが、

徐々にそのような保護政策は採られなくなり、代わりに自主的な再就職が奨励されるようになった。2003年の中共中央事務局文書（中弁発29号文件）は「軍隊から転職した幹部の生活上の困難な問題を解決せよ」と求めたほどだ。将校の待遇はそれでもよい方で，一兵卒の兵士たちは一時金が支給されるのみで社会に戻される場合が多い。退役軍人に対するサンプル調査でも将校と一兵卒で再就職先斡旋には大きな差があることが判明している（魏同斌 [2008] 37頁）。

2. 政府による退役・復員軍人への再斡旋政策

　国の安全を命懸で守り、貢献してきた軍人が享受する待遇は本来このようなものではなかったはずだ。陳情に走る退役軍人たちの思いはほぼ同じだろう。では本来あるべき退役軍人の待遇とはいかなるものか。退役してからも「幹部」と呼ばれたのはなぜか。その定義において退役軍人たちの待遇に大きく変化があったと考えられる。以下では定義の変化と意味を考察する。

(1) 軍からの「転職幹部」の「幹部」たるゆえん

　中国政府はその文書、法規において退役軍人を「軍からの転職幹部」（中国語で「軍転幹部」）と呼び、社会全般にこの呼称が定着している。『軍転幹部』や『転業軍官』という名の雑誌も刊行されている。「軍転幹部」の中で政府機関ではなく企業に再就職する者を「企業軍転幹部」と称しており、主としてこのグループが集団陳情を行い社会問題化している。

　この「軍転幹部」に対する福利厚生、社会保障はどのようなものか。社会主義を標榜する中国において、軍人に対する社会保障は広範で大規模なセーフティーネットが張り巡らされてきた。社会保障の対象としては現役の軍人、武装警察隊員はもちろんのこと、「革命傷痍軍人」（中華人民共和国の建国に貢献した負傷した元ゲリラたち）、復員軍人、革命烈士（建国の過程の内戦で死亡したもの）、軍人家族・殉職した兵士の家族も含み、訓練を受けた民兵さえ

も含む。そしてそのような退役軍人への社会保障は一般公務員や市民よりも高い基準が設定された（はずであった）（柯梯竹［1997］55頁）。これは彼らの特別な社会的貢献に対する「光栄な身分に対する尊敬」を示している。逆にいえばそれだけ多くの人々、グループが存在し、財政負担も大きいということになる。

　退役軍人に対する具体的な待遇は政府文書で規定され、ある程度の強制力を持ってきた。それゆえに彼らに対する定義の如何が彼らの待遇や社会的地位を決めているといっても過言ではない。陳情の如何も法的、政治的な根拠としてこうした文書に沿って進められてきた経緯がある。それゆえ退役軍人の陳情での具体的要求を見ると、まさに彼らの国家公務員としての地位確保が第一目標に掲げられている。しかし、同時に定義の変遷を詳細にみると、退役軍人の再就職や住居斡旋を巡る政府の苦渋も窺える。例えば早くは労働部が1993年に出した78号文件において「軍から企業への転職幹部」を「企業職員（員工）」と呼んでいる。もはや幹部と見なさないという意味を含んでいたが、その後の人事部82号文件では、再度「軍から企業への転職幹部」と呼び直した。

　国務院は「軍隊転職幹部安置暫定弁法」（中発［2001］3号文件）を2001年12月に規定し、これに応じて全国各地の省でも相応の規定が策定された。2006年5月には中共中央、国務院、中央軍事委員会が2001年の「弁法」の修正規定を出した。この条項では「軍から企業への転職幹部」を「現役から退出し、転職斡旋した軍官（将校）と文職幹部（非軍人官僚）」と定義している。そして「国家幹部」の身分を有すると記述している。つまり「軍からの転職幹部」は軍を退役したとはいえ、依然「国幹部」の地位を持った国家公務員なのだ。幹部とは単なる呼称に止まらず、社会保障の提供を享受できる実質的な意味を持つ。これまでに出された「兵役法」や「軍隊転業幹部安置弁法」などの規定では退役軍人たちについて以下のようにその身分と待遇の保障が規定されてきた。

・退役軍人の再斡旋は「厳粛な政治任務」であるから、地方政府は転業幹

部に対してしっかりと再斡旋を行わなければならない。
・軍転幹部の待遇は本来享受すべき水準を下回ってはならない。
・軍転幹部はひとえに国の幹部であるため、人事部門が統一管理する。
・師・団級幹部の再斡旋では、当該地の地級（市）、県（処）級幹部待遇を享受できるようにする。
・軍転幹部は優先的に住居を配分され、もともとの階級に照らして所在単位でも相応の住居基準、優遇政策を享受できる。
・軍転幹部はもともとの階級に相応の医療待遇を受ける。
・企業に再就職した幹部は彼らの合法的権益が保障されなければならない。

こうした規定が退役軍人にあてはめられたからこそ彼らの「幹部」としての国家公務員の地位が保障されてきたのだ。ところがこうした規定はもはや過去のものになっている。

2011年11月に「退役士兵安置条例」が施行され、それまでの「退役義務兵安置条例」と「士官退出現役安置暫定弁法」が廃止された。退役義務兵と将校の斡旋に関する規定を一本化し、更に農村でも都市でも退役する兵士な自主的に職業を選ぶように奨励することが規定された。ここではもはや「幹部」とか、公務員の待遇には触れられなくなった。彼らはもはや「幹部」ではなくなった。そこで退役軍人たちは中共中央［1998］7号文件規定の「国家幹部」としての待遇復活を求めて陳情するようになったわけだ。

(2) 退役軍人の自力更生という「切り捨て」

退役軍人の陳情が増加する背景には政府の手厚い福利厚生や職業斡旋政策からの転換がある。軍や中央政府は財政負担削減のために地方への負担転嫁を行っているが（弓野［2012］）、退役軍人個人にも自力更生を促す、「切り捨て」措置を適用している。

これまで中国政府が退役軍人やそれを巡る問題に対処するために、どれだけの財政拠出を行ってきたのかという全体像を把握することは困難だ。財政

部社会保障司が1990年代半ばにある雑誌に寄稿した社会保障に関する一文は興味深い。この記事によると、1993年末現在、規定で正式に保障対象として6つの傷痍級別に組み入れられた傷痍軍人は合計88万3000人に上り、1993年度の慰撫関連支出は3億6000万元であった。烈士の家族、殉職兵家族の合計は49万6000人で同年の一時見舞金、定期見舞金は2億7000万元であった。各地に復員した退役軍人は合計307万人、そのうち定期的に国から補助を受けているのが215万人に上り、国の財政支出は10億5000万元に上った（財政部社会保障司［1995］45-47頁）。これは今から10年以上前のことで貨幣価値も異なるため、一律に比較することはできないが、2008年には329億元の支出となり、いかに財政負担になっているかが窺える。

　こうした財政負担を軽減するために、政府は退役軍人たちの再就職や住宅の斡旋を軽減して、自力更生させるよう転換し始めた。彼らの転職先はそれまでの自動的に配置される方法から、徐々に自分で職探しをさせる「自主選択式」となった。単純化して言えば自力更生という名の実質的な「切り捨て」である。例えば人事を扱う中央省庁の人事部は負担の軽減を目指して、軍からの転職幹部たちに対して「三つの二度と行わない（三個不再）」政策を行なおうとしていると退役軍人たちに非難されている。退役軍人たちに対する「行政機関の行政級別を当てはめない」「行政機関幹部管理に則って企業幹部の管理を行わない」「行政機関幹部に対する級別分けを当てはめない」という3つの原則だ（中弁発［2001］31号）。このような国家公務員としての待遇取り消しと、自力での職業選択の措置はセットになっている。2001年に政府が再就職の「自主選択式」を導入してから7、8年で「自主選択」を「選んだ者」は約9万人を超えた（陳孝［2008］）。原理的にいえばこの方式は市場の法則に則ったものだといえる。各省の転職斡旋事務局（軍転弁公室）によって政府の各部局に再就職先を斡旋されるのは数千人にすぎないからそれ以外は「自主的に選ばざるをえなかった」者だと考えられる。しかし、退役復員軍人たちが自力で再就職先を見つけるのは困難である。陳孝らが長春市で150人の退役軍人に行なった聞き取り調査では、大多数が就職状況は深

刻で、6割以上が住居面で問題があると答えている（陳孝［2008］57頁）。退役軍人の自主的な職業選択を促すために、政府は各レベルの政府に優遇政策を策定して彼らの自主選択をサポートするよう求めている。民政部を始めとして、教育部、公安部、財政部、人事部、労働保障部、人民銀行、税務総局、工商総局の9部門は、2003年12月に都市の退役兵が自分で職業を選ぶ際に優遇政策を受けられる措置実施に関する意見を出した[5]。退役軍人が自分で再就職先を探せるように支援する措置を地方に奨励し、結局は兵士個々人への福利厚生をカットして、中央から地方への財政負担を転嫁するものの、実際の政策運営では地方によってまちまちだ。

　2011年11月に施行された「退役士兵安置条例」でも自分で職業を選ぶよう「自主転職」を促す。兵役が12年に満たない者には政府は「自主就業」措置を適用し（18条）、一時金を支給して（19条）、年金は経済状況に合わせて調整する（20条）と規定された。退役後の再就職は自力で行えというわけである。

（3）斡旋政策の失敗と不満の高まり

権利意識の覚醒

　退役軍人たちの不満の高まりは、社会情勢の大きな変化に政府が対処し切れずに、市場に任せようとするいわば「切り捨て」によるものだ。それと同時に軍人個々人の意識の変化も挙げておかねばならない。市場経済の発展に伴い、人々の権利意識が高まっている。「物権法」制定（2007年）も重要な契機だ。人々の権利意識や法による保護とともに、軍人の権利も法的に保障されるようになっている。個人の権利保護の趨勢や政府、軍による社会全体の個人の利益、権益保護は軍人たちの不満を抑えるという目的にも適っているようにみえる。個人財産保護を謳った法は、国家公務員でもある軍人にも適用される。経済紛争が多発するに従って法的処理が目指され、法規制定が進められてきた。1998年に国務院と中央軍委は共同で「軍人保険制度実施方案」を通達し、四総部は「軍人傷亡保険暫定規定」を出した。軍人たちの

社会保険を法的に規定した初の法規であった。2009年に総政治部の宣伝部が軍人たちに向けて編集刊行した軍人関連法についてのブックレットは、軍に対して国が賦与する権利として、社会からの尊敬を受ける権利としての「政治栄誉権」、誹謗中傷する者に対して国家が罰を与える「人格尊厳権」、婚姻を巡る特殊保護権、退役後に斡旋を受ける権利「退役斡旋権」、医療費の免除や殉職した者の家族が享受する「優撫権」、老後、医療保険を享受する社会保障権を挙げている（総政治部宣伝部 [2009] 4頁）。建前では軍人たちの権利、権益はしっかり保障されることになっている。

不満の高まり

軍人の間では「軍に入隊して10年、連隊長（営）まで生き延びて、退役転職の憂き目にあってゼロになる」と多々言われる。退役軍人による陳情が増加し、治安維持にまで影響を与えかねない状況となり、政府が右往左往するさまを見ると、政府の退役軍人対策が成功しているとは言い難い。しかし、政府がこうした政策的、制度的な失敗を認めることはない。雑誌や新聞記事で退役軍人問題の深刻さを指摘するものは多いが、対策の失敗や制度的な限界についての指摘は皆無である。ではネットに氾濫する退役兵たちの不満はでっち上げや出まかせなのか[6]。次のような訴えを見てもなかなかそうは思えない。

> 私は1984年に復員して物資局で仕事をしていました。昨年の企業改革で私営化の際に2万元（約24万円）与えられて、残りの年金は自分で納める必要になって家庭生活は困難に陥りました。復員転業軍人に国の保障はあるのでしょうか。私はチベットで兵役に就いて前線に赴き、動乱平定任務に就いたことさえあるのに[7]。

政府へ陳情する側の報道が少ないため、実態把握は困難だ。軍人による異議申し立てなどはもってのほかだから報道で表面化することは稀である。にもかかわらず、ネットにはぼやき、不満が氾濫する。「いつになれば政府は我々を気遣ってくれるのか」とか、「強制的に退役させられそうになり突っぱねてます。病気療養での医療は受けられるが、給料からの天引きを言われ

てます。24年も兵役に就いた功臣であり、犯罪者ではない」と主張する。

報道では宣伝のため、転職がうまくいった例を取り上げる場合がほとんどである。例えば、退役軍人向け雑誌、『転業軍官』（2011年2号）は海南省の例を紹介している。同省は、改革開放を機に1988年から経済特区に指定され、「小政府、大社会」をスローガンに体制改革を進めてきた。市場原理を取り入れて政府のスリム化と負担削減を図り、そのプロセスで退役軍人の処置をうまくこなしてきたという訳だ。海南省の指導者は「独創的な考え、制度的な充実化、斡旋工作の科学化を進め、効率的なスキームを確立し、軍の転職幹部の再就職先斡旋において、我が省は全国でトップクラスだ」（海南省の于訊省委副書記）と豪語する（楊学娟［2011］45頁）。同省では「現在自分で職業選択をする1451名の軍転職幹部がいるが、（再就職）状況は安定し、80％の就職先が決まった」という（楊学娟［2011］48頁）。しかし、海南省がうまくいっていても例外的である。海南省の年間斡旋数はそれほど多くなく、年3000人以上を斡旋する江蘇省のようなところと状況が異なるからだ（周燕紅［2010］15頁）。海南の経験を中国全体に敷衍することはできない。

斡旋政策実施が困難なのは、膨大な数の退役軍人を受け入れるだけの社会の受け皿の欠如と政府の財政不足という社会構造の側面が大きい（弓野［2012］）が、海南の例をみると、退役兵に対する措置の実施如何も陳情の多少に影響しているということはできるだろう。

退役軍人再斡旋政策の問題点

湖北省武漢市の退役軍人の転職斡旋事務局の職員は転職斡旋において存在する問題ついて以下の4点を指摘する。

①出入りの問題——機関事業単位の改革によって断続的に人が流出している。この深層的原因には政治体制改革と経済改革の不均衡がある。経済の市場化に行政機能の変化が追いついていない。

②多少の問題——兵員削減や都市への流入条件の緩和、都市での軍駐屯により、都市で再就職先を斡旋される幹部が多く、同時に失業者や大卒者など都市での就職希望者は多い。ところが行政機関の改革で転職幹部の斡旋先は

少ない。軍からの転職幹部の政策において軍建設や転業幹部対策が考慮されることは多いが、地方の現実が考慮されることが少ないため、執行する段階での問題は多く、実施が困難。

③高低の問題──中央政府の要求が多く、法規での幹部の職業などについての規定では転業幹部への期待が高いが、地方の現実では困難が多いため、政策実施の際には問題となる。

④縦と横（条と塊）の問題──規定では属地管理の原則になっており、地方では無条件に軍からの退役者を受け入れることになっているが、人事権は当該級行政府に属さず、それぞれの組織の上級部門は斡旋に理解がなかったり、援助に消極的で故意的に制限を設ける場合もあり、受け入れ組織の難易度が非常に大きい（黄忠玉、汪緒永［2005］）。

軍や国防の制度設計という軍人の位置づけと、実際に退役した後の福祉政策実施の現実との間の乖離の大きさが、退役軍人たちが放置される原因となっているようである。

こうした問題に対して「お上」はかなり強い強制的措置をとり、退役軍人の斡旋工作を半ば強引に推し進めている。2011年に政治協商会議と人民代表大会という2つの会議「両会」が開催された期間に政治協商会議の白立忱副主席率いる軍メンバーの視察団は、南昌、井崗山、済南、泰安、青島などを査察した。その結果として得た答えは楽観的なものだった。「斡旋環境は大きく改善」され、「政策実施に力が入れられ」、「斡旋のチャンネルが広がった」という[8]。

では前述のような矛盾は単なる杞憂なのか。たしかに地方政府は企業や政府部門で退役軍人を優先受け入れを拒否させないよう様々な措置を講じ、黒竜江省では、受け入れ拒否の組織への処罰も盛り込んでいる[9]。しかし、こうした措置が実施に移され、退役軍人たちの待遇が改善されているなら、なぜいまだに陳情が頻発しているのだろうか。

3. 社会安定における退役軍人要素

(1) 陳情の増加と集団騒擾事件

「軍政軍民の団結を強化せよ」という陳情の増加と集団騒擾事件という政府の掛け声とは裏腹に、退役軍人たちの福利厚生はおざなりになり、陳情や異議申し立ては増加している。「1998年7号文件」に記された条項の実施を求めて、退役軍人たちが異議申し立てをするようになった。申し立ては「極少数の軍から企業への転職幹部」と前置きがされたものの、こうした訴えが政府を当惑させていたことが窺える。訴えに基づいて処理されるのであれば、退役軍人たちは「一つの身分で、二つの待遇」を得ることになり、政策上「根拠もなければ、より容易に訴えが頻繁に起こされるようになり、陳情活動も増えるだろう」と「中央陳情突出問題・集団騒擾共同会議」の転職幹部問題を主管任務とするタスクフォース（軍転幹部問題工作小組）は2006年7月の段階で結論付けている[10]。

中共中央は2004年9月に「党（共産党）の執政能力建設を強化する決定」を採択して「人民内部の矛盾」の解決を求めた。更に中共中央政治局は、2010年9月29日に第23回目のグループ研究会を開き、「人民内部の矛盾」を取り上げて討論を行った。胡錦濤を主とする中共中央政治局の指導者が勢ぞろいして、1つのテーマについて討議する研究会にこの問題が取り上げられたことからも、中国の指導者がいかに神経を尖らせているかが窺えよう。まさにこのような「矛盾」の解決のために陳情制度を活用せよ、というわけであった。軍でも軍人たちによる陳情をより秩序だったものにするために軍隊陳情条例（2006年）を制定して規範化に努めている[11]。陳情の「規範化」は「人民内部の矛盾を緩和する」という党の方針と一致していると『解放軍報』評論員は軍隊陳情条例の意義を強調する[12]。しかし、軍隊陳情条例が退役した軍人たちの権利を保障しているとはいいがたい。各条項を見ても、陳

情の適用内容が、国防や軍隊の建設への意見、提案、軍の組織や人員の違法行為の通報、暴露、合法権益を侵犯する軍の組織や人員による行為の告訴、軍組織による行政措置の申し立て、軍隊が受理すべきその他の正当的な要求（11条）に言及するものの、退役軍人の権益を保障する内容は記されていない。退役軍人はもはや軍人ではないから同条例は適用外なのか。退役といいながらも軍人が関わる条例にその部分が触れられていないのは片手落ちではないのか。現役よりも退役者の陳情が多いのだから、退役軍人陳情条例とした方が良いように思える。

近年の集団騒擾事件には参加人員の職業背景の多元化、人数の大規模化、関係者以外の参加増、拡散速度の加速化、政府を対象とする件数の増加、暴力程度の深刻化、組織化の強化、時間の長期化、という新しい特徴があるという。「切り捨てられる」傾向のある退役軍人の陳情からみても、彼らの状況が「改善された」とは言い難い。

(2) 集団騒擾事件の注意対象としての退役軍人

退役軍人の再就職先を斡旋することが社会安定に影響するという認識は政府高官たちにも共有されている。江沢民前国家主席は、「軍転斡旋工作は、政局の全体的な安定と経済の繁栄や党と国家工作の大局に関連する大事だ」と主張し、その斡旋工作は社会主義市場経済発展の必要性と相容れるように改革を進め、軍隊転職幹部は国で面倒を見なければならないと述べた。そもそも中共中央文件にも記されたように、もともとは軍からの軍隊幹部は「党と国家幹部隊伍の重要な組織部分であり、党の貴重な宝」（中発［1998］7号文件）のはずであった。

ところが、近年では待遇は切り捨てられ、「かわいそうな人々」として「貧困救済対象」に組み入れられるまでに落ちぶれた。2001年の党中央16号文件は多くの「軍転幹部」を激怒させ、彼らを異議申し立てに向かわせた。2003年に中共中央が退役軍人たちの生活困難解決を求める文書（人事部「部分的な企業への軍からの転職幹部の生活上の困難を適切に解決することに関する

意見」の転送・中弁発［2003］29号文件）も「生活改善が治安維持に重要である」と言及するほど治安維持が重視されたことから、陳情者の怒りを買った。多くの抗議者たちはこの文件の取り消しを求めて各地の政府の民政部門や陳情部門に押しかけた。退役軍人による集団陳情は政府に警戒感を抱かせ、対策をとるようになった。

陝西省公安庁の徐楓によると、陝西省で陳情を行う退役軍人には、退役復員幹部、中越戦争に参戦した者、企業への転職幹部、朝鮮戦争に参戦した志願兵、復員志願兵、退役配置転換を求められた者、某部隊（当地部隊？）からの退役兵、自主選択転職幹部、という8グループがあるという（徐楓［2009］10頁）。単なる退役軍人として対処することに問題があるのだろうか。

注意対象の限定化による個別対処

陳情の増加、深刻化は政府にとって頭痛の種だ。それだけに細心の注意を払って対処している。警察や陳情担当などの政法部門は、注意対象をできるだけ限定し、矮小化して個別対応して問題拡大の予防を図る。陳情者を「極めて少数の」とか「外国勢力、下心ある者に扇動された」と限定して個別対処する。2002年8月に人事部、中央組織部、民政部、財政部、労働保障部、軍の総政治部という党、政、軍の6官庁が共同で出した82号文件通達は、「転業幹部を教育し、敵対勢力及び下心がある者による扇動と教唆に高度に警戒せよ」と仰々しく求めた。「敵対勢力及び下心がある者」とは中国政府がかねてから強調する「和平演変」への警戒に通じる。

こうした通達に対し、斉軍というブロガーは、企業の軍転幹部による陳情が「本当に敵対勢力と少数の下心ある者の扇動と教唆によるものなのか」と疑問を呈し、政府に反論する[13]。彼によると、「軍からの転職幹部の陳情」が「敵対勢力と下心ある者」による扇動、教唆だという主張はいかなる事実的根拠もなく、陳情は「転業幹部の内心の発露として現れた権利擁護の積極さの表れ」と擁護する。むしろ政府の主張は「責任回避の目くらまし」であり、「矛盾の性質を変えて正当な権益の要求を政治化して曲解し、幹部の陳

情を押さえつけて、リーダーを拘束する口実」で、「転業幹部による陳情の真相をカモフラージュし、企業転業幹部の問題を根本的に政策面で解決するつもりがない」と糾弾する。そして「権力階層の既得権益集団は更なる改革の障害」と弾劾する。政府が問題の矮小化を目論んでおり、問題解決の側面ばかり強調しているというわけだ。しかし、まさに斉が指摘するように2005年に党中央と政府が出した通達「少数の退役軍人の陳情問題に関する通知」（中弁発［2005］24号）も「反復教育を受けても誤りの立場を認めない極めて少数の者に対しては引き続き違法活動として扱い、法に依拠して厳格に処理せよ」と求めている[14]。「過ちを認めない退役軍人」が本当に少数なら、取り上げるまでもなく党中央や政府がわざわざ通達を出す必要もないはずである。地方では財政負担が転嫁されるため（弓野［2012］）、退役軍人の再斡旋と治安はより深刻だ。衡陽市衡南県で「安定維持工作の先進個人」に表彰された劉清華（県物資管理局副主任）は正直に「安定維持工作の重点と困難な点は正に軍人の治安維持問題」と吐露している（劉清華［2010］）。

(3) 軍民一体の創出と後手に回る対策

中国各地で群衆によるデモなど異議申し立てが多発するに伴い、各地の政府は治安維持対策に力を入れるようになった。こうした治安維持対策と陳情の増加が正比例的に発展してきたことは陳情の問題を考える上で重要である。一部には国防費さえも上回る治安維持費の急速な増加によって政治体制は安定維持体制に転換したと指摘される。于建嶸はブログで中国では治安維持が新しい政治イデオロギーになっていると指摘する[15]。この体制は2000年代中頃に形成されたといわれる[16]。治安維持に力を入れるようになったのは中央ばかりではなく、地方政府でも同様のことである。例えば北京市でも陳情が2003年から2004年に急増したことに危機感を持ち、緊急の通達を出して民衆による集団陳情に対処する「共同会議」という形でのタスクフォース設立を決めた。傘下に6つの専門グループを組織し、立ち退き問題や農村土地問題、国有企業改革、法律問題とともに軍からの転職幹部問題に対処す

るタスクフォースも設置された。北京オリンピック開催を2008年に控えた北京において、とりわけ治安維持と社会の安定はなんとしても確保しなければならない重要課題であった。2005年10月に北京市の党委員会の第9期10回全体会議が採択した北京市の「11期5ヵ年計画」でも発展とともに「直面する困難や問題をしっかり把握し解決し」、「各種の安全保障における懸念材料を消去して、首都の安定維持にまだまだ多くの仕事をなさねばならない」と認め、五輪開催への入念な準備作業を求めた[17]。中央で設立された陳情に関する共同会議制度に呼応する形で作られている[18]。北京五輪は中国の経済発展を世界に見せるまたとない機会だけに、なんとしても社会の団結を示さなければならなかったのだ。退役軍人デモなどあってはならず、円満な軍政軍民の団結を演出するため、2008年の五輪を前に政府と軍では入念な準備を進めた。特に軍はもちろん北京市政府も「双擁」事務局を中心として、軍民一体を演出する様々な政治イベントを実施した。2006年1月に北京で開かれた軍政座談会において李継耐（総政治部）は、様々な「擁軍優属・擁政愛月（双擁）」政策が実施され、「軍政軍民の緊密な団結と相互支援は、北京の経済社会を迅速にそして良い方向に発展させ、部隊の情報化建設を有効に推進した」と評価した（全国双擁工作領導小組辦公室［2007］4頁)[19]。

　このような北京五輪のケースは、首都北京という特別な場所と五輪という特別な時という要素があるかもしれない。ただ軍と地方政府の経済建設を通じた協力関係の構築はゲリラとして抗日戦争に参加した解放軍の伝統でもある。改革開放期にも経済建設の担い手として軍は地方政府と協力する形でその存在意義を主張してきた。地方政府は軍民共同建設を強化し、それぞれの地域では軍が経済建設に参加し、経済発展を助けることで軍と民衆の関係改善を図ってきた。ある統計では全国では既に4万ヵ所超の軍民共同建設を謳った場所があり、うち2万ヵ所超が県（省より3階級下級の行政府）以上の党委や政府によって表彰された（張東輝主編［2006］358頁）と、軍と地方政府の「一体」を強調する。しかし、これは決して退役軍人による陳情や集団騒擾を反映しているものではない。

李継耐主任は五輪を通じて退役幹部2万6000人の受け入れを完了させたと強調する。しかし、それが「基本的に各種の慰撫対象の医療困難の問題を解決した」と言い切れるのか。李学挙民政部部長が述べたように本当に年間60万もの退役軍人が社会に出ているとすれば、各地で数千人規模を受け入れたところで焼け石に水である。課題は山積しており、受け入れ完了後のアフターケアがおざなりにし、問題に蓋をして根本解決を先延ばしにしている限り、退役軍人たちの陳情は増えることはあっても減ることはないだろう。北京五輪は単なる口実として利用されたにすぎないように見える。

(4) 治安維持への強制措置と問題の封じ込め

　2000年代に入ってからの集団騒擾事件増加に伴う治安維持費用が急増することになった。『社会青書』によると集団騒擾事件は1993年の年間1万件から2003年には6万件に急増し、参与した人数も73万人から307万人に膨らみ（汝信等［2005］）、2006年には9万件を超えたといわれる。こうして治安維持に重点が置かれるようになり、これを裏付けるように政府の治安維持予算が急増している。2011年の公共安全の費用はついに国防予算（6011億5600万元）を上回る6244億2100万元を計上し、前年比で13％増を示した（陳小君等［2011］228頁）。治安維持対策重視は2012年も続き、2012年の会計予算案では、前年比11.5％増の7017億元（9兆1221億円）となった[20]。

　しかし、治安維持費の急増が社会の安定に貢献しているのか、社会的公正や正義が実現されているかについては疑問を抱かざるを得ない。于建嶸は、「中国の政治生態において安定はすべてを凌駕する、その他のすべての事は、安定が基本だという前提のもとに、いかなることも安定維持に道を譲る。経済発展や民衆の日常生活に不便やマイナス面をもたらしても全ては安定維持のためなのだ」と安定の維持があらゆる問題を超えて重視されていることに疑問を呈する（于建嶸［2010］36頁）。

　政府は治安維持の為に「集会デモ示威法」（1989年）「突発事件応対法」（2007年）などの法規によって群衆による集団騒擾事件の発生の予防や拡散

防止を狙っている。前者はデモや集会について規定したものだが、天安門事件後に制定されたもので近年多発する集団騒擾事件に対しては後者を適用して警察力を動員するようになった。また中央政府と地方政府の間で、突然発生する治安維持に影響する事件への対処についての役割分担を明確化した。陳情問題を統括する国家陳情局のホームページではまさにこうした法規が「陳情関連法規」として掲載されているが、これはまさに陳情においてどのような法規範が典拠になるかを示すものだ。個人の権利を保障する「物権法」や「労働契約法」などと並んでこうした法規が掲載されていることからも、国家陳情局の任務には権利保障と問題の封じ込めという2つの側面があることが窺える。

おわりに

　軍や中央政府が軍、装備の近代化の名の下に退役軍人たちの福利厚生を切り捨てその負担を地方や基層に転嫁している。地方も同様に、財政負担を負担しきれず、放置するようになったため、退役軍人たちは北京を訪れ、待遇改善要求を行うようになった。これが治安維持に直接影響を与えていることは疑いの余地がないが、政府はあからさまにこうした要求を拒否するわけにもいかず、ある程度市場原理に任せるように自力更生を促したり、「社会化」と称して社会全体での支援を促進しようとしている。しかし、結果的には「無為無策」に陥っている。ただ政府は手をこまねいて見ている訳ではなく、軍を中心に多くの研究者から問題点の改善策が提起されている。それは退役再配置の際の保険制度の構築（李冰洁［2009］）とか、退役軍人協会の設立による再就職先斡旋支援（廖国庚［2011］）、軍分区のような地方軍管区が退役軍人などによる陳情について対策を話し合う会議制度を作り、退役軍人の問題については各政府部門をコーディネートするタスクフォースを組織する（黄躍［2010］53頁）、というような提案である。軍の政治将校を育成する西安政治学院の王守福は、軍の陳情任務において胡錦濤が提起した科学的発展

観に基づいて軍の陳情工作を進めることを主張する（王守福［2009］）。王が主張するのは、軍の陳情においてより制度化を進め、改善するために軍陳情工作の理念を確立すること、制度システムを確立すること、である。「中共中央による党の執政能力を強化建設することに関する決定」に基づいて「人民内部の矛盾」を的確に処理せよ、というわけであった。しかし、こうした視点は福利厚生を提供する側の「担い手」の視点は反映されるものの、福利厚生を享受する「受け手」の視点は欠けており、退役軍人たちの待遇改善に資するかは疑問である。退役軍人たちが置かれた問題を根本的に解決することは尚更不可能だ。むしろ最近の傾向は警察や軍という強制力を用いて押さえ込む措置を採って取り繕おうとしている。「軍転幹部」の斡旋工作の失敗とそれに伴った治安維持対策の強化は、「軍からの転職幹部斡旋工作」が福利厚生から安定維持という最優先事項の重点が転換したことを意味する。こうした転換は退役軍人たちの不満を増長させた。ないがしろにされた退役軍人たちは陳情に訴え、集団騒擾事件が増加して、それとともに治安維持に力がいれられるという負の連鎖が生じた。警察力の増強、宣伝工作の強化はなされても根本的な退役軍人たちの権利保護はおざなりで、職業の「自主選択」という市場原理の前に切り捨てられる傾向が顕著だ。政府の各文書は既に退役軍人たちへの処遇改善を謳うものの、同時に治安維持のための対処も求めている。「国と党の宝」が治安維持に影響を与えるとは何たる皮肉だろうか。

　退役軍人をターゲットに据えた措置は退役軍人たちの反感を引き起こし、負の連鎖に陥っている。問題の根本解決がなされないまま治安維持ばかりに関心と精力が傾けられる様子はまさに本末転倒であろう。国防の近代化の掛け声の下に進められる軍事力の拡大は膨大な人員の退役後の福祉に考慮が及ばず、本来国の安全保障を担う軍人が国内治安を脅かしかねない存在になっているのは喜劇的である。

注

1) 夏暁宴［2009］「再論《軍転幹部上訪問題解決之思路》」『老兵資格的 WeBlog』掲載 http://www.thegreatwall.com.cn/public/index.php?B_ID=14677（2012 年 6 月 1 日接続）同論文は元々夏が「烏有之郷上」ネット（http://www.wyzxsx.com ［既に閉鎖］）に掲載した文章（2009 年 4 月 1 日）に修正を加えて再掲載した（2011 年）ものだと思われる。元のサイトは閉鎖されたが、この文章は多くのブログに転載されており、このサイトもその 1 つだと思われる。

2)『解放軍報』（2008 年 12 月 8 日）の記事によると 1990 年から 2005 年に年平均 3 万―5 万人の退役軍人が再就職先を斡旋され、ほとんどが政府への再就職で依然「鉄の釜の飯」を食べている。

3) 同書は毎年出版されているが、それまで兵士の退役後の再就職や福利厚生の斡旋について言及されることはなかった。この問題が一般兵士に対しても教育、宣伝すべき問題として取り上げられるようになったことを示すといえよう。

4) 例えば新疆ウイグル自治区ホータン地区（自治区最南端、面積 24 万平方キロ、人口 188 万）政府指導者への投書サイトの書き込みで、次のような訴えと県政府側の回答が掲載されている。【書き込み】投書者「軍属」；題「かわいそうな軍転幹部」（2011 年 8 月 22 日）「平穏な策勒県で生活して 3 年です。夫は軍転幹部で試験を受けて（政府の）仕事を探したいのですが、策勒県の募集は最も少なく、軍転幹部の人数割り当てもなく、悲惨な軍転幹部の家族は指導者が軍転幹部家族を考慮してくださることを望んでいます。（http://www.xjht.gov.cn/WorkForm/WorkFormContent.aspx?BusineseID=5319、2012 年 6 月 1 日接続）。この他、検索サイトで「軍転幹部かわいそう」と入れると重複があるものの、14 万件の文章がヒットした。

5)「関於扶持城鎮退役士兵自謀職業優恵政策的意見」（2003 年 12 月 3 日）。

6) 多くの退役軍人掲示板（SNS）やブログが開設され、中でも軍転網（http://www.junzhuan.com/）がメジャーだ。会員は 45 万 4319 名、書き込みは 1058 万 21091 件にも上っている（2012 年 4 月 7 日現在）。

7) SOSO 問問ページ（http://wenwen.soso.com/）の「2010 軍人転業買断」という質

問（2012 年 6 月 1 日接続）。
8)「全国政協委員考察団退役軍人安置」『人民日報』2011 年 5 月 15 日。
9)「黒竜江省関於対拒絶接収退伍軍人安置的単位及法定代表人実施処罰的程序規定」。
10)「関於印発『関於部分企業軍転幹部要求按照中発［1998］7 号文件落実退休待遇問題的答復口径』的通知」。
11)「軍隊陳情条例」は、2005 年 1 月の「陳情条例」施行を受けて、2006 年 9 月に施行された。同条例は基本的に「陳情条例」とほぼ同様の内容であるが一部異なる。「陳情条例」は 7 章 51 条立て、「軍隊陳情条例」は 7 章 49 条立てである。「陳情条例」が 2 章で陳情の経路を規定するのに対して、軍のそれは職責を記す。また前者は 6 章では「法律上の責任」を明記しているのに対し、後者は、「奨励と処分」という軍人の義務に重点が置かれている。
12)「解放軍四総部発布《軍隊信訪条例》9 月施行」『解放軍報』2006 年 8 月 20 日。
13) 斉軍「企業軍転幹部上訪、是"敵対勢力和少数別有心者扇動挑唆"的嗎？」（2010 年 11 月 13 日）『老兵資格的 WeBlog』掲載。http://www.thegreatwall.com.cn/public/index.php?B_ID=12069（2012 年 6 月 1 日接続）。
14) 中央聯席会議「関於做好国慶節和党的十六届五中全会期間処理信訪突出問題及群体性事件工作的通知」（2005 年 9 月 21 日）。
15) 于建嶸の中国版ツイッター謄訊微博（2012 年 1 月 9 日）http://t.qq.com/p/t/74598007758224（2012 年 4 月 16 日接続）でのつぶやき。
16) 中央政府は、2000 年 5 月に警察庁にあたる公安部の中に政府の治安維持任務を統括する中央擁穏定工作領導小組を設立したが、地方政府にまでこの機構設立が普及するのには 5 年程かかった。
17)「北京市委関於制定北京市国民経済和社会発展第十一個五年計劃的建議」
18) 正式には「突出する陳情問題と集団騒擾を処理する共同会議（処理信訪突出問題及群体性事件聯席会議）」制度と称される。陳情に関する中央の共同会議制度は 2004 年 8 月に胡錦濤総書記の承認を受け正式の組織として設立されたという。
19)「李継耐同志在首都軍政軍民座談会上的講話」（2006 年 1 月 24 日）。
20)『読売新聞』2012 年 3 月 6 日付。ちなみに国防予算は 6702 億元。

参考文献

弓野正宏 2007「中国『国防教育法』の制定と施行」『早稲田政治経済学雑誌』367 号

弓野正宏 2008「第 14 章 中国の後備戦力の将来像」茅原郁生編『中国の軍事力——2020 年の将来予測』蒼蒼社

弓野正宏 2011「地域密着型の軍隊としての中国人民解放軍」『ワセダ・アジアレビュー』2011 年 10 号

弓野正宏 2012「人民解放軍——退役軍人を巡るジレンマ」園田茂人、毛里和子編『キーワードで読み解く中国の近未来』（近刊予定）東京大学出版会

財政部社会保障司 1995「第 8 章社会優撫和安置」『財務與会計』1995 年第 6 期

陳孝 2008「自主選業軍転幹部現状調査」『転業軍官』2008 年第 3 期

陳小君、張紅、李棟、張宗林 2011『渉農信訪與社会穏定研究』中国政法大学出版社

郭済等 2002「群体性事件研究専輯」『中国行政管理』2002 年増刊号

何忠洲 2007「軍転之変」『中国新聞週刊』2007 年 9 月 3 日号

黄躍 2010「軍分区協助地方做好維穏処突工作応把握的問題」『領導科学』2010 年 10 月上

黄忠玉、汪緒永 2005「深化軍転安置制度改革的幾点思考」『中国人材』2005 年第 10 期

柯梯竹 1997「論軍人社会保障」『空軍政治学院学報』1997 年第 1 期

李冰洁 2009「浅論建立軍人退役安置保険制度的必要性與可行性」『山東文学』2009 年第 4 期

李学挙 2005「加強社会建設和管理推進社会管理体制創新」『中国民政』2005 年第 4 期

寥国庚 2011「建立退役軍人就業協会：一個値得重視的歴史性課題」『経済與社会発展』2011 年第 1 期

劉清華 2010「当前渉軍人員維穏工作的思考」『衡陽日報』2010 年 5 月 10 日

羅平飛 2006「当代中国軍人退役安置制度実践過程分析」『社会主義研究』2006 年第 6 期

馬喜軍 2006「和諧社会背景下退役士平安置改革走向」『中国民政』2006 年第 7 期

孟慶陽主編 2007『退役士兵安置就業政策回答』人民武警出版社

民政部政策法規司 2006『民政工作文件選編』2006 年版、中国社会出版社

民政部政策法規司 2008『民政工作文件選編』2008 年版、中国社会出版社

邱隆軍 2006「切実做好部隊信訪工作」『政工学刊』2006 年 12 期

全国双擁工作領導小組辦公室編 1993『論軍民団結』中国社会出版社

全国双擁工作領導小組辦公室編 2007『全国双擁工作年鑑（2006）』中国社会出版社

汝信、陸学芸、李培林主編 2004『2005 年：中国社会藍皮書 中国社会形勢分析與予測』中国社会科学文献出版社

宋林飛主編 2005『転業幹部――走出軍営的困惑』社会科学文献出版社

宋善雲、劉子陽 2006「関於対当前群体性事件的主要特点和発展趨勢及如何有効開展工作的分析報告」『遼寧法治研究』2006 年第 1 期

王守福、李衛国 2005「加強和改進新形勢下軍隊信訪工作的思考」『秘書』2005 年第 8 期

王守福 2006「重視軍隊信訪工作構建和諧社会」『秘書』2006 年第 2 期

王守福 2009「以科学的発展観為指導加強軍隊信訪工作」『秘書工作』2009 年第 1 期

魏同斌 2008「退役軍人安置状況及影響因素分析」『社会工作実務研究』2008 年第 12 期

徐楓 2009「関於由人民内部矛盾引発的影響社会穏定突出問題的調研與思考」『公安研究』2009 年第 9 期

荀恒棟、劉秀竜、楊楓、馬宝宗、田甜、李青林 2010『退役士兵安置指引』人民出版社

閻志軍 2005『軍隊転業幹部自主選業論』藍天出版社

楊学娟編 2011「旖旎海南特色軍転」『転業軍官』2011 年第 2 期

于建嶸 2010「圧力維穏已走到尽頭了」『領導文萃』2010 年 14 期

袁和平 2007『人民武装工作学』軍事科学出版社

張東輝主編 2006『社会主義和諧社会概論』軍事科学出版社

鄭伝鋒、魏珍、劉婷 2009「以国家推進民生工程為契機加快軍人社会保障制度改革」『軍事経済研究』2009 年第 11 期

鄭允岐 2008「処置群体性事件的法律対策研究」『遼寧法治研究』2008年第1期
中国戦争動員百科全書編審委員会 2003『中国戦争動員百科全書』軍事科学出版社
周芹 2011「城鎮退役兵安置状況及其解決対策」『今日南国』2011年第11期
周燕紅 2010「盤点2009提問2010」『転業軍官』2010年第1期
総政治部宣伝部 2009『軍人渉法問題解答』軍人誼文出版社
総政治部宣伝部 2011『軍営理論熱点怎麼看・2011』解放軍出版社

第 8 章　陳情制度のパラドクスと政治社会学的意味

松戸庸子

要旨：中国の陳情は国務院が公布した「陳情条例」に基づく列記とした国家制度である。しかし設計上の意図と運用実態との間に大きなズレが生じ、①政治監督機能の委縮と権利救済機能への特化、②制度を通じた解決率 0.2％ という極度の低さ、③陳情者が処罰や報復を課される事態の日常化、などのパラドクスが生じている。このほかにも、「陳情条例」の規定から外れた陳情に対してなぜか「違反」ではなく「不正常」というレトリックが使われている。

　かくも不可解な制度がどうして廃止されることなく存続するのか。その理由は、①「よろず相談所」的な行政モデルの定着、②司法よりも陳情を選好する伝統的法文化の存続、③陳情制度が共産党の「大衆路線」を具現化したもので、共産党支配の正当性意識を再生産機能をこの制度が果たしているからである。

はじめに

　建国後まもなく運用が始まった陳情制度には特有の不可解さが付きまとっている。と言うのは、陳情行為そのものは制度化されており「陳情条例」という国務院が制定した行政法規を法的根拠とする合法的な制度であるにもかかわらず、陳情案件の解決率は 0.2％[1] と制度の効用は絶望的なまでに低いほか、当局による陳情者の拘束や各種処罰が頻発しているからである。こうした対応が翻って行政や公安の不法行為を告発する二次的陳情を誘発し、再び処罰を受けて、また陳情材料が上乗せされ第三次陳情が始まる……という悪循環が発生している。陳情行為が「後戻りのできない道」と称される所以である。

陳情者の拘束や処罰の過程で人権侵害事件が多発しているほか、陳情制度そのものの改廃に関しても憲政論を中心として喧々諤々の論争が繰り広げられた（于建嶸［2005］に詳しい）。苦衷の末に政府が下した結論は制度の存続であった。そうした経緯を経て作成された改正条例が2005年5月1日から施行された後も、制度の破綻を想起させるかのように、相も変わらず全国の津々浦々から陳情者の群が首都北京へ押しかけ、党を含む各種中央機関の陳情窓口に殺到し、当局が彼らを拘束しては様々な処分を下すことが日常化している。フォト・ジャーナリストの杜斌（ニューヨークタイムズ北京支社）の手になる写真集（杜斌［2007］）は、中国的な「陳情現象」のイメージを掴むうえで好個の材料となる。

　本章は陳情制度が帯びるこうした不可解さを解明するために、特に陳情権の行使が行政処罰を招くというパラドクスに焦点を当てて、まず制度設計と運用実態の乖離を確認し（1節）、当局による処罰の根拠とされる陳情行為の「不正常」性を分析する（2節）。続いて、陳情者に適用される行政処罰（＝労働矯正所送致[2]）の問題性を分析し（3節）、この不可解な制度が果たす政治社会学的機能に関する試論を提示（4節）したい。

　文革の終息直後に、政治運動の過程で被せられた冤罪の汚名をすすぐために北京へ殺到する陳情者の群れがにわかに大量発生した。それを知った歴史学者のオッコは「清朝時代の北京直訴の再来だ」と驚嘆した（Ocko［1988］550-551頁；松戸［2009］111頁及116頁）。陳情制度にまつわる不可解さを分析することで、この国に息衝く法文化、変わりにくい社会構造特性や現政権の支配の正当性の仕組みの一端が垣間見えてくる。

1. 陳情制度の設計と運用の乖離

　改正陳情条例に謳われた理念はきわめて高邁で、内容も詳細でかつ一定程度の具体性を持っている。しかし実際の運用のレベルにおいては、制度の効力が極度に低いことのほかに、陳情制度の利用者が暴力的な拘束や拘禁を受

けるなど、理解し難い逆説的な事態が頻発している。こうしたパラドクスはなぜ発生するのだろうか。本節ではまず、陳情制度にまつわるこうした不可解性や独特のうさん臭さに関してその所在を確認しておきたい。

(1) 陳情の制度目標とその法的根拠

陳情制度の目的は「陳情条例」第1条（立法主旨）で明言されている。

> 各級政府と人民の密接なつながりを保持し、陳情人の合法的な権利を保護し、陳情秩序を維持するために本条例を制定する。

「同条例」第2条は陳情の定義を定めている。

> 本条例でいう陳情とは、公民、法人またはその他の組織が、書信、Eメール、ファックス、電話、訪問等の形式で、各級政府、県級以上の政府の業務部門へ事情を訴え、建議、意見または苦情申立てを提出し、関連の行政機構がこれを処理する活動をいう。前項が規定する形式を採り、事情を訴え、建議、意見または苦情申立てを提出する公民、法人またはその他の組織を陳情人という。

そもそも陳情制度の法的根拠は中華人民共和国憲法（以下「憲法」と記す）にあると言われている。国務院法制弁公室が編集したものをはじめとして中国で出版された各種の「陳情条例」の注釈書には、ほぼ共通して「陳情条例」第1条（立法主旨）や第2条（陳情の定義）の関連法規として「憲法」第41条や「中華人民共和国行政監察法」（以下「行政監察法」）第6条が言及されている[3]。

> 公民には、あらゆる国家機関や公務員へ向けて批判や建白を行い、それらによる違法な職責失当行為を関係国家機関へ申し出、告訴或いは告発をする権利がある（「憲法」第41条）。

> 監察業務は大衆に依拠しなければならない。監察機関は告発制度を樹立し、公民、法人或いはその他の組織は、いかなる国家機関およびその公務員や、国家行政機関が任命したその他の職務担当者の行政紀律違反行為に対しても、監察機関へ告訴や告発を行う権利を有する。監察機関

は告発を受理し法に則って調査し処理しなければならない。実名による告発に対しては、処理結果等の状況を本人に回答しなければならない。監察機関は告発事項・告発受理状況及び告発者に関する情報は秘密とし、告発者の合法的権益を保護しなければならない。具体的な方法は国務院が規定する（「行政監察法」総則第6条）。

さらには陳情行為を奨励することも「陳情条例」第8条に明記されている。

陳情人が訴える事情、提出する建議、意見が、国民経済および社会の発展または国家機構の業務の改善と社会公共の利益の保護に対して貢献するものであるときは、関連の行政機構または組織が奨励を与える。（第8条）。

このように、陳情制度は「憲法」を根拠とし「行政監察法」を関連法規とするもので、しかも、党と政府が陳情活動を奨励する姿勢を明確に打ち出している点は銘記される必要がある。

陳情制度の柱となる「改正陳情条例」は全部で51条（末尾の3条は附則）からなる詳細な規定で、文字数にしておよそ1万字にのぼる。ちなみに我が国の請願法（1947年5月3日施行）の字数の約20倍もの大部なものである。この字数に反映された陳情条例の精密さを見るだけでも、陳情制度に込められた党・政府の期待の大きさがわかるであろう。その期待とは畢竟「公民の監督権」の背景にある共産党の「大衆路線」であるが、これについては4節で詳しく考察する。

(2) 陳情行為にまつわる3つのパラドクス

陳情現象には大別して3種類のパラドクスが生まれている。①制度設計上は複数の機能を付託されているにもかかわらず現実には特定機能に特化、②機能の達成率の低さ、③合法的な制度の利用者が政府から迫害を受けるという不条理、この3点である。引き続き陳情制度にまつわる独特の不可解さをこの3点を切り口として概観しておこう。

法社会学者の李宏勃は陳情制度が持つ機能として情報伝達、政治参加と紛

争解決の3点を指摘している（李宏勃［2007］4頁）。ここで使われる「機能」というタームは、社会学的な用語法とは異なる。社会学の用語法では、制度を含む社会現象や諸行為が個人や社会システムの維持や変動に対してどのような作用をするかを「機能」と呼ぶが、李宏勃をはじめとする法学や政治学研究の多くの用語法では、「機能」とは設計上で制度に付託された「目標」を意味している。したがって李宏勃（外交学院准教授）が指摘する情報伝達、政治参加と紛争解決という3種類の機能とは、統治者である党と政府が陳情制度に付託した制度目標としての効用を指していることになる。

パラドクス①：政治及び情報伝達機能の萎縮と救済機能への偏倚[4]

現実には「陳情条例」第1条に盛られた制度目標に反して「行政の監察」に凝縮される政治機能は委縮している。「民主」や「法治」の視点から中国の「監督」制度そのものを分析した法学者の俎見亮も、大きな限界があるとしている（俎見［2005］）。

陳情制度を通じた現実の告発には行政、司法、公安などの官吏や党員を告発したものが多い（于建嶸［2009］34-417頁、松戸［2011］26頁）。問題が未解決でエスカレートする告発書には、陳情者が不正の元凶と見なす人物とその罪悪を詳述して弾劾するケースが多い。その対象が党員、行政・司法・公安などの役人やそれらの組織そのものであった場合、それらが事実であるとしても菱田雅晴が「腐敗防止政策は多大の努力にもかかわらず成果が大きくない」（菱田［2005］89-99頁）と分析するように、今日の中国では一般国民による告発が奏功することは少ない。したがって国民による陳情を通じた行政監察機能の実効力は乏しい。それどころか権力を握る被告発人から陳情者が各種の報復を受けるのが現実である。

たとえば筆者が直接的に聞き取りをした黒竜江省S農場の元農民のR夫妻の場合、夫婦が投資して整備した農場の経営権を農業開墾局の上級幹部に略取されて家も土地も奪われたばかりか、陳情を継続することを理由に勾留、労働矯正所や精神病院での拘禁のほかに身分証を交付しないなどの報復まで受けている[5]。このほかにも、遼寧省のK女史は企業の体制改革という

マクロな構造変動のあおりで、国営企業の破産による不適切な退職金減額に絡む労働争議から陳情の道に足を踏み入れた人物であるが、彼女の夫（元保険会社の中間管理職）も、陳情の道を余儀なくされた一人である。彼の陳情文書によれば、上司の不正（贈賄、収賄、横領、背任、私文書偽造など）を告発したばかりに、その報復として元勤務先から依願退職を余儀なくさせられた上に、転職しようにも身上調書を差し押さえられて転職手続きが履行できなかった。さらに上司達は上級機関へ虚偽の報告をして彼の陳情行動に対して「不正常陳情」というレッテルを貼るように画策した。最終的には彼の被害に対し、上司達は組織的な威嚇や脅迫手段を講じて、生活保護費という名目でわずか7万元（大学新卒者の賃金2年分程度）の一時金を強制的に受領させることで問題を糊塗し事態を収拾しようとしたと言う[6]。

　もしも陳情者自らが語るこれらの告発内容が正しいと仮定すれば、ここには各種幹部（権力層）の不正や隠蔽のための巨大な組織的装置の存在が浮かび上がってくる。独立性や中立性の確保を欠いた司法システムの存在も、いまだにそうした構造的な不正を法に照らして裁定を下すだけの能力を獲得していない。

　情報伝達機能というのは中国人法学者達（たとえば季衛東、李宏勃）の知見であるが、党中央や中央政府が問題状況の掌握のために、社会の末端との間にある官僚機構を飛び越えて直接に民衆と結びつき、現場からの報告や告発を陳情制度を通じて入手する作用を意味する。しかし情報伝達機能にしてみても、党や政府の幹部の汚職を告発したことで陳情人に処罰や行政的報復が加えられる等の点に着目すれば、党中央や中央政府が、民衆との中間に介在する行政官僚制の機能不全や官僚の汚職などの病理を民衆の告発を通じて認識し、その問題を解決するという情報伝達も機能不全を起こしているといえる。陳情人への報復が発動されることが頻繁である点を考慮すると、現実には民衆からのフィードバックがむしろ正反対の皮肉な結果を産み出しているといわざるをえない。

　統治サイドから見た陳情の機能、すなわち効用に関する通説は「現実に

は、陳情制度の運用段階において政治参加機能は委縮し情報伝達機能も閉塞状態に陥っており、3つ目の権利救済機能に特化している」というものである。この推察が正鵠を得ていることを裏付ける信頼性の高い実証研究がある。法社会学・法人類学のパラダイムに依拠して、西安市の臨潼区で行われた調査研究がそれである。そのうち調査ポイントの1つであった臨潼区陳情局の受付登録簿の分析結果によると、2007年の1年間に受け付けた陳情申請（書面陳情と訪問陳情のいずれも含む）のほとんどは個人の権利救済であり、純粋に国家へ向けた建白はなく、法律や紀律などへの違反を告発することだけを目的としたもののうちでも当事者の利益に関わらない案件は皆無であったという。ちなみに純粋な建白・請願と呼べるような陳情は、同区の人民代表大会が対応した事案の中に1件だけあり、それは1人の高校生によるもので環境保護問題に関する具申であったという（張永和、張煒［2009］211頁）。

　そもそも単純な陳情制度廃止論者ではない于建嶸[7]（社会科学院）は、陳情は制度の設計上、正常な司法救済プロセスの補完にすぎないから、陳情を行政的救済手段、最後の希望と見なして陳情に過大な期待を寄せること自体が民衆側の錯誤であると指摘する（于建嶸［2005］74頁）。ついで、「陳情の救済機能は弱体化させて司法を強化すると共に、陳情制度は政治・監督機能も果たしていないからこの機能はむしろ人民代表大会に委譲されるべきである」と主張している（于建嶸［2005］73頁）。

　しかしこうした制度目標や研究者の提言とは裏腹に、陳情に寄せる民衆の救済要請は一向に収まって行かない。

パラドクス②：陳情制度の低い効用

　陳情パラドクスの2点目は、「解決率0.2％」という通説が反映する制度の効用性問題である。「陳情条例」の趣旨である「政府と人民大衆との密接な関係維持」や「陳情者の合法的な権益の保護」は本章4節で詳述する共産党の「大衆路線」を体現したものである。ところが「陳情条例」に明文化されたこうした崇高な目的とは裏腹に、「解決率0.2％」が示唆する陳情制度の有効性の低さは、一体何が要因なのであろうか。

そもそも「関係機関の申請窓口で受理された陳情案件そのものが適格性を欠いているのではないか」という仮説を抱くが、この仮説は政府の高官によって否定されている。2003年10月に実施された『半月談』雑誌社によるインタビューの中で、国家陳情局の局長自らが陳情行為の正当性を肯定しており、それは人口に膾炙する以下の「4つの80％」発言に集約されている。

（陳情による）具申の80％以上は改革の過程で発生した問題である。

80％以上には道理があり解決すべき実際上の困難と問題が含まれる。

80％以上は各レベルの党委員会や政府の努力を通じて解決することができる。

80％以上は基層で解決すべき、ないしは解決可能な問題である（王永前、黄海燕〔2003〕）。

陳情申請にはたとえば「騒ぐほどに解決の程度も大きくなる」という俗語が生まれたことからも推察できるように、特有のうさん臭さが付きまとっている。仮にこの点を割引いたとしても、陳情局長の上記の発言の含意は大きい。[8]

パラドクス①で言及した西安市臨潼区での調査研究で実証されたように、陳情申請内容のほとんどは紛争解決や権利救済であり、司法的解決に親和するものが圧倒的に多い。しかし「訴訟、仲裁、行政再議等の法がさだめる手段をつうじて解決する苦情申立てに対して、陳情人は、関連の法律、行政法規が規定する手続きに照らして関連の機構へ提出する」（「陳情条例」第14条）という規定があるにもかかわらず、紛争解決の申請が司法ではなく陳情のチャネルに向かうという現実がある（この点も本章4節で詳述する）。制度設計を行なった統治サイドの意図とそれを利用する民衆サイドの理解との間の大きなギャップも、陳情の申請件数を肥大させ、ひいては解決率の低さを招く一因である。

パラドクス③：陳情者への報復や処罰

陳情制度に付きまとう第3のパラドクスは、合法的制度の利用者たる陳情者が当局から拘束や拘禁を受け、その過程で暴行などの迫害を受けるという

第8章　陳情制度のパラドクスと政治社会学的意味

不条理問題である。

　陳情者の拘束が最も可視的に頻発するのは首都北京であり、それは「陳情狩り」と呼ばれ陳情者から極度に恐れられている。上京した陳情者には「陳情条例」の規定から逸脱した者も少なくない。さらに陳情を始めた動機の点でも、傷害・死亡・解雇・農地の接収・強制立退き・冤罪などの深刻なケースが多く、地方での解決を断念し、積年の未解決案件を抱えて上京している。上京した陳情者達の場合、最後の切り札として仰望する「包青天」[9]が執務する中央機関で問題が急転直下に解決するという悲願も昂揚しているために、彼らの陳情は往々にしてエキセントリックな様相を帯びる。その上陳情内容が官僚の腐敗ひいては統治制度そのものの弾劾に直結することも多く、首都の治安上のハイリスク集団と見なされている。治安維持の観点から「陳情者を首都から強制退去させること」が至上命令として地方政府に課されると、地方政府は躍起になって陳情者を拘束し地元へ強制送還するようになる。解決率が極めて低いにもかかわらず、陳情を頼る民衆は後を絶たず、特に全国各地から遠路はるばる上京する陳情者も多く、こうした陳情者が首都の治安の妨げとして行政的な排除の対象となることは海外メディアも繰り返し報道している。

　陳情行為は「憲法」第41条で認められた状況報告・請願・救済請求の権利の行使であるにもかかわらず、暴力的な陳情阻止やそのあとに続く各種の拘禁は、国内外で報道され、中国国内の各種のネット上のサイトにも掲載されていて、その違法性や人権侵害に対する告発や批判は枚挙にいとまがない。特に首都北京で展開される陳情阻止は有名で、警備会社（2010年秋に摘発を受けた「安元鼎」[10]が最も有名。本書プロローグ②参照）への外注が注目を集めた。また地方政府に引き渡された陳情者の一部が、行政処罰を受け労働矯正所へ送致されることもよく知られている。また近頃の日本のメディアによれば、陳情者が地元で手錠を課されて見せしめのために引き回され、自殺を考えるまでの精神的打撃を被っているケースも発生している（朝日新聞、2012年1月30日）。

引き続き、最大の逆説とも言える陳情人への迫害というレベルに焦点を当て、当局によって陳情人が拘束対象にされていく際の、「不正常」陳情というラベリングがなされるメカニズムについて分析したい。

2. 不正常陳情とは何か

陳情阻止を正当化するために「不正常」陳情という語が多用される。これは国務院の通達の中で使用される官庁用語でもある。なぜ「違反・違法陳情」ではなく、持って回った「不正常」陳情という言い回しが選択されるのであろうか。

制度運用の過程では、「陳情狩り」とでも表現したくなるような、当局による暴行を伴う陳情阻止や強制送還が頻発している。合法的権益を求める陳情人が「陳情狩り」のターゲットになる根拠は、それが「陳情秩序」(「陳情条例」第1条) を攪乱する「不正常」な陳情だからである。コードから逸脱した規格外の「不正常」陳情を理解する前提として、ひとまず、制度に則した規範的な「正常」陳情のあり方を押さえておこう。

(1)「陳情申請フロー」に見る正常陳情

「陳情フローチャート」(図1) は、「権威がある」と自認する中国法制出版社が、条例の関係条文を参照して陳情者の目線に立って作成したものである[11]。陳情主体、方法、受付後の流れと処理日数が一目瞭然である。またこの図を見ると、中国の裁判の基本は二審制であるのに対して陳情が三審制を採っていることもわかる。

陳情の一審では陳情窓口で受付登録されてから15日以内に陳情機構から処理権限のある機関へ転送、ないしは陳情機構を迂回してはじめから関係機関に申請された場合にも、「受理するかどうか」を15日以内に決定する。また「受理しない」場合はその旨を陳情人に書面で通知する。受理された陳情案件は60日以内に処理する。複雑なケースも30日以上の延長は認めない。

第 8 章　陳情制度のパラドクスと政治社会学的意味

【図1】陳情のフローチャート

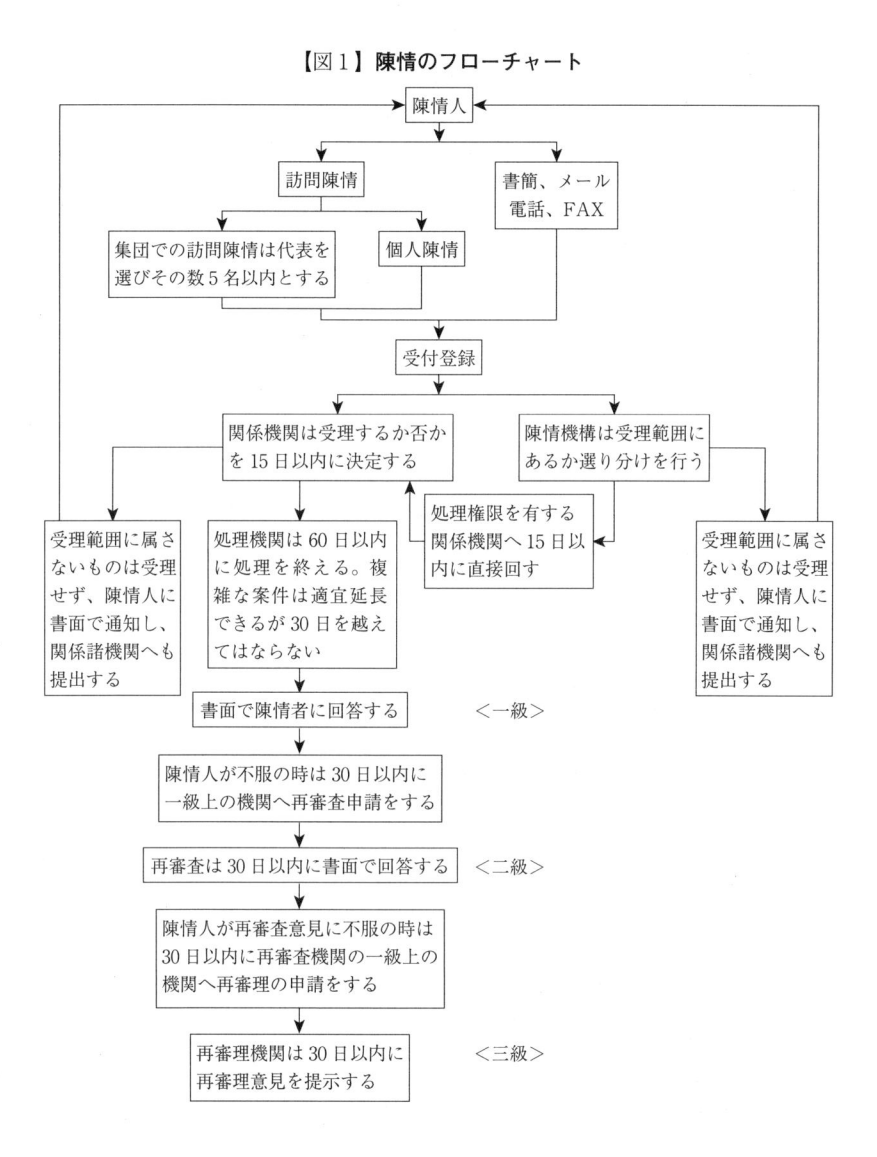

```
                          ┌─────────────────┐
                          │     陳情人      │◄──────────────────────┐
                          └────────┬────────┘                        │
                    ┌──────────────┴──────────────┐                  │
              ┌─────┴─────┐                 ┌─────┴─────┐            │
              │  訪問陳情  │                 │ 書簡、メール │            │
              └─────┬─────┘                 │ 電話、FAX  │            │
         ┌─────────┴─────────┐              └─────┬─────┘            │
  ┌──────┴──────┐      ┌─────┴─────┐              │                  │
  │集団での訪問陳情│      │  個人陳情  │              │                  │
  │は代表を選びそ │      └─────┬─────┘              │                  │
  │の数5名以内と │            │                    │                  │
  │する         │            │                    │                  │
  └──────┬──────┘            │                    │                  │
         └────────────┬───────┴────────────────────┘                 │
                      │                                              │
                 ┌────┴────┐                                         │
                 │  受付登録  │                                        │
                 └────┬────┘                                         │
          ┌──────────┴──────────┐                                    │
  ┌───────┴────────┐    ┌───────┴────────┐                           │
  │関係機関は受理するか否か│    │陳情機構は受理範囲に  │                          │
  │を15日以内に決定する │    │あるか選り分けを行う │                          │
  └───┬────────┬───┘    └────────┬───────┘                           │
      │        │                 │                                  │
      │        │        ┌────────┴────────┐                         │
      │        │        │処理権限を有する  │                         │
      │        │        │関係機関へ15日以 │                         │
      │        │        │内に直接回す     │                         │
      │        │        └─────────────────┘                         │
  ┌───┴───┐ ┌──┴──────┐                            ┌───────────┐    │
  │受理範囲 │ │処理機関は60日以│                          │受理範囲に属さ │    │
  │に属さな │ │内に処理を終える。│                          │ないものは受理 │    │
  │いものは │ │複雑な案件は適宜 │                          │せず、陳情人に │    │
  │受理せず、│ │延長できるが30日 │                          │書面で通知し、 │    │
  │陳情人に │ │を越えてはならな │                          │関係諸機関へも │    │
  │書面で通 │ │い            │                          │提出する      │    │
  │知し、関 │ └──────┬──────┘                          └──────────────┘    │
  │係諸機関 │        │                                                    │
  │へも提出 │   ┌────┴─────┐                                              │
  │する    │   │書面で陳情者に回答する│   <一級>                              │
  └────────┘   └────┬─────┘                                              │
                   │                                                    │
              ┌────┴─────┐                                               │
              │陳情人が不服の時は30日以内に │                                │
              │一級上の機関へ再審査申請をする│                                │
              └────┬─────┘                                               │
                   │                                                    │
              ┌────┴─────┐                                               │
              │再審査は30日以内に書面で回答する│  <二級>                     │
              └────┬─────┘                                               │
                   │                                                    │
              ┌────┴─────┐                                               │
              │陳情人が再審査意見に不服の時は │                                │
              │30日以内に再審査機関の一級上の │                                │
              │機関へ再審理の申請をする     │                                │
              └────┬─────┘                                               │
                   │                                                    │
              ┌────┴─────┐                                               │
              │再審理機関は30日以内に     │  <三級>                         │
              │再審理意見を提示する       │─────────────────────────────────┘
              └──────────┘
```

国務院法制弁公室編［2008］表紙裏頁を一部修正

235

すなわち規程上はどれほど遅くても3カ月で申請の一審の結果を書面で受け取れることになっている。二審は再審査と呼ばれる。一審の結果に不服の場合、その結果を受け取って30日以内に一級上の機関に再審査を申請し、再審査機関は30日以内に書面で回答する。三審は再審理で、再審査意見に不服の場合、これも30日以内に再審査機関の一級上の機関に再審理を申請できる。当該再審理機関も30日以内に再審理意見を出さなければならない。再審理意見に不服であっても、同一の事実や理由で陳情人が再び不服の申し立てをしても、各級陳情機構及び行政機関が再び受理することは無い。

　このフローチャートから計算すると、陳情の一審は申請受理から最長で105日で、また終審（第三級）まで行っても半年ほどで終結するように設計されている。陳情人が上告するか否かの猶予の上限は30日が2回設けられているため、仮に陳情人が控訴するか否かの決定に毎回30日ずつを費やしたと仮定しても、最長で225日で結審するよう制度上は設計がなされている。この数値はいずれも処理期限であるため、もとより申請から数日で解決や解決のための実質的な処理が始まることを排除するものではない。

　陳情条例には落とし穴がある。陳情機構や関係機関が処理を始めるのはいずれも案件を「受取った日から」の算定であるから、書類を店晒しにして受領したり日をズルズルと後回しにする、という官僚主義的な方法で処理を遅らせることは可能である。例えば法学者の李宏勃も「中央、地方を問わず政府が望むのは陳情件数の減少、あわよくば無くなることであり、特に案件処理を直接担当する現場では自ずと案件の店晒し、希釈化、先延ばしが行われている」と述べる（李宏勃［2007］180-182頁）。ともかく制度の設計上は3ヶ月から長くても8ヶ月足らずで陳情の最終判断は出るはずである。

(2) 不正常陳情と陳情狩り

　図1はいわば「正常」陳情の流れであるが、この図から分かるように、「越級陳情」すなわち手続きを無視した飛び級での直訴や「6名以上の集団訪問陳情」や三級審理が終結した後の「反復陳情」は制度の規範からは逸脱

したものなのである。

さらに陳情人の法律責任に関しても「陳情条例」は第47条で規定を設けている。

> 本条例第18条、第20条の規定に違反するときは、関連の国家機構の就業人員が陳情人に対して批判、忠告または教育を行なう。批判、忠告および教育を経ても効果がないときは、公安機関が警告、訓戒または制止する。集会行進示威にかかわる法律、行政法規に違反するか、または治安管理違反行為となるときは、公安機関が必要な現場処理措置を採り、治安管理処罰を与える。犯罪となるときは、刑事責任を追及する。

「陳情条例」第18条は陳情人が直接訪問して陳情を行う場合の申請場所と多数者来訪時の人数制限に関する条文である。

> 陳情人が訪問の形式で陳情を提出するときは、関連の機構が設立または指定する接待場所で提出する。大人数が訪問の形式で共通する陳情を提出するときは、代表を選出し、代表者数は5人を超えてはならない。

これは「直接の面談方式を採る集団陳情は5人以内」とする規程であるから、申請窓口に6人以上で現われた時から法的責任を問われても仕方がない。しかし第18条違反者は「陳情阻止」の標的ほんの一部に過ぎず、残りの大半の逸脱的な陳情が懲罰を受ける根拠は次の第20条にある。

以下の6項目は「陳情条例」第20条が規定する違反行為の要約である。

①国家機関の周辺や公共場所での不法な集合、突入、公用車を含む交通車輛の通行妨害

②危険物や管制器具の携帯（武器、火器、その他、他者の行動の自由を阻止できる器物を言う）

③国家公務員への侮辱、殴打、威嚇や他者の人身への違法な拘束

④陳情窓口での居座り、騒動、生活能力喪失者の遺棄

⑤扇動、脅迫、財貨略取を目的とする陳情の教唆

⑥公共秩序擾乱、国家及び公共安全の妨害

以上のように行政法規としての「陳情条例」の第18条や第20条に違反する陳情人は第47条規程によって治安管理処罰やケース次第では刑事罰を適用される。ところが于建嶸が指摘するように、その適用には証拠を欠くことが多く、当局の主観性や恣意性が作用することが少なくない。
　たとえば「東交民巷に居た」というだけの理由で、3節で詳述する「労働矯正試行弁法」の適用を受け労働矯正所に送られたケースがある（于建嶸[2009] 19頁）。東交民巷というのは北京の天安門広場の南端にある毛沢東記念堂のすぐ東へ入った所で、清朝末期から民国時代にかけて教会、各国大使館、郵便局や銀行などが建ち並んだ東西1000メートル弱の通りである。現在は人民最高法院、警察博物館、天安門地区公安分署と署員宿舎、最高検察院と最高人民法院の陳情窓口や一軒の弁護士事務所が並ぶいわば"法曹街"である。こうした「東交民巷に立つ」行為を違法とする規定はごく一部の地方の条例に盛り込まれているにすぎない。
　また次節で触れる、2011年5月に甘粛省徽県政府が起こした「陳情者10名の強制送還事件」も、同郷の10名が一緒に上京していただけで各人の陳情理由は異なっているから「集団陳情4名以内」コードに違反していたわけではない。「陳情者達を24時間以内に北京から退去させよ」という上級からの「安定維持」命令に慌てた徽県当局が警備会社に陳情阻止を外注した事件であり（『瞭望観察網』2011年6月13日）、裁判所が発行した逮捕状を持って執行されたわけでもない。
　現実の「陳情狩り」のターゲットは、一部の集団陳情のほかは大半が審理終結後の不受理案件による再陳情や、「執拗な陳情」や「越級陳情」である。陳情制度は属地主義を採っており、陳情申請の提出先は「陳情条例」の第16条によれば「処理する権限をもつ同級または1つ上の級の機関」と規定されている。したがってたとえば農村における陳情モデルでは、はじめの鎮級人民政府→県級人民政府の陳情係部門→市級人民政府の陳情部門→省級人民政府の陳情部門までで終結するため、第2に、陳情内容は具体的な被害の回復や賠償などの権利救済が主であるため、正規の手続きを踏んだ陳情が北

京の中央まで登るのは制度の設計上はきわめて希なはずである。したがって陳情受付窓口の段階的秩序を無視した直訴は「越級陳情」として条例から逸脱している。

　しかし上述のように、「陳情条例」第47条の中では、官憲が陳情行為を抑制する対象に対して、「違反者」という語彙を明言しているにもかかわらず、陳情狩りの現場では「違反」ではなく「不正常」という表現が多用されている。すなわち、「不正常」という用語法には「陳情阻止」を発動する当局サイドの複雑な心理が表れており、陳情を理解するための重要な切り口と見なすことができる。

　「代表者5名以上の集団陳情」は明らかに第18条規程に違反する。しかしながら、そもそも集団陳情は個人的な権利侵害とは違って、当局にとっては陳情申請窓口へ現れた来訪者数の多少にかかわらずハイリスクな陳情形態なのである。このタイプの陳情は、土地の接収、ダム建設やオリンピック・万博等の国家的大イベントを背景にした強制立退き、公害問題や記憶に新しい毒入りミルク事件（2008年）などの消費者被害など、地域社会や広範な人々を巻き込む深刻な社会問題を背後に持つために社会運動化し易い傾向を持つ。したがって、陳情の代表者の人数の増加はそれだけで当局への威圧と緊張を増幅させることになる。

　条例で規定されているにもかかわらず、現実にはこうした「違反」陳情は多発している。その理由としては、①ゴネ得主義：騒ぎを大きくするほど見返りが大きい、②官僚主義：陳情機関の役人がズルズルと処理を先延ばしにして処理の遅滞や放棄をして、実質的に有効な解決を提示しない形式的回答をする、③既得権益層保護主義：不正を正すことなく陳情者の権利回復要求を圧殺する、等が考えられる。①が陳情者サイドの責任であるほか②③はいずれも責任は政府側にある。陳情の結果や下部役人の対応にしびれを切らして、あるいは下部の官僚システムが解決する意志や能力を持たない不正の糾弾を求めて、陳情者が北京の中央機関を指向することの妥当性はこの国の官民両者が抱く共通の認識である。陳情制度による解決率の低さや、逸脱型陳

情の背景に横たわる社会的不正への認識の共有といった事情が、逸脱型陳情に対して「違反」ではなく「不正常」という語彙を選ばせる特殊な抑制機制を働かせている。当局みずからが、その適用の際の恣意性、超法規的な適用への認知とそこから来る後ろめたさも、陳情行為に対して「違法」という用語の使用をためらわせている一因であろう。

　首都北京には急進化・先鋭化した「不正常」な陳情者が集合している。未解決で深刻な権利侵害を抱えた陳情者は、北京市や中央の政府にとっては治安上きわめて厄介な存在である。彼らは「憲法」や「行政監察法」の裏付けを持つ陳情活動が奏功することなく、反対に「陳情狩り」や次節で論じる労働矯正などの処罰を受けるなどして、虚しいままに長引く陳情人生の過程で、自己の不幸の源が司法制度や政治体制そのものにあることを認識するようになる。実際のところ、2010年秋の劉暁波氏のノーベル賞受賞や2011年春の不発に終わった中国のジャスミン革命などの政治事件が勃発すると、集まった群衆の中には必ず陳情者が紛れ込んでいる。筆者が2010年12月末に本人から直接聞いたところでは、ある陳情者は「ヤジ馬に混ざって劉氏の自宅周辺へ行くと、警官から意味不明の500元をもらった」という。西側メディアも集まる場所なので政治的な行動を抑止するための懐柔策の一環であろう。こうした経費の出所も極めて興味深いテーマである[12]。

　この陳情者は村長であった夫と共に村の党書記の不正を糾弾したことから陳情人生に足を踏み入れた女性である。2010年6月に労働矯正所を満期で出所していたが、2011年8月現在、再び労働矯正所に送致されていると彼女の知人から聞いた。彼女は普段からバスの中で大声で権力者の不正や政治の腐敗の糾弾をしたり、確信犯的にバスの無賃乗車を繰り返したりしていたため、当局としては処罰のための証拠に事欠かない人物である。

　特に「包青天願望」(松戸［2009］115-116頁) という伝統意識や、党の「大衆路線」による救済モデルを過信する民衆は、党や政府の高官が執務する首都北京へと一縷の望みを抱いて全国から集まってくる。それに対して北京に陳情者を出した地元政府には、上級政府から「不正常陳情者達を直ちに北京

第8章　陳情制度のパラドクスと政治社会学的意味

から退去させよ」という命令が下される。中には「24時間以内に北京から連れ出せ」などという不条理な命令もある。甘粛省徽県政府当局は、この「24時間以内連れ出し」いうほとんど実現不可能な難題を受け、他方では「一票否決」という官僚人事考課の鉄則に縛られて、2011年4月末に仕方なく、陳情者の拘束と強制送還を暴力的警備会社へ外注するという禁じ手に手を染めてしまった地方政府である。この時期は陳情狩り老舗の警備会社「安元鼎」とその幹部が警察から捜索を受けてからまだ7ヶ月しか経っていない時期である。「安元鼎」捜索事件はメディアによる告発を始め、民間企業による人身拘束の違法性や人権問題がメディアやWebを通じて広く喧伝され議論が起こっていた。この「陳情狩り及び強制送還」事件に直接関わった当該県の幹部は、インタビューの中で「陳情者が多く時間も無いのでどうにもならなかった」と嘆息しながら記者に語っている（『瞭望観察网』2011年6月13日）。ここにはこの国の政治・社会構造に翻弄される下層官僚の悲哀も投影されている。

引き続き次節では、頻発する陳情狩りと行政拘禁としての労働矯正所への送致の問題を見ていこう。

3. 陳情阻止から行政拘禁へ
　　——労働矯正所送致を中心として

陳情制度にまつわる第3のパラドクスは、陳情者の一部に行政処罰として労働矯正が課されることである。それは上京した陳情者が地元へ強制送還された後に発生することが多い。地方政府は、上京して党や政府の各種の中央機関の陳情窓口で申請手続きを取ろうとする陳情者のほとんどに対して「不正常陳情者」というラベリングを行う。拘束された後に地元へ強制送還された陳情者を待ち受けているものには、教育、説得のほかに、拘留、刑事処罰や各種の行政処罰があり、さらには正体不明の相手からの脅迫や暴行も現実には発生している。彼らは保安処分ないし行政処罰としていろいろな場所に

拘禁されるが、その方法には軟禁（自宅やホテル）、勾留（地方政府の北京事務所や借上げた旅館や倉庫など）、労働矯正や入院強制治療（精神病院）などがある[13]。本節では行政拘禁のうちの労働矯正に着目して、合法的陳情活動が労働矯正所送致へと反転していくメカニズムを分析したい。

(1) 労働矯正制度の歴史
　　――于建嶸の所論を中心にして

　この問題を正面から取り上げたのは中国社会科学院農村発展研究所の于建嶸で、彼は「陳情労働矯正」という造語まで作っている（于建嶸 [2009]）。現実の陳情過程で起こるや「越級陳情」、「5人以上の集団陳情」、陳情制度上の終結後の「反復陳情」のほか、「執拗な陳情」、「騒ぎ立てする陳情」や陳情断念勧告を頑として受入れない「陳情執着者」は労働矯正措置のターゲットになる。

　たとえば、上海万博のための用地接収に伴う住居の強制立退きを原因とする、陳情歴7年の上海のT氏（65歳）の陳情生活は、正に「後戻りのできない道」を彷彿とさせる。彼の経験は陳情を諦めない「陳情執着者」に苛酷な行政処罰が課される実態を知る上で格好のケースとなっている。彼の経験は以下のように整理できる。

　　　強制立退き→陳情（1度目）→成果無し→再陳情（2度目）→成果無し→再陳情（3度目）→当局から圧力を受ける（見張りや行動規制、居室の監視、携帯電話などの盗聴など）→再陳情（4度目）→陳情狩り・強制送還→再陳情（5度目）→召喚、治安拘留、刑事拘留→釈放後再陳情（6度目）→刑事拘留、保釈→再陳情（7度目）→労働矯正→出所後再陳情（8度目）→刑事拘留や逮捕→労働改造[14]→権利侵害のまま釈放（松戸 [2011] 30頁）

　行政法規としての「陳情条例」に規定された陳情権を行使した陳情者が、

一体何ゆえに行政拘禁としての労働矯正を受けることになるのだろうか。まず中国の労働矯正制度の概要を掌握しておく必要がある。

表1は労働矯正に関する于建嶸の研究の中からその歴史的推移に関する指摘（于建嶸［2009］5-13頁）を整理したものである。

そもそも労働矯正制度の嚆矢は1955年8月に中国共産党中央が出した「隠れた反革命分子の徹底粛清に関する指示（表の①）」で、この中で初めて労働矯正の方法が提示された。その後、文革中は労働矯正も他の制度同様ほとんど運用停止状態に陥っていたとされる。

于建嶸は労働矯正史を2つの時期に分けて、改革開放が始まる以前の前半期を「政治闘争の道具の時代」と呼んでいる。その後、文革終息後間もない1979年公布の「労働矯正に関する補充規定（表の③）では、階級闘争は依然存在するものの、「何度諭しても改めないチンピラ」への対応が大きな課題とされるようになった。今に至る労働矯正の後半期を彼は「社会治安管理手段の時代」と呼ぶ。労働矯正制度の用途の本質が大きく変質したことを示唆する指摘である。

60年代初頭までに全国およそ100カ所の収容施設に約100万人が収容されていたが、大半は反右派闘争時代に右派のレッテルを張られた知識分子であった。1961年に公安部が渋々認めたところでは「収容者の中には不必要な措置を受けた人が存在したほか、管理上、労働改造と同等の扱いを受けて苛酷な労働に動員されて不自然な死亡があった」（于建嶸［2009］2頁）と言う。有り体に言えば、無辜の人民が労働矯正所で重罪の刑事犯と同様の苛酷な処遇と懲役を課され死亡するケースも発生した、というわけである。労働矯正の歴史は不当な処罰による死屍累々という一面が付きまとう。

「不正常」陳情を理由として収容された者の多くが告発するように、労働矯正所での労働現場では有害物質に晒されるなど労働安全が確保されておらず、苛酷な長時間労働が産み出す経済的価値の多くは矯正所に収奪される。さらに、従順でない収容者に対しては私刑に近い体罰が日常化しているために、出所後には労働矯正所で受けた不当な暴力や傷害の告発が新たな理由と

【表1】労働矯正制度の歴史

時期	各種規程	労働矯正制度の関連規程の名称	公布主体 公布年/月/日	規程の内容 (主旨、適応対象、措置期間、変更点など)
前半	'55年～'78年	①「隠れた反革命分子の徹底粛清に関する指示」	共産党中央 1955/8/25	刑事罰は下せないものの、元の職場に留め置くことも不適切。社会に放擲すれば失業者を増やすことになるので労働矯正を措置。完全に自由を喪失するわけではないが集合させ国家のために働き一定度の賃金を支給する。対象：i「反革命分子」 ii「腐敗分子」(正業に付かず軽微の窃盗・詐欺等の治安管理違反者)
		②「労働矯正問題に関する決定」	国務院 1957/8/3	労働矯正は「強制的な教育改造措置であり、かつ就業のための居所を与える方法」。追加対象：iii「長期の労働拒絶・紀律破壊・公共秩序妨害で除籍された無収入者」 iv「職場配属に不服で就労せず、不断に騒ぎを起こし公務を妨害し説論効果が無い者」
後半	'78年～現在まで	③「労働矯正に関する補充規定」	国務院 1979/11/29	初めて期間を規定し、「1年～3年（必要に応じ1年の延長可能）」とする。階級闘争は依然存在するが少数となる。大罪ではないが、軽微な犯罪の常習者で何度論しても悔い改めないチンピラへの対応が課題となる。
		④「労働矯正と収容審査を労働矯正に一本化する通達」	国務院 1980/2/29	軽微な違法行為を犯すも実名、住所や履歴を明かさぬ者、軽微な犯罪者、さらには、場所を替え逃げ回る・何度も事件を起こす・徒党を組んで事件を起こす容疑者には収容審査が必要で、これを労働矯正所に送収容し、この特別編成隊内部で審査を執行する。
		⑤「労働矯正試行弁法」	国務院※ 1982/1/21 ※実際は、公安部の原案をそのまま批准・公布	人民内部の矛盾を処理するのが目的。政治思想工作・文化技術教育・労働鍛錬を通じ、紀律や法を守り、公徳を尊重し、祖国や労働を熱愛し、一定水準の文化知識と生産技術を持ち社会主義を建設する有用な人材に改造する。追加対象：v「乱闘、挑発して混乱を引起す騒ぎを扇動するなどして社会秩序を乱す」 vi「刑事処分に至らない軽微な犯罪の教唆」

備考：于建嶸［2009］1～5頁を筆者が整理した

して陳情に追加されることが多い。労働矯正所を出所した陳情者の一部は、先に言及した上海のＴ氏の体験を彷彿とさせるような「後戻りできない道」の第２ラウンドに足を踏み入れて行くのである。

「労働矯正と収容審査を労働矯正に一本化する通達」（表の④）では、軽微な違法行為容疑に対する収容審査が労働矯正所の特別編成隊の中で執行されることになった。法学者の俎見亮は中国の拘禁制度研究の中で、1996 年に「収容審査」が廃止されたことで、「労働矯正制度が収容制度と同じ目的で用いられるようになってしまった」と批判している（俎見［2004］140 頁）。

1982 年に公布された「労働矯正試行弁法」（表の⑤）は近年の「陳情労働矯正」研究にとって極めて重要な意味を持っている。その理由は、労働矯正措置の決定の際に法的根拠として最も高頻度に利用されるからである。于建嶸による試算では労働矯正措置決定の 75.6％がこの「労働矯正試行弁法」の適応を受けている（于建嶸［2009］6-8 頁）。

この「労働矯正試行弁法」では、「労働矯正問題に関する決定」（表の②）の４つの対象カテゴリーに加えて、「集合して殴り合う、挑発して混乱を引起す、騒ぎを扇動するなどして社会秩序を乱す」と「他者を唆して犯罪を実行させるが刑事処分には至らない」という２つのカテゴリーが追加された。特に前者の「労働矯正試行弁法」の２項目は陳情者を労働矯正に措置する根拠としてしばしば引用されている。于建嶸は制度の後半期の特徴を「社会治安を破壊するものの処罰するには至らないチンピラを懲らしめる"治安管理の手段"」と分析している（于建嶸［2009］3-5 頁）。今日、「陳情労働矯正」を措置される陳情者に対して当局が貼るラベルの中核は「治安の妨げとなるチンピラ」と理解できよう。

しかし、労働矯正措置の決定については、規程上は「労働矯正委員会、公安、民生部などから構成される委員会で決定する」とあるにもかかわらず、現実の運用過程では公安が中心になって決定し、労働矯正所も公安の管轄下にあるなどの不明朗な組織運用実態がある。しかも、労働矯正措置の決定の根拠として近年最もしばしば引用される「労働矯正試行弁法」は公安部が作

成したものを国務院がそのまま交付したものである（表1⑤の公布主体を参照）点は銘記される必要がある。

　問題点の多いこの労働矯正の制度上の欠陥について于建嶸は、第1に「処罰根拠の随意性」、第2に「権力システムのチェックアンドバランスの欠落」と第三の「正義原則への背理」問題の3点にまとめている（于建嶸［2009］5-27頁）。今世紀以降に限っても学者、弁護士のほか全国人民代表大会の複数の代表も含めた多く人々の間で、労働矯正制度の改廃議論は頻繁に起きており、その行方は注目される。

(2) 労働矯正施設における人権侵害の2つのケース

　このように制度上多くの矛盾を内在する労働矯正所の運用実態について、送致された陳情者の多くが矯正所内職員から受けた虐待の苛酷さや不当性を告発している。長時間労働（休日も無く毎日14時間から16時間、時には作業に使用する有毒物質のせいで慢性疾患にかかることもある）、無償に近い低賃金、罵倒、言葉による暴力ほか、身体暴力なども枚挙にいとまが無い。具体的に言うと殴る、蹴る、監禁、裸にする、食事や薬の服用禁止、絶叫防止用に粘着テープ等を口に貼るほか、様々の刑具も利用される。刑具には老虎凳、死人床、大挂等があるとされる。経験者の一人は「7日間継続して「老虎凳」に乗せられた後は脚の血管から出血し階段を登れない状態だった」と語っている[15]。こうした処罰は日常化しており、特に酷刑は不従順な収容者——反論や批判をしたり「刑吏を襲った」とする調書への署名を拒んだりする者——に課されるらしい。矯正所体験者によると、矯正所では以下のような言動がかわされているという。

（憲法や第17回党大会文書を盾に矯正所の極刑を非難する収容者に対して）
　職員1：「我々にこんなことをさせているのは政府だ。やれるものなら『老虎凳や死人床等の刑具を政府が用意した』と政府へ訴え出てみろ。『労働矯正制度を廃止せよ』と言うならなおのこと良い。相も変わらず

共産党は我々に給料をくれるさ」
収容者：「これは職務犯罪だ、酷刑だ」
職員２：「何言っても無駄だ、労働矯正所が重んずるのは法律でなく矯正所規則と班のルールだ。我々に盾突く奴は始末してやる。お前が死んでも怖くない。『遺体引取り要請状』をお前の家族に送りつけるだけのことだ。心臓病が再発したと言うなら、それは正常死だ。ここ数年は死亡者が多いから、誰が告発なんかするものか。告発しても無駄だ。政府を告訴しようたって受け付ける所なんかありやしない！」(劉傑[2009])」

　また、本節の冒頭で紹介した上海万博強制立退き陳情者のＴ氏が受けた虐待も苛酷なものである。2003年4月から6年余りの間に労働矯正所への送致1年半、その後は挑発混乱引起罪で2年半の懲役刑を受けている[16]。2年半の入獄の罪はは①気の向くまま大小便をした、②バスの無賃乗車、③暴行の3つである。本人の反論は取り上げられなかったものの「①について警察も検察もその場所を特定していない、②については車掌が買わないことに同意した、③について自分は殴られた方だ」と弁明している。監獄では、複数の罪人にＴ氏に対する暴行を競わせたり、糖尿病のＴ氏に飲水の制限をして虫が湧いた井戸水を飲むように仕向けたり、恥辱と苦痛から自殺を図るとその後は自殺できないように鉄柵に手錠で縛りつけたり、結核や肝炎患者・精神病者と同じ房に入れたりしている。他方、Ｔ氏に直接取材した人物が「監獄よりは少しはマシだ」と感想を述べている労働矯正所での処遇はと言うと、40℃の炎天下でマラソンをさせばてると殴る蹴るのほか、太陽を直視させ視力を0.5未満に低下させた。このほか「高電圧スタン警棒」で口腔やその他の部位を痛めつけることもあったという(杜斌[2010]18-23頁)。
　それでは労働矯正所の出所後はどうなるのか。当局が期待する「悔悟」をしない人々は、相変わらず個人的な陳情を続けたり、不当な措置の撤回や損害賠償を求めて行政訴訟を起こしたり、或いはまた資源動員論でいうリーダーにはなれないまでも、「貧者の武器」(J. Scott)としての陳情やネット等

を通じた不正の告発などの政治的活動に入って行く人も少なくない。

　遼寧省L市のK女史のケースは労働争議に端を発する陳情の事例である。彼女は国有の縫製企業のベテラン工であったが、49歳の時に不利な「勤務年数買取り」条件を押付けられて国有企業を解雇された。その時期にはL市内の企業62社でも類似の労働者解雇が発生し、それに抗議する労働者の代表団が自然に結成され、K女史もリーダーの一人となった。彼女は元の企業や地元政府との交渉や地元での陳情活動のほかに、他の企業の労働者代表と共に北京まで陳情に出た。その過程で労働矯正所に送致されたのである（当初は3年間）。裁判で「送致の決定取り消し」を勝ち取り収容期間が331日間に短縮され、出所した後は、措置そのものの不当性や労働矯正所措置による損害賠償や関係者の処罰を求めて行政訴訟を起こした。労働矯正措置の取消しは勝ち取ったものの、提示された賠償金額のあまりの低さに、賠償金額の上乗せや請求訴訟や、当初の陳情の誘因となった当該市の党委員会幹部や行政幹部の横領や職権乱用の処分を求める陳情を続けている（松戸［2011］23-29頁）。あたかも「不正常」陳情者を行政拘禁で罰したことに対する当局の後ろめたさを、庶民の多くが敬遠する行政訴訟を敢えて起こした元収容者に対してのみ、幾ばくかの賠償金を出すことで糊塗しているかのようにも解釈できる。しかしK女史が2010年9月20日に行った最高検察院告発センターへの告発はもとより、地裁への賠償金額の上乗せを求める行政訴訟ですら、提訴から4年半を経た時点（2011年秋）でも何ら進展はないという。

　このほか、黒竜江省で夫婦で投資して整備した牧場を横領されて陳情の「後戻りできない道」に足を踏み入れた元農婦のR女史の場合、陳情狩りの際の暴行で視力を失い、労働矯正所での虐待から慢性疾患も発症している。行政機関から報復を受けて家も身分証明書も失い夫と息子と共に北京に僑居する。彼女は効率の悪い陳情窓口への告発をやめ、独学でパソコン操作技術を習得し自宅で可能なネットによる世論の喚起や国連の人権委員会等へ告発状を送付するなどへと戦術を転換している。中国の陳情者達にとってもWebは貴重な「貧者の武器」となっている。

第 8 章　陳情制度のパラドクスと政治社会学的意味

　このように制度の運用上に多くの欠陥や人権上の深刻な問題を抱える労働矯正制度には改廃論が浮上している。特に人身自由の剥奪や各種虐待行為に対して憲法・各種法律・行政法規への違反や人権侵害の観点から学会、メディアや世論を通じて、さらには議会の一部でも廃止を求める議論が浮上している[16]。しかし、1987 年にこの制度の立法化に着手してから 20 余年、2 期 10 年に亘る胡錦濤・温家宝体制の最終年を迎えた現在も立法化の完成は実現していない。陳情者に対する行政拘禁は続き、労働矯正という時代錯誤の行政処罰制度の不備と恣意的な運用とによって、陳情者への人権侵害というパラドクスの再生産は今も続いている。

4. 陳情制度の潜在機能—支配の正当性根拠の再生産

　何度も言うように陳情制度は極めて不可解な制度である。運用実態としては、制度に付託された行政監察という政治機能は正常に機能せず、実際の運用上の機能が収斂する紛争解決や救済実現でさえほとんど達成されていない。このように非効率的である上、さらに救済を求めて陳情を行ったことが裏目に出て行政処罰を受けたり、行政監察権を行使したことで陳情者が権力層から様々な報復を受けたりするケースも後を絶たない。

　かくもパラドキシカルなこの陳情制度が一体何ゆえに存続するのであろうか。この問題を制度目標としての機能・職能の視点からではなく、制度に対する直接的な関係者の認識や行為の動機レベルから考察してみたい。陳情制度のアクターの主軸は「陳情者」と「統治者／陳情官僚」である。いったい陳情者はこの制度をどのように理解し制度に何を求め、他方、統治セクターである党政府の幹部や陳情部局の官僚は自己の責務をどのように規定しているのであろうか。こうした視点によって陳情制度の外部環境としての社会システムに対して、陳情制度が何らかの機能的貢献をしていることが判明するかもしれない。

(1)「找政府
チャオチョンフ
」――陳情制度をめぐる共同幻想

　陳情者が陳情制度に求めるものを象徴するのは「找政府」という中国語である。邦訳としては「役所にお願いに行く」というのが最もしっくりくる。「找政府」現象は１節で言及した西安臨潼区調査でもその重要性が確認されている。その調査研究の中で無作為抽出によって抽出された一般民衆へのアンケート結果から、以下のような知見が得られている。
　ｉ「陳情」は実のところ大衆にとりそれほど身近な概念ではなく、大衆が熟知する「役所にお願いに行く（找政府）」行為と同質ではない。しかし現実生活の中では往々にして多くの大衆は何か問題に遭遇すると政府／役所を尋ねるが、彼らはそれが陳情行為であることを認識しておらず、そのために目的意識を持って陳情の権利義務や手続きを理解しようとはしていない（張永和、張煒［2009］107-110頁）。
　ⅱ国家機構（裁判所、公安、議会、役所／街道弁事処）の所在地と機能に対する認識の分析から、大衆の間では政府と公安がよく知られている半面、議会の所在地や機能に対する知識が少なく、「議会は政府の一部門である」とか「議会は政府の指導を受けなければならない」などの認識を持ち、「政府とは庶民の面倒を見る機構であり」、中には「政府は人民にサービスする」とか「何でもやってくれる」機構と考える人もいる（張永和、張煒［2009］111～112頁）。
　以上より張永和（西南政法大学）と張煒（西安市臨潼区共産党委員会）は、民衆の観念の中では、政府とは普通の善良な庶民向けの管理やサービスをする機関で、政府の管掌事項が最も広範かつ権力も最大であり、こうした意識のもと問題解決の際の主要な選択肢は「找政府」なのであるが、その実、民衆の相談や具申は陳情のチャネルに向かうことを意味している、と総括する（張永和、張煒［2009］112-113頁）。
　この実証研究で得られた知見から、陳情の申請行為は、一般庶民の動機レベルにおいては、よろず相談のために役所の窓口を訪れるのと同類の行為で

あると仮定できる。実のところ、「陳情条例」の中にはこの仮説の傍証を提供するような、異彩を放つ文言がすでに挿入されている。

　　国家、社会、集団の利益およびその他の公民の合法な権利を損なってはならず、社会公共の秩序および陳情秩序を自覚して守り、以下に列挙する行為があってはならない（第20条）。

として、6つの禁止行為を掲げているが、ここで注目したいのはその第4項である。

　　陳情応対の場所で居坐るか、面倒を引き起こすか、または自力で生活できない人を陳情応対の場所に遺棄すること（は許されない）（第20条・第4項）。

このうち特に興味をひかれるのは「自力で生活できない人の遺棄」という文言であり、前後の条項と比べて特段の具体性を持ち異彩を放っている。

そもそも条例の注解本によれば、ここで言う「自力で生活できない人」とは「児童、老人、障害者、精神病患者」を指す（国務院法制弁公室編［2008］25頁）。この異様に具体的で卑近なニュアンスを持つこの文言が組み込まれた理由は、2005年の条例改正に至る50余年の制度実践の歴史の中で、現実にこの種の人々を陳情窓口に置去りにするケースが頻出したからであろう。すなわち一般民衆は、行政組織という官僚機構が分業を前提に業務種別に編成された機能的組織であると考える習慣を持たないために、彼らにとって各種の陳情窓口は「自力で生活できない人」の保護と扶養を安心して付託できる「よろず相談」的機構なのである。国是の一部となっている「人民のために奉仕する」という毛沢東の思想も、政府や陳情機構を「よろず相談機構」と見なす意識の涵養に資するところが大きかったと言える。この点については本節（3）で詳しく検討するが、それに先立って紛争解決レベルに発現する固有の法文化について見ておこう。

(2) 司法よりも陳情を選好させる背景としての法文化

陳情制度の運用実態の中では、李宏勃が指摘する3つの機能のうち紛争解

決が政治機能や情報伝達機能に比べて突出して大きな比重を占めている。しかしこの点は制度設計上の意図からは逸脱しているのである。

そもそも「陳情条例」では法的チャネルに親和する案件は司法ルートへ向かうことが要請されている。

> 訴訟、仲裁、行政再議等の法がさだめる手段をつうじて解決する苦情申立てに対して、陳情人は、関連の法律、行政法規が規定する手続きに照らして関連の機構へ提出する。(第14条・後半)。

ところが現実にはこの規程が明文化されているにもかかわらず、訴訟、仲裁や行政再議に適合する多くの案件が司法ではなく陳情のチャネルに流れて来る。その理由として一般に指摘されるのは、費用の点で陳情申請よりも裁判の方がかなり高いこと、裁判の中立性への懐疑や行政再議制度の知名度の低さの問題である。また行政紛争に限っては受理範囲の狭さの問題も指摘されている（富窪［2008］58-63頁）。

様々な種類の大量の救済請求や紛争解決の案件が陳情のルートに向かうというこの問題に関して、イェール大学の張泰蘇はユニークな分析を展開している。この問題に関する彼の立論は、社会制度としての陳情の強靭な生命力を考える上で有益なヒントを与えてくれる。

紛争解決に際して民衆が訴訟よりも陳情を選好している点は統計的にも立証可能なようである。年間の行政紛争にかかわる陳情件数は400万件〜600万件（1993年〜2004年）に上る一方で、行政訴訟は10万件程度に過ぎない。張泰蘇はこの現象を「陳情現象」と呼び、行政紛争に限定した角度から、「中国人は調停型裁定を好む法文化を持っている」と主張している（張泰蘇［2009］145頁）。

今日、多くの県や市の民事訴訟の調停率は90％を超えており、60％以下は稀であると指摘する（張泰蘇［2009］145頁、157頁）。張泰蘇はさらに黄宗智（カリフォルニア大学）の研究を引用して、清末民初の行政訴訟件数は民事訴訟件数の40％も近くあり、行政訴訟が民事訴訟より多い年もあったとして、「行政紛争領域での訴訟嫌いは中国人の伝統である」という通説を退け

ている（張泰蘇［2009］153頁）。

　張泰蘇は法文化という観点から、主に清代の訴訟を分析して、黄宗智の清代民法研究の成果も援用しながら、民事紛争であれ行政紛争であれ、県の長官には調停をおこなう権限があり、往々にしてこれを利用し、教誨や懇願を通じて訴訟の当事者双方へ和解を勧めたと指摘する。清代の訴訟手続きは明瞭ではあるが、それでも裁判官の自主裁量権が許される法的空白が残されていた。法に照らして判決を下す司法官ではなく、あたかも調停者のごときであるが、法から逸脱するわけでもない。調停の形を取ることで訴訟に付随する衝突性や競争性を減じて、裁判官を人間化し、司法官はあたかも「父母官」のような態度で以って訴訟当事者双方に大義を理解させ、事細かく教誨に努め、双方の十分な反省が得られて初めて判決を下したと指摘する。長期間生活空間を共にすることを運命づけられた近隣関係という生活環境が、こうした双方間の関係修復的で、白黒や勝敗を決することなく双方にとっての解釈に余地を残す「調停の風習」「和の志向」を根付かせたのであるが、この「調停の風習」は法文化として中国人の紛争解決の際の基調となった。この気風は現代にも影響力を残し、政府が柔和な「父母官」役を演じることを期待されている、と強調する（張泰蘇［2009］154-158頁、黄宗智［2007］83-87頁）。

　それでは現代中国社会において陳情に関わる官僚制機構の中では、いったい誰が「父母官」になって一般民衆の紛争を裁定し救済の可否や程度を決めるのであろうか。社会学者の応星は「陳情部門とは陳情を受理する正規の機構だが、救済を獲得できるかどうかの鍵は普通、直接受理することのないいずれかの級の主な党政のトップが握っている。民衆はこの点を良く心得ているために陳情の際は直接これらの党政のトップに照準を合わせる」と指摘している（応［2004］65頁）。応星のこの見解は、有り体に言えば、陳情制度という行政チャネルを通じた救済申請も、実のところは各レベルの党政トップの一存に掛かっていることを意味している。したがって、この点を民衆がよく心得ているからこそ、最大のパワーを持つ最高位の指導者を目指して陳情

者達は首都北京の中央機関に殺到するのである。僥倖に恵まれ、北京に駐在する公正で英明なる高官のおかげで紛争や冤罪救済などの積年の懸案が一気に氷解することがある。これこそが「青天」(黒雲を押しのけ青天が覗くこと)の作用で、そうした高官の歴史上の最適モデルが宋代の包拯(999年～1062年：清廉な地方長官で通称は「包公」。行政長官は司法長官を兼務した)なのである。ここから、陳情者達が北京の高官に抱くこうした救済願望は「包青天願望」と呼ばれるようになった(松戸［2009］115-116頁)。

これは法文化によって継承されたある種のカリスマ崇拝と言えるだろう。中国の法文化と「陳情現象」を通底するこうした心理構造は政治構造や社会構造上でいかなる機能を果たしているのであろうか。

(3) 陳情制度が涵養するピエテート意識とカリスマ願望

「陳情は行政訴訟に比べて調停の余地が広く、柔和で対抗性も少なく、人間味もあるために、民衆は冷厳な行政訴訟よりもこうした性質を持つ陳情を選好する傾向がある」と張泰蘇は結論づけていた。この命題を援用すると、陳情における紛争解決で民衆が求めるのは伝統的な父母官的な裁判官による審理であり、柔和で人間味があり、教誨を通じて双方の関係修復を可能にするような裁定者である。かつて、中国の王朝時代の支配構造をM・ウェーバーは家産官僚制と呼び、この伝統的支配の正当性根拠がピエテートすなわち、支配者と被支配者との間の情誼的で家父長的な支配—恭順、庇護—奉仕関係にあるという命題を提起した(ウェーバー／木俣訳［1971］241, 263頁)。今日、陳情の官僚機構の中で各種の生活問題の処理方針の決定や紛争裁定の権限を持つのは各レベルの党政トップであるとされる。こうしたトップと一般大衆とは、現在でもピエテート類似の意識で係留されているという仮説が浮かび上がってくる。

応星は「陳情制度には常に民主的権利と秩序の安定との間に力の拮抗が存在する」とした後で、共産党の「大衆路線」と陳情制度との関係について「陳情制度はもともと共産党の大衆路線の産物であり、人民の民主的権利を

第8章 陳情制度のパラドクスと政治社会学的意味

保証し大衆の正当な要求を満足させることこそが、陳情業務に託した共産党の根源的ねらいなのである」と指摘する（応星［2004］61頁）。応星のこの命題の意味は、理想とされる陳情局幹部像を知ることで理解し易いものとなる。

ここで取上げる理想的陳情幹部とは江蘇省泰州市の張雲泉である。彼は1983年以来22年間に亘って泰州市の党や政府の陳情部門に勤務し、1998年に市の陳情局長に昇進後、2001年には市政府の副秘書長も兼任するようになった。1999年には江蘇省の優秀共産党員の栄誉称号を、さらに2001年には党中央の組織部、宣伝部や国家人事院から「人民が満足する公務員」称号を授与され、2003年には江蘇省人民代表大会の代表にも選ばれている（中央宣伝部新聞局等［2005］1-2頁：以下本節の残り部分で括弧内にページ数のみ書かれているのは、本書のページ数である）。

彼の功績は、年平均で2000件の書面陳情、2000人の訪問陳情と1000件の電話陳情の応対をしている。そのほか、通算で約200戸の貧困世帯を助け、100余名の民衆の医療費の工面のために身銭を切り、その支援金総額は4万元に上る（20頁、184頁）。

陳情窓口の現場ではいつも泣き声、喚声、怒声、罵声が飛び交っているという。平均して1日当たり6～7通の陳情書函を処理し、6～7人の陳情者面談をこなし、3～4件の電話陳情の応対をする計算になる。日常業務にはこのほか、陳情事案関連の現場を実地検分し、各種会議に出席し、陳情処理の意見書の起案・決裁や報告書を書くデスクワークもある。

彼の業務は「3K（キツイ・キケン・キタナイ）」を地で行くものである。一日平均の勤務時間は12時間以上（44頁）というからかなりのハードワークである。精神病患者の手から割れた酒瓶を取り上げたり、爆弾を体に巻きつけた陳情者から素手で爆発装置を解除したり、住宅問題がこじれて自暴自棄になった結核患者から血痰を吐きかけられながらもその患者を宥めたことがある（120頁）。さらには、地域のトイレ水洗化の過程で、不潔な作業を拒否する業者に代わってゴミや汚物の堆積物に裸足で分け入って測量するなどの

汚い作業もこなしている (13-14 頁)。これらのエピソードは、陳情局幹部としての彼が一般人が忌避する「3K」の仕事を自ら率先してこなしている事実を物語る。

彼の勤続 22 年間の勲章は、噛まれて骨が露出し曲がらない指、国有企業解体の労働争議で激昂する群衆に殴られたことによる視力低下（1.5 から 0.15 へ）や腕に残る数々の傷跡である (124 頁)。

彼の執務室には「全身全霊で人民に奉仕し、一刻たりとも大衆から離脱しない。個人や小集団の利益からではなく、一切は人民の利益から出発する。人民への責任と党の指導機関への責任との一致。これらが我々の出発点である」という毛沢東の『聯合政府を論ずる』の一節の入った扁額が掛かっている (25 頁)。彼は「共産党員は人民の息子」を実践して、身よりのない貧農のために膵臓ガンの手術を手配し「息子」として手術の同意書にサインしている (115 頁)。また夫に脳溢血で先立たれ、それを医療過誤だと思いこみ精神を病んで陳情を続ける母親が育てた情緒障害の女児を救済し、彼女の結婚時には父親代わりとなって人並みの嫁入り道具まで自腹を切って持たせてやっている (113-115 頁)。その他にも、極左路線の犠牲で有罪となり満期で出所した人物の名誉回復問題が、陳情 16 年を経てもなお実現しないという事案を受け取るや、陳情局長である彼自ら裁判所に掛け合って再審及び無罪を勝ち取った。この陳情者は無罪判決が出た瞬間、張雲泉局長に向かってズボンを膝まで捲り上げて土下座し、音を立てて 3 度の叩頭をすることで最大限の謝意を表している (24-25 頁)。

理想的な陳情幹部としての張雲泉局長に対するメディア等による総合評価をかいつまんで言うと、「そもそも陳情業務とは党・政府と人民大衆をつなぐ橋梁であって、張雲泉局長はその橋の上で人民大衆と心を通わせる人物なのである」(52 頁)。彼の陳情業務の鍵は「情」にあり、正に彼のこの「情」のおかげで自殺志願者が再び生きる勇気を甦らせ、民衆は陳情局長を親族と見なすようになる。しかし彼はこうした「柔」ばかりでなく実は「剛」の面も持っている。

第 8 章　陳情制度のパラドクスと政治社会学的意味

　たとえば「ある身寄りのない老いた盲人夫婦が彼らの粗末な住居を洪水で流されて途方に暮れている」と聞くや張局長の獅子奮迅の活躍が始まる。彼はこの盲人老夫婦を住まわせるために、老夫婦の元のあばら屋がその敷地内にあった某工場の経営者を恫喝して、この男が違法に占拠している住宅を明け渡させたことがある (14 頁)。また市場メカニズム導入の過程で頻発した所有制度改革の過程で顕在化した権力層による国有資産の横領や着服に対して、彼は断固たる態度で対応し、刑事犯罪の立件のために尽力し犯人を入獄させた (127 頁)。この局長のようにあたかも父の強さと母の優しさを兼ね備えるのが陳情幹部の理想像なのである。

　しかしながら視点を変えて近代的法治主義的思考から見れば、この局長の美談には疑問を抱かざるを得ない点が多々ある。司法ではなく陳情部門の一幹部の判断で審理終結案件の再審が決まったほか、ある車いす身障者家族が道路建設のために立退きが決まり、彼らが割り当てられた住宅が 20 平方メートルしかなく手狭でとても不便であるという陳情を受けると、張局長は奔走して、この身障者家族のために改めて 120 平方メートルの広い住宅を手配している (10-11 頁)。ここに共通するのは、裁判手続きを踏まない超法規的な裁量権や司法への介入権、行政者として公平原則を顧みない恣意的な裁量権を陳情局長が有している点である。その上、陳情チャネルを通じて運よく恩恵に浴した人民からの対価の究極は、土下座して感謝の意を表するという時代錯誤の行為である。

　この「幹部に向けて土下座する」というのも陳情に固有の心性であり行動様式である。陳情者が幹部の前で跪いて訴え懇願するケースは希ではない。「村政治の腐敗問題に絡み、遼寧省庄河市の市庁舎ビルの入り口で 1 千名余りの民衆が土下座して市長との面会を求めたが、それでも面会は実現しなかった」というエピソードが伝えられている。この事件が発生したのは、つい最近の 2010 年 4 月 13 日のことである (段元超 [2010] 5 頁)。陳情事案の申し出や解決に際して「懇願や感謝の気持ちの表明として土下座する」という行動様式の動因は、陳情行為が各種法の類が規定する権利請求と職務遂行

の応酬関係ではなく、哀訴と慈善、恭順と庇護というピエテート関係に由来するものだからである。

　中国共産党の大衆路線を体現する統治の用具としての陳情制度とは、法の下での平等や公正を通じてではなく、王朝時代のような「臣民と父母官」のピエテート意識に支えられて、陳情局幹部や党や政府の幹部の慈悲と任意性によって担保されるものなのである。統治者の権力の正当性根拠は合法性ではなく、伝統的ピエテートや、時には「包青天」に備わるカリスマ的パワーへの帰依に求められる。陳情制度を支える法意識として「包青天願望」の持続性がしばしば指摘されるし（松戸［2009］）、当局が統治者にカリスマ性を付与するためのシンボル操作に腐心していることもよく知られている。2011年春に上海の某テレビ局の女性記者は、局内で配られた「幹部撮影時の注意書き」に「撮影は厳粛で真剣な表情のみとする。タバコを吸ったり、内緒話をしたり、携帯電話をいじくる場面はご法度で、質実さをアピールするために、他人から傘をさしかけてもらう姿やフルーツが写るのも好ましくない」とあったことをブログで流している（朝日新聞、2011年4月3日）。このエピソードは、今日の中国の共産党幹部や政府幹部の権力の正当性を補強するには、今なおこうした"加工された"カリスマ性が必要とされていることを示唆するものである。

おわりに——陳情研究の政治社会学的意義

　解決を要する救済や紛争問題が、冷厳な法治主義を通じてではなく、陳情チャネルに君臨する「父母官」的な党政幹部の自由裁量によって急転直下事態が打開される方を民衆が選好し、この構造が実は党の正当性の担保にもなっている。このように立論すると、中国の陳情が産み出す多くの不可解な現象や、それを取り巻くこの国の多くの政治社会学上の難題に関しても説明の端緒が開けてくる。社会主義政権下の中国では、統治の正当性レベルに家産官僚制時代のピエテートやカリスマ性が色濃く残存しているからである。

原理上、陳情は共産党の統治の根本理念である「大衆路線」を体現すると同時に、統治サイドの強い要請である安定維持という２つのベクトルを抱え込んでいる。これは共産党による統治の図式そのものであるが、この見方によって本論で分析した陳情制度の三重のパラドクス――①行政監察及び情報伝達機能の萎縮と救済機能への特化、②解決率の極度の低さ、③合法的陳情行為が政府の迫害を受ける――や陳情者が治安維持上の主要ターゲットの一類となることの説明が可能になってくる。

陳情制度の本来的機能である行政監察は、司法の未熟な段階においては、体制維持を図る権力層及びそれとさまざまな利害関係を共有する既得権益層からの抵抗が大きくて実行力を持たない。法学者の鈴木賢はこうした局面の根本原因に対して「法による権力制御という未完のプロジェクトは、実は制御の対象たる権力自身が推進主体となった『自己革命』であるという根本背理がある」と分析している（高見澤・鈴木〔2010〕131頁）。権力者への掣肘・権力に対する法的制御という人類史的課題は、中国では、社会主義革から60年を経た現在もまだ達成できていない。制御されるべき権力が自身に向けて発動する「自己革命」はいかなる社会的装置によって成し遂げられるのか。改めて中国におけるこの難題の巨大さが浮き彫りになって来る。

陳情制度の設計上の中核である行政監察という政治機能や上部権力層が期待した情報伝達機能に代わり現実に最も陳情に期待されている救済や紛争解決機能である。しかし、「陳情条例」第14条にあるように、それらの多くは本来的に陳情ではなく司法チャネルに向かうべきものであるが、それにもかかわらず、現実には陳情チャネルに向かって来る。この国民的な大きな錯誤は本質において共産党の「大衆路線」が涵養したもので、この「大衆路線」こそが、一般国民が行政の機能主義的性格を認知できず、行政機構を「よろず相談所」と見なしてあらゆる種類の問題の解決を政府に頼り、なおかつ超法規的な裁定までも期待しかつ許容するような行政モデルを定着させてしまった原因である。

このメカニズムを通じて、王朝時代に顕著であったピエテート関係やカリ

スマ崇拝が支配の正当性レベルで再生され、法治主義の成長の大きな桎梏となるほか、問題解決を見ないどころか陳情権を行使したことで過酷な行政処罰を課されて党や政府に対する信頼喪失という逆説まで招いている。党による「大衆路線」の宣伝により、一般大衆は陳情行為の正当性を疑わず期待も肥大しているだけに、殊に行政処罰を課された陳情者達の失意と混乱は大きく、より激烈な陳情活動を展開するという悪循環が生じている。正に「後戻りのできない道」の行程そのままである。当初の陳情案件が解決を見ないどころか、陳情行為を咎められて労働矯正という行政拘禁を課され、矯正所で受けた虐待が当初の陳情案件に上乗せされ、より強烈な救済願望を抱いてより上級の党や政府の指導者にすがる、という悪循環は陳情現象に諧謔的な色彩を付与している。

　しかし、陳情制度固有の無力性や欺瞞性に翻弄される陳情者のレベルでは、陳情行為の無力さを実感し、未解決の淵源が実は政治体制そのものにあることを認識する人々が登場し始めている。陳情ダイナミクスの周辺或いは延長線上では各種の集団騒擾事件が発生している。他方、陳情研究者のレベルでも、陳情者を巻き込む社会運動や政治運動の成長というのは陳情研究がその進展によって必然的にたどり着く次のテーマである。陳情研究を牽引する于建嶸や応星らはすでに「異議申し立て政治学（Contentiou Politics）」研究の中核を担い始めている。

　中国建国後の後半期（一九七〇年代末期以降）は、経済改革経済成長の先行と片や政治改革の遅滞という跛行的な発展によって特徴づけられる。それはかつてK.ウイットフォーゲルが提起した「専制政治と経済停滞」という図式の亜種であり、社会主義政権が到達した現時点での発展段階を特徴づけている。現象が内包する様々の逆説とその政治社会学的意味の分析は、陳情現象に限ることなく、現代中国政治全般に残る歴史的刻印に光を当て、政治改革の困難性を解明するための1つの突破口となるかも知れない。

第 8 章　陳情制度のパラドクスと政治社会学的意味

注

1) この解決率 0.2％という数値は于建嶸の推定値で、この問題に関する唯一の数値だがこの数値は統計的には信頼性の点で大きな問題は残り学術的な再集計の結果が待たれるものの、「陳情を通じた解決は稀である」という理解までも退けるものではない。

2) 労働矯正の原語は労働教養である。法学者の俎見は、中国での該当制度の改正議論の中で「矯正」と言う名称が使われていることから、敢えて原語のまま使用する（俎見［2004］100 頁）が、本章では「労働教養」やはり「労働矯正」と訳しておく。

3) 例えば国務院法制弁公室編『信訪条例―注解与配套―』中国法制出版社、2008 年や中国法制出版社編『信訪条例新解釈』2010 年は「陳情条例」の第 1 条や第 2 条の解釈や関連法規として「憲法」「行政監察法」などに言及している。

4) このテーマに関しては別の角度から論じたことがある（松戸［2009］112-115 頁）。

5) 事件の発端は 2000 年で、陳情を始めて 10 年が経ち、2011 年になって突然、地元の当局から農地が返還されたために、陳情のために長年暮らした北京から地元へ帰郷した。詳細は未確認。

6) 松戸［2011］で紹介した K 女史（国営アパレル企業のリストラから陳情団のリーダーになった人物）の夫であるが、詳細は『科研費報告書』（研究代表者・松戸庸子、2012 年 3 月）の中に掲載している。

7) 彼は、メディアによる拙速な判断や彼の主張が政府が決めた改革方針と相容れないことで、彼は自分が単純な「弱体廃止論者」にされてしまったことを嘆いている（于建嶸［2005］74 頁）。さらに、こうした事情から陳情者の間で"救世主"となされていた彼が一転"敵"と成り下がったと言う（田中［2009］194 頁）。

8) そもそも国家陳情局というのは国務院組織図の中で特異な位置を占めている。各省・委員会に所属する（たとえば国家食糧局）わけでなく、したがって司法省に属するわけでもなく、16 ある国務院直属機構（たとえば国家税務総局）でもなく、14 ある国務院直属事業単位（たとえば新華社通信社）でもなく、唯一、国務

261

院弁公室に直属している（21世紀中国総研編『中国情報ハンドブック：2011年度版』蒼々社 pp.166～169）。国務院弁公室を介在して国務院中央に極めて近い位置にある事実は、国家陳情局の特異性と重要性を示唆している。

9）「包青天」とは「包」と「青天」の合成語。包とは宋代の地方官の包拯のことで、彼は公正な裁きをしたとして民衆から崇められている。「青天」とは問題が一気に解決して雲間から晴天が望む様を言い、ここから、問題を一気に解決してくれるカリスマを指している（松戸［2009］115頁）。

10）本書のプロローグにもある警備会社「安元鼎」については下記の論考の中でも概要を紹介している（拙稿「中国の陳情者拘束・強制送還に見る行政と市場の協同――警備会社へのアウトソーシングをめぐって――」『アカデミア』人文・社会科学編 第4号、2012年6月発行予定）。なお「安元鼎」という名の由来は、一説には「安邦定国 元神护鼎」であるという。

11）中国法制出版社は『信訪条例新解読』の冒頭で「弊社は国務院法制弁公级法律類図書専門出版社で、国の法律、行政法規を取り扱う権威ある出版社である」と述べている（同社編［2010］「第二版・出版説明」）。

12）当局が陳情者に行動を自粛させるための費用は"安定維持費"と考えられる。「こうした経費が最近増えている」と応星も本書の第2章中で指摘している。

13）この論考の草案では全てを行政拘禁としていた。この点に対して法学者の但見亮氏から「行政拘禁ではなく保安拘禁も一部にある」という指摘を受けた。中国でこうした各種拘禁が発動される実態、特に行政の特殊な関与の仕方の実態の解明によって概念上もより整備される物と考える。但見氏の教示に感謝したい。

14）このケースの聞き取りをした杜斌は草稿の段階ではこれを「労働改造」2年半とも記していた。ただし、出版時には字数を減らすためにT氏の労働矯正と投獄のくだりは削除されてしまった（松戸［2011］22-23頁にその説明がある）。同氏の別の叙述部分や写真のキャプションでは投獄、役務従事拒否などとある（杜斌〔2010〕18-21頁）ため、懲役刑と判断した。また、杜斌の記述ではすべて「陳情」となっており陳情行為の厳密な分類（二審「再審査」や三審「再審理」の区分け）はなく、杜斌の原文をそのまま引用した。

15) 下記はいずれもこれらの刑具を使う懲罰を受けた労働矯正所元収容者からの聞き取りによる。「死人床」では、別の収容者に命じて素裸にさせ、2000元で購入したベッドにまる10日間しばりつけられた。ベッド中央部には排泄物を溜めるためのへこみ部分があり、排泄のためにベッドから降りることも許されない。極度の屈辱感に苛まれると同時に、身体上は刑具からの解放後に、経鼻胃チューブ栄養、導尿や浣腸等の医療処置を受けることを余儀なくされた。「大挂」とは壁の前に正立させて片腕を高く反対側の腕は斜め下に置く。手首部分をはじめ体の数カ所を背面に固定し、そのまま全く身動きの取れない状態で立たせたまま何日も放置する刑具である。いずれも外傷は残らないものの、精神的および内科的なダメージを与え傷害を残す可能性がある。

16) 労働矯正制度の改廃論に関しては、以下の論考が詳しい：但見［2004］138～144頁。また「于建嶸〔2009〕28-29頁」は、今世紀初頭以降の中国国内の改廃の論争の大筋をうまく整理している。

参考文献

高見澤磨　鈴木賢　2010（叢書★中国的問題群）『中国にとって法とは何か――統治の道具から市民の権利へ』岩波書店

但見亮　2004「中国の行政拘禁制度改革――労働教養制度改廃の議論に関連して――」『比較法学』38巻1号（通巻75号）

但見亮　2005「中国の『監督』制度における『民主』と『法治』(1)」『比較法学』38巻3号（通巻76号）

但見亮　2006「中国の『監督』制度における『民主』と『法治』(2・完)」『比較法学』39巻2号（通巻78号）

田中奈美　2009『北京陳情村』小学館

菱田雅晴・園田茂人　2005『シリーズ現代中国経済8　経済変動と社会変動』名古屋大学出版会

松戸庸子　2009「信訪制度による救済とその限界」『中国21』Vol.30

松戸庸子　2011「合法的『信訪制度』が何ゆえに行政拘禁を招くのか」『アカデミア』

マックス・ウェーバー/木全徳雄訳 1971『儒教と道教』創文社

Ocko, Jonathan K., 1988 I'll Take All the Way to Beijing : Capital Appeals in the Qing, The Journal of Asian Studies, 47, No.2, May 1988.

杜斌 2007『上訪者―中国以法治国下幸存的活化石』明報出版社

杜斌 2010『上海 骷髏地』葡萄樹出版

段元超 2010「新時期該如何継続堅持群衆路線――以群体性事件的解決為例想開去」『当代社科視野』2010年第11期

国務院法制弁公室編 2008『信訪条例注釈与配套』中国法制出版社

黄宗智 2007『清代的法律、社会与文化：民法的表達与実践』上海書店出版社

李宏勃 2007『法制現代化進程中的人民信訪』清華大学出版社

劉傑 2009「看今天晩上怎么収拾儞一万民申冤冤民代表劉傑的労教遭遇」『博訊新聞網』2009年9月16日

(http://peacehall.com/news/gb/news/yuanqing/2009/09/200909161008.shtml)

王永前　黄海燕 2003「国家信訪局局長80％的上訪有道理」『半月談』2003年11月20日

応星 2004「作為特殊行政救済的信訪救済」『法学研究』2004年第3期（本書第2章に翻訳収録）

応星 2001『大河移民上訪的故事』生活・読書・新知 三聯書店

于建嶸 2005「信訪制度改革与憲政建設」『二十一世紀双月』2005年6月号（本書第1章に翻訳収録）

于建嶸 2008『中国労動教養制度批判――基于100例上訪労教的分析――』香港中国文化出版社

于建嶸 2010『抗争政治：中国政治社会学基本問題』人民出版社

張泰蘇 2009「中国人在行政糾紛中為何偏好信訪？」『社会』2009年3期（総第141期）。

張永和　張煒 等 2009『臨潼信訪：中国基層信訪問題研究報告』人民出版社

中国法制出版社 編 2010『信訪条例新解読』中国法制出版社

中央宣伝部新聞局・中央先進性教育弁公室宣伝組・国家信訪局研究室編 2005『信訪局長 張雲泉』学習出版社

（付記）本稿は「平成21―23年度科学研究費補助金（挑戦的萌芽研究）」の研究成果の一部である。

国務院令

第431号

2005年1月10日

陳情条例

目録

第1章　総則
第2章　陳情経路
第3章　陳情の提出
第4章　陳情の受理
第5章　陳情の処理および監督
第6章　法律上の責任
第7章　付則

2005年1月5日に国務院第76回常務会議で採択し、ここに公布し、05年5月1日より施行する。

国務院
2005年1月10日

第1章　総則

第1条

　各級政府と人民の密接なつながりを保持し、陳情人の合法的な権利を保護し、陳情秩序を維持するために本条例を制定する。

第2条

　本条例でいう陳情とは、公民、法人またはその他の組織が、書信、メール、ファックス、電話、訪問等の形式で、各級政府、県級以上の政府の業務部門へ事情を訴え、建議、意見または苦情申立てを提出し、関連の行政機構がこれを処理する活動をいう。

　前項が規定する形式を採り、事情を訴え、建議、意見または苦情申立て

を提出する公民、法人またはその他の組織を陳情人という。

第3条

　各級政府、県級以上の政府の業務部門は、陳情業務を徹底し、信書の処理、訪問の応対を真摯に行ない、人民の意見、建議および要求を傾聴し、人民の監視を受け、人民に服務するよう努める。

　各級政府、県級以上の政府の業務部門は、陳情経路を円滑にし、陳情人が本条例の規定する形式を採り、事情を訴え、建議、意見または苦情申立てを提出するために便利な条件を提供する。

　いかなる組織および個人も陳情人を取り締まってはならないし、報復してはならない。

第4条

　陳情業務は、各級政府の指導の下で、属地管理、級別責任、責任主体の明確化、問題の現地解決と啓蒙教育の結合という原則を堅持する。

第5条

　各級政府、県級以上の政府の業務部門は、科学的・民主的に判断し、職責を履行して、陳情事項の矛盾および紛争を根源から予防する。

　県級以上の政府は、統一指導と部門協調、総合考慮と万事処理、責任分担と完全管理の陳情業務体制を確立し、合同会議、一斉捜査の仕組み、陳情監督調査業務制度等の方法をつうじて矛盾および紛争を速やかに解消する。

　各級政府、県級以上の政府の各業務部門の責任者は、重要な信書を閲読し、重要な訪問を応対し、陳情業務の報告を聴取して、陳情業務の中で突出する問題を検討・解決する。

第6条

　県級以上の法院は、陳情業務機関を設立する。県級以上の政府業務部門および郷と鎮の政府は、業務に対する有利性と陳情人に対する利便性という原則に照らし、責任を担う陳情業務の機関（以下、陳情業務機関とする）または人員を確定して、具体的な責任を担わせる。

県級以上の政府の陳情業務機関は、同級の政府の陳情業務の責任を担う行政機関であり、以下に列挙する職責を履行する。

(1) 陳情人が提出する陳情の受理、処理、転送
(2) 上級および同級の政府が移管する陳情の処理
(3) 重要な陳情の協調処理
(4) 陳情処理の検査、督促
(5) 陳情事情を検討・分析し、調査検討を展開し、同級の政府へ改善政策と業務改善にかかわる建議を迅速に提出すること
(6) 同級の政府のその他の部門および下級の政府陳情業務機関の陳情業務に対する指導

第7条

各級政府は、健全な陳情業務責任制を確立し、職務当失または汚職行為に対して関連の法律、行政法規および本条例の規定に厳格に照らし、関連の責任者の責任を追及し、あわせて一定の範囲内へ通報する。

各級政府は、陳情業務の成績を公務員査定体系に組み入れる。

第8条

陳情人が訴える事情、提出する建議・意見が、国民経済および社会の発展または国家機構の業務の改善と社会公共の利益の保護に対して貢献するものであるときは、関連の行政機構または組織が奨励を与える。

卓越した成績を収めた組織または個人に対して、関連の行政機構が奨励を与える。

第2章　陳情経路

第9条

各級政府、県級以上の政府の業務部門は、同陳情業務機関の住所、メールアドレス、苦情申立て先番号、応対時間および場所ならびに陳情処理の進展および結果を照会する方法等の関係する事項を社会へ公表する。

各級政府、県級以上の政府の業務部門は、応対場所またはウェブサイ

で陳情業務に関連する法律、法規、規則、陳情の処理手続き、および陳情人に提供する利便的なその他の関係する事項を公表する。

第 10 条

　　区を設置する市級、県級の政府および同業務部門、郷と鎮の政府は、行政機構責任者の陳情応対日制度を確立し、行政機構責任者が陳情を協調して処理する。陳情人は、公表する応対日および応対場所で関連の行政機構責任者へ陳情を直接に訴えられる。

　　県級以上の政府および同業務部門の責任者または指定する人員は、陳情人が訴える突出した問題について陳情人の居住地へ出向いて面接・対談できる。

第 11 条

　　国家の陳情業務機関は、現有の政務情報ネットワーク資源を十分に利用し、全国陳情情報システムを確立し、陳情人の現地提出、処理状況の照会のために便益を提供する。

　　県級以上の地方政府は、現有の政務情報ネットワーク資源を十分に利用し、同行政区の陳情情報システムを確立または確定し、あわせて上級の政府、政府の関連の部門、下級の政府の陳情情報システムとの相互往来を実現する。

第 12 条

　　県級以上の各級政府の陳情業務機関または関連の業務部門は、陳情人の苦情申立てについて陳情情報システムに速やかに入力し、陳情人は、行政機構が発行する苦情申立て受理証を携えて現地政府の陳情業務機関または関連の業務部門の応対場所へ出向き、同処理状況を照会できる。具体的な実施方法および手順は、省、自治区、直轄市の政府が規定する。

第 13 条

　　区を設置する市と県の2つの級の政府は、陳情業務の実際の必要に基づいて、政府主導、社会参与、紛争の迅速な解決に有利な業務の仕組みを確立する。

陳情業務機関は、関係する社会団体、法律支援機関、関係する専門人員、篤志奉仕家等を組織して共同参画し、諮問、教育、協議、調停、聴聞等の方法を運用して、陳情人の苦情申立てを法に基づき、迅速・合理的に処理する。

第3章　陳情の提出

第14条

陳情人が以下に列挙する組織、人員の職務行為に対して事情を訴え、建議、意見を提出するか、または以下に列挙する組織、人員の職務行為に不服があるときは、関連の行政機構へ陳情を提出できる。

(1)　行政機構および同就業人員
(2)　法律、法規が権限を授けて公共事務の職能を管理する組織および同就業人員
(3)　公共サービスを提供する企業、事業組織および同就業人員
(4)　社会団体またはその他の企業、事業組織の中で国家行政機構が任命、派遣する人員
(5)　村民委員会、住民委員会および同構成員。

訴訟、仲裁、行政再議等の法がさだめる手段をつうじて解決する苦情申立てに対して、陳情人は、関連の法律、行政法規が規定する手続きに照らして関連の機構へ提出する。

第15条

陳情人は、各級の人代および県級以上の人代常務会、法院、検察院の職権の範囲内の陳情に対して、それぞれ関連の人代および同常務会、法院、検察院へ提出し、あわせて本条例第16条、第17条、第18条、第19条、第20条の規定を順守する。

第16条

陳情人が訪問の形式で陳情を提出するときは、処理する権限をもつ同級または1つ上の級の機構へ提出する。陳情がすでに受理されているか、ま

たは処理中のときで、陳情人が規定する期限内に受理または処理している機構の上級機構へ同一の陳情を再提出するときは、当該上級機構は、受理しない。

第17条

　陳情人が陳情を提出するときは、一般に書信、メール、ファックス等の書面の形式を採る。陳情人が苦情申立てを提出するときは、さらに陳情人の姓名（名称）、住所および請求、事実、理由を明記する。

　関連の機構は、口頭の形式で提出する苦情申立てに対して、陳情人の姓名（名称）、住所および請求ならびに事実および理由を記録する。

第18条

　陳情人が訪問の形式で陳情を提出するときは、関連の機構が設立または指定する応対場所で提出する。

　大人数が訪問の形式で共通する陳情を提出するときは、代表を選出し、代表者数は5人を超えてはならない。

第19条

　陳情人が提出する陳情は、客観的に真実であり、提供する資料の真実性に対して責任を負い、事実を捏造、歪曲してはならないし、他人を誣告してはならないし、陥れてはならない。

第20条

　陳情人は、陳情過程の中で法律、法規を順守し、国家、社会、集団の利益およびその他の公民の合法な権利を損なってはならず、社会公共の秩序および陳情秩序を自覚して守り、以下に列挙する行為があってはならない。

（1）　国家機構の執務場所の周囲、公共場所で不法に集合し、国家機構を封鎖、国家機構へ突撃し、公務車両を遮り止めるか、または交通を閉鎖・遮断すること

（2）　危険物、拘束器具を携帯すること

（3）　国家機構の就労人員を侮辱、殴打、威嚇するか、または他人の人身

の自由を不法に制限すること
（4）　陳情応対の場所で居座るか、面倒を引き起こすか、または自力で生活できない人を陳情応対の場所に遺棄すること
（5）　他人の陳情を扇動、通謀、脅迫、財物による誘発、背後操縦するか、または陳情人の名義を利用して私腹を肥やすこと
（6）　公共秩序を攪乱するか、国家および公共の安全を害するその他の行為。

第4章　陳情の受理

第21条

　県級以上の政府の陳情業務機関が収受する陳情は、登録し、あわせて事情に分けて、15日以内に以下に列挙する方法で処理する。

（1）　本条例第15条が規定する陳情に対しては、陳情人に関連の人代および同常務会、法院、検察院へ区別して提出するよう告知する。訴訟、仲裁、行政再議等の手段をつうじて既に解決したか、または解決する陳情に対しては、受理しないが、陳情人に関連の法律、行政法規が規定する手続きに照らして関連の機構へ提出するよう告知する。

（2）　法がさだめる職責に照らして同級の政府または同業務部門が処理決定する陳情に対しては、処理する権限をもつ行政機構に転送する。事情が重大で緊急な陳情は、建議を速やかに提出し、同級の政府に決定するよう報告・申請する。

（3）　陳情が下級の行政機構または同就業人員にかかわるものは、「属地管理、級別責任、責任主体の明確化」原則に照らして、処理する権限をもつ行政機構に直接転送し、あわせて1つ下の級の政府の陳情業務機関に回送する。

　県級以上の政府の陳情業務機関は、1つ下の級の政府の陳情業務機関へ転送状況を定期に通報し、下級の政府の陳情業務機関は、1つ上の級の政府の陳情業務機関へ転送収受した陳情の処理状況を定期的に報告しなけれ

ばならない。

（4）　転送した陳情の中の重要な事情に対して処理結果をフィードバックする必要があるときは、処理する権限をもつ行政機構に直接交付して処理させ、指定する処理期限内に結果をフィードバックさせ、始末報告を提出するよう要求できる。

　　前項第2号から第4号の規定に照らし、関連の行政機構は、転送、直接交付されて処理する陳情を収受した日より15日以内に受理するか否かを決定し、あわせて陳情人に書面で告知し、要求に基づいて陳情機関に通報する。

第22条

　　陳情人が本条例の規定に照らして各級政府の陳情業務機関以外の行政機構へ直接提出する陳情は、関連の行政機構が登録する。本条例第14条第1項の規定に一致し、あわせて同機構の法がさだめる職権の範囲に属する陳情に対しては受理し、転嫁、欺瞞、遅延してはならない。同機構の職権の範囲に属さない陳情に対しては、陳情人に権限をもつ機構へ提出するよう告知する。

　　関連の行政機構が陳情を収受した後で、受理するか否かをその場で回答できるときは、その場で、書面で回答する。その場で回答できないときは、陳情を収受した日より15日以内に陳情人に書面で告知する。但し、陳情人の姓名（名称）、住所が不確かなときを除く。

　　関連の行政機構は、陳情の受理状況を相互に通報する。

第23条

　　行政機構および同就業人員は、陳情人の告発・暴露する資料および関連の情報を吐露してはならないし、告発・暴露される人員ならびに組織に転送してはならない。

第24条

　　2つまたは2つ以上の行政機構にかかわる陳情は、かかわる行政機構が協議して受理する。受理について争いがあるときは、共通する1つ上の級

の行政機構が受理機構を決定する。

第25条

　陳情に対して処理を行なう行政機構が分離、合併、取り消されるときは、その職権を引き続き行使する行政機構が受理する。職責が不確かであるときは、同級の政府またはそれが指定する機構が受理する。

第26条

　公民、法人またはその他の組織が、社会的影響が重大で、緊急となりうる陳情および陳情情報を発見するときは、至近の関連の行政機構へ報告できる。地方の各級政府は、報告を収受した後に、1つ上の級の政府に直ちに報告する。必要なときは、関連の主管部門に通報する。県級以上の地方政府の関連部門は、報告を収受した後に、同級の政府および1つ上の級の主管部門に直ちに報告する。必要なときは、関連の主管部門に通報する。国務院の関連部門は、報告を収受した後に、国務院に直ちに報告する。必要なときは、関連の主管部門に通報する。

　行政機構は、重大で緊急の陳情および陳情情報に対して隠蔽、虚偽、遅延してはならないし、他人へ隠蔽、虚偽、遅延するよう助言してはならない。

第27条

　社会的影響が重大で、緊急となりうる陳情および陳情情報について、関連の行政機構は、職責の範囲内で措置を速やかに採り、不良な影響の発生、拡大を防止する。

第5章　陳情の処置および監督

第28条

　行政機構および同就業人員が陳情を処理するときは、職務に忠実で公平に処理し、明確に調査して責務を区分し、法制を宣伝し教え導き、迅速適切に処理し、転嫁、欺瞞、遅延してはならない。

第 29 条

　陳情人が訴える事情で、提出する建議、意見が行政機構の業務改善、国民経済および社会発展の促進に有利であるときは、関連の行政機構が真摯に検討論証し、あわせて積極的に採用する。

第 30 条

　行政機構の就業人員が陳情または陳情人と直接の利害関係をもつときは、回避する。

第 31 条

　陳情に対して処理する権限をもつ行政機構が陳情を処理するときは、陳情人の陳述する事実および理由を聴取する。必要なときは、陳情人、関連の組織および人員へ事情を説明するよう要求できる。関連の事情をさらに確かめる必要があるときは、その他の組織および人員を調査できる。

　重大、複雑、困難な陳情に対しては、当事者の説明や証言の聴取ができる。聴取は、公開で行ない、査問、弁論、評議、合議等の方法をつうじて明確に調査し、責務を区分する。聴取する範囲、主催者、参加者、手続等は、省、自治区、直轄市の政府が規定する。

第 32 条

　陳情に対して処理する権限をもつ行政機構は、調査確認を経て、法律、法規、規則およびその他の関連の規定に照らして以下の処理をそれぞれ行ない、あわせて陳情人へ書面で回答する。

（1）　請求する事実が明確で、法律、法規、規則またはその他の関連の規定に一致するときは、支持する。

（2）　請求する事情が合理的であるが、法律上の根拠を欠くときは、陳情人に対して釈明を徹底する。

（3）　請求が事実根拠を欠くか、または法律、法規、規則もしくはその他の関連の規定に一致しないときは、支持しない。

　処理する権限をもつ行政機構が前項第 1 号の規定に照らして陳情支持意

見を作成するときは、関連の機構または組織へ執行を督促する。

第33条

陳情は、受理した日より60日以内に始末する。事情が複雑なときは、同行政機構の責任者の承認を経て、処理期限を適当に延長できるが、延長する期限は、30日を超えてはならず、あわせて陳情人へ延長理由を告知する。法律、行政法規に別の規定があるときは、その規定に従う。

第34条

陳情人が行政機構の行なう陳情処理意見に対して不服があるときは、書面回答を収受した日より30日以内に、元々処理した行政機構の1つ上の級の行政機構に再調査を請求できる。再調査請求を収受した行政機構は、再調査請求を収受した日より30日以内に再調査意見を提出し、あわせて書面で回答する。

第35条

陳情人が再調査意見に対して不服があるときは、書面回答を収受した日より30日以内に、再調査機構の1つ上の級の行政機構へ再審査を請求できる。再審査請求を収受した行政機構は、再審査請求を収受した日より30日以内に再審査意見を提出する。

再審査機構は、本条例第31条第2項の規定に照らして当事者の説明や証言の聴取が行なえ、それを経た再審査意見を社会へ公示できる。聴取に必要な時間は、前項が規定する期限内に算入しない。

陳情人が再審査意見に対して不服があり、同一の事実および理由で苦情申立てを提出するときは、各級政府の陳情業務機関およびその他の行政機構は、受理しない。

第36条

県級以上の政府の陳情業務機関が関連の行政機構で以下に列挙する場合の1つがあることを発見するときは、速やかに監督し、あわせて改善建議を提出する。

(1) 正当な理由がなく規定する処理期限に基づいて陳情を始末しないとき
(2) 規定に基づいて陳情の処理結果をフィードバックしないとき
(3) 規定する手続きに基づいて陳情を処理しないとき
(4) 陳情の処理を転嫁、欺瞞、遅延するとき
(5) 陳情処理意見を執行しないとき
(6) その他の監督が必要な状態。

　改善建議を収受した行政機構は、30日以内に書面で状況をフィードバックする。改善建議を採用しないときは、その理由を説明する。

第37条

　県級以上の政府の陳情業務機関は、陳情人が訴える関連の政策的な問題について、同級の政府へ速やかに報告し、あわせて政策の徹底、問題解決にかかわる建議を提出する。

第38条

　県級以上の政府の陳情業務機関は、陳情業務中の転嫁、欺瞞、遅延、糊塗して重大な結果を生じさせた行政機構の就業人員に対して、関連の行政機構へ行政処分の建議を提出できる。

第39条

　県級以上の政府の陳情業務機関は、以下の事項について同級の政府へ陳情事情の分析報告を定期的に提出する。
(1) 陳情受理の統計データ、陳情にかかわる領域および比較的多く苦情訴えられる機構
(2) 転送、監督状況および各部門が採用した改善建議の状況
(3) 提出した政策的建議および採用された状況。

第6章　法律上の責任

第40条

　以下に列挙する場合の1つによって陳情が発生し、重大な結果を生じさ

せたときは、責任を直接に担う主管人員およびその他の直接責任者に対して、関連の法律、行政法規の規定に照らして行政処分を行なう。犯罪となるときは、刑事責任を追及する。

（1）　職権を超越または濫用し、陳情人の合法的な権利を侵害するとき

（2）　行政機構が行なうべきなのに行なわず、陳情人の合法的な権利を侵害するとき

（3）　法律、法規の適用を誤るか、または法がさだめる手続きに違反して、陳情人の合法的な権利を侵害するとき

（4）　処理する権限をもつ行政機関が作成する陳情支持意見の執行を拒絶するとき。

第41条

　　県級以上の政府の陳情業務機関が収受する陳情に対して登録、転送、処理すべきなのに規定に基づいて登録、転送、処理しないか、または監督職責を履行すべきなのに履行しないときは、その上級の行政機構が是正を命じる。重大な結果を生じさせたときは、責任を直接に担う主管人員およびその他の直接責任者に対して行政処分を行なう。

第42条

　　陳情を受理する職責を担う行政機構が陳情を受理する過程で本条例の規定に違反し、以下に列挙する場合の1つがあるときは、その上級の行政機関が是正を命じる。重大な結果を生じさせたときは、責任を直接に担う主管人員およびその他の直接責任者に対して行政処分を行なう。

（1）　収受する陳情に対して規定に基づいて登録しないとき

（2）　法がさだめる職権の範囲に属する陳情に対して受理しないとき

（3）　行政機構が規定する期限内に陳情人に陳情を受理するか否かを書面で告知しないとき。

第43条

　　陳情に対して処理する権限をもつ行政機構が陳情を処理する過程で、以下に列挙する場合の1つがあるときは、その上級の行政機構が是正を命じ

る。重大な結果を生じさせたときは、責任を直接に担う主管人員およびその他の直接責任者に対して行政処分を行なう。
（1）　陳情の処理を転嫁、欺瞞、遅延するか、または法がさだめる期限内に始末しないとき
（2）　事実が明確で、法律、法規、規則またはその他の関連の規定の苦情申立てに一致するものに対して支持しないとき。

第44条

　行政機構の就業人員が本条例の規定に違反し、陳情人の告発、暴露する資料または関連の状況について、告発、暴露される人員または組織へ暴露、転送するときは、行政処分を行なう。
　行政機構の就業人員が陳情を処理する過程で、態度が粗暴で、矛盾を激化させ、あわせて重大な結果を生じさせたときは、行政処分を行なう。

第45条

　行政機構および同就業人員が本条例第26条の規定に違反し、社会的影響が重大で、緊急となりうる陳情および陳情情報に対して、隠蔽、虚偽、遅延するか、または他人に隠蔽、虚偽、遅延するよう助言し、重大な結果を生じさせたときは、直接に責任を担う主管人員およびその他の直接責任者に対して行政処分を行なう。犯罪となるときは、刑事責任を追及する。

第46条

　陳情人の取り締まり、陳情人への報復が犯罪となるときは、刑事責任を追及する。犯罪とならないときは、行政処分または規律処分を行なう。

第47条

　本条例第18条、第20条の規定に違反するときは、関連の国家機構の就業人員が陳情人に対して批判、忠告または教育を行なう。
　批判、忠告および教育を経ても効果がないときは、公安機関が警告、訓戒または制止する。集会行進示威にかかわる法律、行政法規に違反するか、または治安管理違反行為となるときは、公安機関が必要な現場処理措置を採り、治安管理処罰を与える。犯罪となるときは、刑事責任を追及す

る。

第 48 条

　陳情人が事実を捏造、歪曲するか、他人を誣告・陥れて、犯罪となるときは、刑事責任を追及する。犯罪とならないときは、公安機関が治安管理処罰を与える。

第 7 章　付則

第 49 条

　社会団体、企業事業組織の陳情業務は、本条例を参照して行なう。

第 50 条

　外国人、無国籍者、外国組織の陳情に対する処理は、本条例を参照して行なう。

第 51 条

　本条例は、05 年 5 月 1 日より施行する。95 年 10 月 28 日に国務院が公布した「旧陳情条例」は、廃止する。

（訳：御手洗大輔）

索　引

あ行

圧力型体系　1, 8, 12, 14, 18, 19, 183
安定維持　xiv, xvi, 41, 45, 56-61, 122, 165, 167, 176, 178, 179, 184, 186, 187, 189, 214, 215, 216, 218, 238, 259, 262
異議申し立て　xix, xxi, 10, 15, 20, 47, 57-61, 140, 143, 170, 181, 195, 196, 199, 208, 211, 212, 214, 260
維権運動　191, 193
違憲審査制　67, 85, 92
一票否決　14, 15, 16, 21,183, 241
一票否決制　14, 15, 19, 22, 183, 187
慰撫　198, 206, 216
慰撫対象　198, 216
ウェーバー，M.　106, 135, 254, 264
于建嶸　xi, xiii, xix, xxii, 1, 2, 3, 7, 8, 10-13, 18-23, 26, 28, 29, 32, 33, 34, 38, 39, 65-68, 71, 94, 123, 128, 135, 184, 186, 192, 194, 214, 216, 220, 222, 226, 229, 231, 238, 242-246, 260, 261, 263, 264
栄敬本　8, 12, 14, 21, 183, 193
越級陳情　3, 19, 20, 44, 46, 50, 51, 52, 54, 62, 118, 159, 177, 186, 236, 238, 239, 242
王権意識　31
応星　4, 15, 16, 20, 21, 22, 35, 39, 41, 43, 48, 50, 51, 53, 56, 58, 60, 61, 63, 66, 94, 96, 112, 116, 135, 167, 192, 194, 253, 254, 255, 260, 262, 264
オッコ，J. K.　101, 226
温家宝　i, xix, 19, 20, 170, 172, 174, 182, 184, 249

か行

改革開放　2, 12, 13, 16, 20, 41, 42, 44, 45, 46, 78, 92, 141, 199, 209, 215, 243
階級闘争　41, 44, 45, 78, 243, 244
革命傷痍軍人　203
革命烈士　203
家産官僚制　254, 258
カリスマ　254, 258, 259, 262
環境エコロジー指標　14
官製資本主義　9
韓朝華　16
監督権　37, 65, 68, 70-75, 77, 87, 89, 91, 121, 126, 172, 228
官僚制　44, 48, 49, 50, 51, 55, 61, 230, 253, 254, 258
議行合一システム　8
基層政府　47, 50-54, 57, 58, 59, 62, 171
行政権　28, 33, 66, 154
行政再議　35, 232, 252
行政処罰　120, 226, 233, 241, 242, 249, 260
行政訴訟　35, 69, 89, 91, 112, 247, 248, 252, 254
行政法　28, 36, 37, 60, 69, 93, 116, 119, 129, 193, 225, 232, 237, 238, 242, 249, 252, 262
釘を抜く　58, 59
軍隊陳情条例　200, 211, 220
軍の機構改革　197
軍民共同建設　215
計画生育　14, 15, 22
契約工　144, 145, 157
憲政　iii, xii, 22, 23, 24, 28, 33, 34, 38, 41, 42, 65, 79, 81, 85, 86, 92, 93, 94, 103, 226, 264

283

現代中国法 139, 141-144, 149, 153, 155, 160
憲法 iii, 9, 13, 28, 29, 34, 37, 65, 66, 68-83, 85-91, 93, 94, 96, 97, 98, 103, 104, 105, 108, 111, 116, 117, 129, 141, 152, 154, 164, 167, 170, 173, 194, 227, 228, 233, 240, 246, 249, 261
権利救済 23, 25, 28, 29, 34, 35, 51, 65-68, 75, 79, 88, 91, 96, 150, 151, 158, 159, 162, 165, 166, 167, 176, 180, 186, 190, 191, 225, 231, 232, 238
権利擁護 xvii, 10, 165, 166, 168, 169, 170, 172, 175, 176, 179-182, 186, 187, 191, 192, 213
言論の自由 65, 68, 75, 77-81, 83, 84, 85, 87, 88, 89, 92, 93, 170
公共圏 82, 87, 88
康暁光 10, 27
黄宗智 9, 21, 252, 253, 264
公民の基本的権利 65, 69, 71, 76, 77, 90
公有制 141
公論 83-86, 93, 102
胡漢民 104
胡錦濤 i, 19, 21, 211, 217, 220, 249
国務院 xv, xvii, 2, 4, 8, 19, 23, 24, 25, 27, 29, 35, 42, 45, 69, 70, 74, 77, 90, 109, 113, 116, 120, 122, 129, 144, 145, 156, 158, 167, 168, 170, 172, 176, 177, 179, 204, 207, 225, 227, 228, 234, 244, 246, 251, 261, 262, 264
呉軍華 9
戸籍 75, 112, 113, 128
国家行政管理学会 3
国家人権行動計画 70, 90
国家陳情局 xii, 2, 4, 24, 27, 33, 121, 125, 136, 167, 168, 170, 175, 184, 217, 232, 261, 262

さ行

三元構造 1, 9
三権未分 8, 152-155
三農支出 17
直訴 18, 55, 61, 95, 96, 98-102, 104-108, 111, 113, 114, 115, 117, 127, 131, 135, 186, 226, 236, 239
時効 139-143, 146, 148, 149
支配の正当性 225, 226, 249, 254, 260
司法救済 25, 28, 32, 42, 46, 55, 231
司法権 10, 28, 33, 66, 67, 85, 88, 152-155, 164
資本主義法 139, 141
社会主義法 67, 139, 141, 160, 164
社会治安指標 12, 14, 183
社会保障制度 145, 222
ジャスミン革命 240
周永坤 9, 22, 66, 67, 68, 71, 72, 74, 85, 93, 94, 153, 164
集団騒擾事件 41, 45, 58, 59, 60, 166, 168, 178, 181, 184, 186, 187, 188, 189, 195, 199, 211, 212, 216, 217, 218, 260
収容・送還 xiv, 69, 90, 113, 117, 119, 127, 128, 129
傷痍軍人 198, 206
訴訟時効 142, 143, 148, 164
人権 iii, 28, 29, 33, 67, 69, 70, 72, 73, 76, 77, 85, 86, 90-94, 96, 126, 129, 150-153, 167, 193, 226, 233, 241, 246, 248, 249
人権白書 77
人治 6, 25, 31, 34, 35, 67, 95
審判委員会 10
人民代表大会 6, 8, 10, 28, 30, 31, 37, 87, 92, 121, 132, 147, 154, 167, 191, 210, 231, 246, 255

人民内部の矛盾 52, 211, 218, 244
人民民主独裁 42, 45, 50, 74, 86, 91, 109
鈴木賢 259, 263
清官 11, 32, 57
請願権 65, 68, 70, 72-76, 87, 88, 91, 93, 98, 103, 104, 105, 107, 108, 111, 113
盛洪 16
政治参加 5, 6, 21, 23, 28, 34, 65-68, 70, 74, 75, 76, 77, 78, 80, 85, 87, 88, 89, 132, 150, 151, 160, 161, 162, 190, 191, 228, 229, 231
政治体制改革 21, 38, 48, 93, 193, 209
政治的機会 166, 175
政治的権利 1, 10, 65, 68, 70, 72, 75, 77-81, 84, 85, 87, 89, 90, 91
政治文化 1, 8, 11, 20
青天 iv, 11, 32, 34, 38, 188, 240, 254, 258, 262
正当性 7, 43, 46, 47, 51, 57, 88, 102, 104, 166, 174, 187, 232, 258, 260
全国人民代表大会常務委員会弁公庁 2
専制主義 31
増圧体系 12, 13, 18
総政治部 195, 199-202, 208, 213, 215, 223
訴訟関連陳情 5, 20, 122-125, 128, 131
村民自治 9

た 行

第三領域 9
大衆路線 41, 42, 45, 225, 228, 231, 240, 254, 258, 259, 260
中央紀律検査委員会 2, 121, 172
中国基層信訪問題研究 136, 166, 167, 177, 178, 194, 264
駐北京事務所 170, 177, 179
張泰蘇 252, 253, 254, 264
調停 10, 47, 84, 100, 176, 180, 252, 253, 254
調和社会 45, 120
陳情
　越級陳情 3, 19, 20, 44, 46, 50, 51, 52, 54, 62, 118, 159, 177, 186, 236, 238, 239, 242
　軍隊陳情条例 200, 211, 220
　逐級陳情 50, 51, 62, 177
　陳情狩り xiv, xvi, 5, 13, 26, 183, 184, 187, 189, 233, 234, 236, 238-242, 248
　陳情権 34, 68-72, 74, 88, 98, 116, 226, 242, 260
　陳情条例 xi, xii, 1, 4, 5, 7, 16, 20, 23, 24, 29, 35-38, 45, 46, 51, 53, 62, 66, 68, 69, 70, 74, 88, 89, 95, 97, 115, 116, 118, 123, 128, 150, 153, 167, 173, 182, 185, 186, 189, 200, 211, 220, 225-229, 231-234, 236-239, 242, 251, 252, 259, 261
　陳情処理業務 184
　陳情政治 1, 165, 166, 179, 186, 187, 191, 192
　陳情制度 1, 7, 20, 23-29, 31-38, 41-47, 50, 56, 66, 69, 95-100, 107, 108, 111, 113, 114, 115, 126, 127, 130, 131, 132, 137, 138, 141, 150-153, 155-163, 165, 166, 167, 169, 173, 176, 178, 180, 182, 187, 188, 190, 191, 192, 211, 225-232, 238, 239, 241, 242, 249, 250, 251, 253, 254, 258, 259, 260
　陳情文化 xi, 20
　陳情問題合併症 25
　陳情連絡会議 16
　北京陳情村 iii, xi, 3, 25, 37, 263
　理不尽な執拗陳情 4, 5, 185
出稼ぎ労働者 157
天賦人権論 69

纏訪　4, 5, 185
檔案　111, 112
鄧小平　78, 92, 93
徳　95, 106, 112, 115, 131, 132
土下座　i, 29, 56, 133, 256, 257
都市戸籍　144
都市部浮浪者・物乞い収容送還弁法　133, 167
登聞鼓　99, 100

な行

農民契約工　144, 145
農民工　9

は行

J・ハーバーマス　82
肺石　98, 99
反右派闘争　110, 243
ピエテート　254, 258, 259
被精神病　126, 127, 128
不正常陳情　5, 55, 120, 165, 173, 174, 175, 180, 181, 186, 188, 189, 192, 230, 234, 236, 240, 241, 243
物権法　141, 142, 207, 217
父母官　253, 254, 258
文化大革命　92, 111, 112, 115, 131
紛争解決　6, 66, 67, 98, 107, 186, 228, 229, 232, 249, 251, 252, 253, 254, 259
北京市党委員会　2
北京陳情村　iii, xi, 25, 37, 263
法諺　139
包青天　ii, 151, 233, 240, 254, 258, 262
法治　22, 28, 32, 33, 34, 35, 39, 66, 67, 86, 95, 129, 135, 151, 152, 153, 155, 193, 222, 229, 257, 258, 260, 263, 264
法にかかわる陳情　5, 20
法文化　225, 226, 251-254

穆木英　7, 21

ま行

身分的属性　144, 148, 149, 151, 157
民意　31, 32, 38, 39, 83, 85, 86, 87, 95, 121, 154, 190
民間警備会社　xiv, 126, 179
民主集中制　73, 91, 153, 154, 155
民主主義　65, 74, 76, 77, 81, 82, 83, 85, 86, 87, 92
民主政　68, 77, 83, 84, 87, 88, 89, 93
民法通則　142, 143
名誉回復　42, 43, 44, 111-114, 116, 256
目安箱　5, 11
毛沢東　i, 42, 44, 74, 75, 78, 91, 92, 94, 108, 109, 110, 112, 114, 131, 238, 251, 256

や行

闇監獄　xv, 126, 179
優撫権　208
擁軍優属政策　215

ら行

李宏勃　5, 6, 20, 21, 98, 228, 229, 230, 236, 251, 264
立憲主義　65, 81, 82, 83, 85, 86, 87, 92, 93
立法権　28, 33, 66
離土不離郷　9
両規　129
李連江　11, 16, 17, 18, 21
臨時工　144, 145, 157
レイオフ　xviii, 143, 144, 145, 147, 168
労働矯正　xx, xxi, xxii, 124, 127, 128, 129, 184-189, 241-246, 248, 249, 260, 261, 262, 263
労働矯正所　iii, 226, 229, 233, 238, 240-248, 263,
労働争議　xvii, 138, 143, 145, 147, 149,

150, 158, 161, 163, 165, 168, 169, 179, 180, 181, 188, 192, 230, 248, 256

労働争議調停仲裁法 143
労働法 145, 180

執筆者紹介

【編著者】

毛里和子（もうり かずこ）
東京都立大学人文科学研究科修了、政治学博士（早稲田大学）、現在、早稲田大学名誉教授。主な論著：『現代中国政治　第3版』（名古屋大学出版会、2012年）、（川島真共著）『グローバル中国への道程　外交150年（叢書　中国的問題群　12）』（岩波書店、2009年）など。

松戸庸子（まつど ようこ）
大阪大学大学院人間科学研究科博士後期課程単位取得退学、現在、南山大学外国語学部教授。主な論著：「中国近代の社会変動と［幇（パン）］結合」『年報人間科学』第2号（大阪大学人間科学部、1981年）、熊谷苑子・桝潟俊子・松戸庸子・田嶋淳子（共著）『離土離郷』（南窓社、2002年）など。

【執筆者】（収録順）

于建嶸（YU Jianrong）
現在、中国社会科学院農村発展研究所教授。主な著論：『岳村政治：転型期中国郷村政治結構的変遷』（商務印書館、2001年）、『抗争性政治：中国政治社会学基本問題』（人民出版社、2010年）など。

応星（YING Xing）
中国社会科学院社会学博士、現在、中国政法大学社会学部教授・学部長。主な論著：『大河移民上訪的故事』（生活・讀書・新知 三聯書店、2001年）、『"気"与抗争政治：当代中国郷村社会穏定問題研究』（社会科学文献出版社、2011年）など。

石塚迅（いしづか じん）
一橋大学大学院法学研究科博士後期課程公共関係法専攻修了（博士（法学））、現在、山梨大学生命環境学部准教授。主な論著：『中国における言論の自由―その法思想、法理論および法制度』（明石書店、2004年）、石塚迅・中村元哉・山本真編著『憲政と近現代中国―国家、社会、個人―』（現代人文社、2010年）など。

但見亮（たじみ まこと）
早稲田大学法学研究科博士後期課程修了単位取得退学、現在、一橋大学法学研究科専任講師。主な論著：「情報化社会と裁判の適正」林華生編『転機に立つ中国　経済発展・法整備と日系企業』（蒼蒼社、2011年）、「土地使用権制度の概要と展望」田中信行編『最新中国ビ

ジネス法の理論と実務』（弘文堂、2011 年）など。

御手洗大輔（みたらい　だいすけ）
東京大学大学院法学政治学研究科博士後期課程単位取得退学、現在、早稲田大学法学学術院比較法研究所助手。主な論著：「日本における現代中国法学について：その軌跡と直面する課題」『比較法学』（第 45 巻 2 号 2011 年）、「中国における労働者について」『比較法学』（第 44 巻 3 号 2011 年）など。

呉　茂松（WU Maosong）
慶應義塾大学大学院法学研究科博士後期課程単位取得退学、現在、東京大学、慶應義塾大学非常勤講師。主な論著：「現代中国における維権運動と国家」『中国共産党のサバイバル戦略』（三和書籍、2012 年）、「党国体制と労働問題社会主義市場経済期を中心に」『党国体制の現在―変容する社会と中国共産党の適応』（慶應義塾大学出版会、2012 年）など。

弓野正宏（ゆみの　まさひろ）
早稲田大学大学院政治学研究科博士後期課程単位取得退学、現在、早稲田大学現代中国研究所招聘研究員。主な論著：「中国《国防教育法》の制定と施行」『早稲田政治経済学雑誌』（2007 年 369 号）、「第 14 章 中国の後備戦力の将来像」茅原郁生編『中国の軍事力 2020 年の将来予測』（蒼蒼社、2008 年）など。

陳　情──中国社会の底辺から

2012年7月10日　初版第1刷発行

編著者●毛里和子・松戸庸子
発行者●山田真史
発行所●株式会社東方書店
　　　　東京都千代田区神田神保町1-3　〒101-0051
　　　　電話 03-3294-1001　振替東京 00140-4-1001
　　　　営業電話 03-3937-0300

装　幀●堀　　博
印刷・製本●(株)シナノパブリッシングプレス

定価はカバーに表示してあります。

ⓒ 2012　毛里和子・松戸庸子　　Printed in Japan
ISBN 978-4-497-21111-8 C3031
乱丁・落丁本はお取り替えいたします。恐れ入りますが直接小社までお送りください。
Ⓡ 本書を無断で複写複製（コピー）されることは著作権法上での例外を除き禁じられています。本書をコピーされる場合は、事前に日本複製権センター（JRRC）の許諾を受けてください。JRRC（http://www.jrrc.or.jp　Eメール：info@jrrc.or.jp　電話：03-3401-2382）
小社ホームページ〈中国・本の情報館〉で小社出版物のご案内をしております。　　http://www.toho-shoten.co.jp/